Weise mir, Herr, deinen Weg

In memoriam Joachim Heubach

(1925 – 2000)
Theologe – Prediger – Bischof

Weise mir, Herr, deinen Weg

In memoriam Joachim Heubach

(1925 – 2000)

Theologe – Prediger – Bischof

herausgegeben von
Werner Führer und Albrecht Immanuel Herzog

Freimund-Verlag

Bibliografische Information der Deutschen Nationalbibliothek
Die Deutsche Nationalbibliothek verzeichnet diese Publikation in der Deutschen Nationalbibliografie; detaillierte bibliografische Daten sind im Internet über http://dnb.d-nb.de abrufbar.

Weise mir, Herr, deinen Weg
In memoriam Joachim Heubach (1925–2000)
Theologe – Prediger – Bischof
Werner Führer / Albrecht Immanuel Herzog (Hg.)

ISBN 978 3 86540 088 8
© Freimund-Verlag
Neuendettelsau 2010

www.freimund-verlag.de

Das Werk einschließlich aller seiner Teile ist urheberrechtlich geschützt. Jede Verwertung außerhalb der engen Grenzen des Urheberrechtsgesetzes ist ohne vorherige schriftliche Zustimmung des Verlags unzulässig und strafbar. Das gilt insbesondere für Vervielfältigungen, Übersetzungen, Mikroverfilmung und die Einspeicherung und Verarbeitung in digitalen Systemen.

Titelbild: Landeskirchenamt Schaumburg-Lippe / Foto: Klimmer
Gesamtherstellung: Freimund-Verlag, Neuendettelsau

Inhalt

Vorwort	8
I. Theologische Beiträge und Predigten von J. Heubach	11
1. Theologische Beiträge	11
Mein liebster Luther-Text	12
Welch ein Herr, welch ein Auftrag in der Gemeinde!	15
Die Gabe des Geistes als Erfüllung der Verheißung Gottes	19
Das Theologiestudium – Vorbereitung auf das Amt der Kirche	26
Das Priestertum der Gläubigen und das Amt der Kirche	34
Seelsorge an Seelsorgern	46
Thesen zum Problem der Ordination von Frauen zum Amt der Kirche	49
2. Predigten	55
Einführungsgottesdienst 7. Oktober 1979 / Stadtkirche Bückeburg / Römer 10, 9-11	56
800-jähriges Jubiläum der Gemeinde Meinsen-Warber Sonntag Rogate / 24. Mai 1981 / Lukas 11,5-10	59
Heiliges Christfest 24. Dezember 1981 / Stadtkirche Bückeburg / Johannes 3,16	63
Jahresschlussgottesdienst Stadtkirche Bückeburg / 2. Mose 13,20-22	66

Sonntag – Quasimodogeniti
    6. April 1986 / Jetenburger Kirche / 1. Petrus 1,3 — 69

6. Sonntag nach Trinitatis
    6. Juli 1986 / Stadtkirche Bückeburg / Römer 6,3-8 — 73

Sonntag Rogate
    24. Mai 1987 / Stadtkirche Bückeburg / Lukas 11,9-13 — 76

Erntedankfest
    4. Oktober 1987 / Stadtkirche Bückeburg / Jesaja 58,7-12 — 80

Eröffnungsgottesdienst der Generalsynode der VELKD
    18. Oktober 1987 / St. Martini-Kirche Stadthagen / Lukas 1,1-4 — 85

Buß- und Bettag
    18. November 1987 / Stadtkirche Bückeburg / Psalm 51,12-14 — 88

Sonntag Kantate
    23. April 1989 / Stadtkirche Bückeburg / Jesaja 12,1-6 — 91

Tag der Diakonie
    10. September 1989 / Sülbeck / Klagelieder 3,22-26. 31-32 — 95

Bilder aus dem Leben von Joachim Heubach — 98

Trinitatis
    10. Juni 1990 / Lauenhagen / 2. Korinther 13,11-13 — 108

Landessynode der Evang.-Luth. Landeskirche Schaumburg-Lippe
    1. Dezember 1990 / Stadtkirche Bückeburg / Psalm 95,4 — 113

Altjahresabend
    31. Dezember 1990 / Stadtkirche Bückeburg / Psalm 121 — 116

Ostermontag,
    1. April 1991 / Stadtkirche Bückeburg / Lukas 24,13-35 — 119

Pfingstsonntag
19. Mai 1991 / Stadtkirche Bückeburg / Johannes 14,23-27   124

Abschiedsgottesdienst
22. Mai 1991 / Stadtkirche Bückeburg / 1. Korinther 2,12-16   128

II. Beiträge über das Wirken von Joachim Heubach   133

Das Leben von Joachim Heubach
von Ralph Meier   134

Joachim Heubach als Mann der Kirche
von Werner Führer   143

Als Vikar bei Joachim Heubach
von Burkhard Peter   146

Joachim Heubach und die Luther-Akademie
von Friedrich-Otto Scharbau   148

Beauftragter für die Evangelische Seelsorge im Bundesgrenzschutz
von Rolf Sauerzapf   157

Was gerade eine kleine Landeskirche zur Weltmission
beitragen kann
von Wolfgang Kubik   162

Präsident des Martin-Luther-Bundes von 1985 bis 1995
von Gerhard Müller   166

Abschied: Predigt anlässlich der Beerdigung
von Hans Christian Knuth   179

Bibliographie Joachim Heubach
erstellt von Ralph Meier   183

Die Autoren und Herausgeber   188

Vorwort

Christen kennen für das Sterben wunderbare Worte, z.B.: „heimgehen" oder „heimgerufen werden". Dahinter steht das schöne Bild, aus der Fremde nach Hause – in die Herrlichkeit des Dreieinigen Gottes – zu kommen.
Das hat Gott am 29. Oktober 2000 seinem Diener Joachim Heubach geschenkt, als er ihn „heimrief". Da kam der Lebensweg dieses profilierten lutherischen Bischofs in noch nicht hohem Alter an sein Ziel. Als Bischof der – damals – kleinsten Landeskirche in Deutschland hinterließ Joachim Heubach jedoch geistliche Spuren über Schaumburg-Lippe und Deutschland hinaus.
Sein kirchliches und theologisches Wirken zu würdigen ist seinerzeit zwar angekündigt, aber nicht verwirklicht worden. Das soll in diesem kleinen Band geschehen, der zum 10. Todestag von Bischof Heubach († 29. Oktober 2000) erscheint.
Eigentlich hätte das Buch bereits vor längerer Zeit erscheinen sollen. Als den Herausgebern vor Jahren nicht wenige Kartons mit Manuskripten von Frau Hildegard Heubach überlassen wurden, stellte sich die Frage, wann das alles mit Sorgfalt und Umsicht gelesen, gesichtet, geordnet und redigiert werden kann. Es hat lange gedauert – aber auch manche Urlaubswoche bereichert.

Mit der Herausgabe dieses Bändchens verbinden wir ein Zweifaches: Zum einen soll Joachim Heubach selbst zu Wort kommen – in einigen theologischen Beiträgen und einigen wenigen Predigten. Die theologischen Beiträge haben wir ausgewählt nach der Dignität im theologischen Denken Heubachs – und nach dem, wozu ein Bischof in seiner Zeit zwar reden, schreiben und Stellung beziehen muss, was aber auch wenige Jahre später kein Thema mehr zu sein braucht. Bei der Auswahl der Predigten wurden nur Predigten aus der Zeit des Bischofsamtes aufgenommen, und hier zum einen auf das Kirchenjahr gesehen, zum anderen auf solche Predigten, die für Joachim Heubach am aussagekräftigsten waren.

Bischof Heubach war ein sehr „mündlicher" Mensch, der Blickkontakt zu den Hörern war ihm stets wichtig. Das gesprochene Wort war sein Metier. Wie viel hat er im gesprochenen Wort gemeistert! „Macht bloß keine Bibliographie!", sagte zu Lebzeiten der, dem die Zeit zum Schreiben immer zu knapp war. Nun, eine solche aus der Hand eines Fleißigen findet sich dennoch am Ende dieses Bandes.
Viele Kanzeln betrat Heubach nur mit einem kleinen Zettel. Andere Predigten wurden schriftlich ausgearbeitet. Wir haben uns nur auf eine Auswahl aus die-

Vorwort

sen beschränkt (oder auf von Tonbandaufnahmen verschrifteten). Bei der Bearbeitung für den Druck wurde auf die Authentizität größten Wert gelegt.

Zum anderen: Neben Joachim Heubach kommen auch Weggefährten zu Wort. Solche aus Schaumburg-Lippe, die mit ihm dienstlich verbunden waren. Dann aber auch eng verbundene Begleiter aus der Arbeit der Luther-Akademie Ratzeburg (heute Sondershausen-Ratzeburg), des Martin-Luther-Bundes und des Bundesgrenzschutzes (wie er seinerzeit hieß). Die Art und Weise der Darstellung, das, was „zwischen den Zeilen" mitgeteilt wird, und auch manche Wertungen sind die persönlichen und subjektiven Erinnerungen dieser Weggefährten.

Die Bearbeitung und Herausgabe dieses Bändchens hat – und das machte beides zur Freude – auch Erinnerungen an einen väterlichen Freund wachgerufen, für den wir Gott dankbar sind. Joachim Heubach war ja mitnichten der harte und fanatische Streiter, der „als einziges Thema die Ordination von Frauen zum gemeindeleitenden Hirtenamt hatte", wie einst DER SPIEGEL suggerierte. Heubach hatte Bildung, Dialogfähigkeit, Ideologieresistenz, aber auch Lebensfreude und viel Natürlichkeit und nicht zu vergessen: einen witzig-hintersinnigen Humor; von diesem sogar ziemlich viel. Daher dürfen einem solchen Band auch Bilder aus der Lebensgeschichte nicht fehlen. Gott macht seine oft so spannende Kirchengeschichte mit Menschen, die durch ihren Glauben zu Persönlichkeiten reifen. Vielleicht beginnen Sie ja Ihre Lektüre mit der Bildstrecke ab S. 98.

Eines war Bischof Heubach außerordentlich wichtig: In der theologischen Arbeit, nämlich im Ringen um das rechte Verständnis der Wahrheit des biblischen Wortes wie auch in der Verkündigung wollte er „lutherischer Katholik" (Sven-O. Berglund) sein, – immer bemüht, das Ganze der „einen heiligen, allgemeinen und apostolischen Kirche" vor Augen zu haben.

Zu danken haben wir vor allem Frau Heubach für ihr Vertrauen – und ihre Geduld. Sodann allen, die sich gerne an dem Buch als Co-Autoren beteiligt haben: Ihre Namen und einige Hinweise zu ihrer Biographie finden Sie auf Seite 188. Des Weiteren danken wir für Druckkostenzuschüsse: der Evangelisch-Lutherischen Landeskirche Schaumburg-Lippe und der Lutherischen Stiftung München.

Neuendettelsau / Heidelberg, im September 2010

Albrecht Immanuel Herzog
Werner Führer

Joachim Heubach, * 20. November 1925 in Berlin-Friedenau,
† 29. Oktober 2000 in Eutin-Fissau,
Landesbischof der Evangelisch-Lutherischen Landeskirche
Schaumburg-Lippe von 1979–1991

I.

Theologische Beiträge und Predigten

von Joachim Heubach

---

1. Theologische Beiträge

Theologische Beiträge

Mein liebster Luther-Text

Auch wenn man viele Schriften Luthers gelesen hat und immer wieder Neues darin entdeckt, so sind bestimmte Stellen einem besonders wichtig geworden. Für mich ist seit vielen Jahren eine Stelle aus Luthers Auslegung der 7 Bußpsalmen zu Psalm 32, Vers 8 ganz besonders wichtig geworden. Seitdem ich diese Stelle fand (Weimarer Ausgabe, Bd. I, 171f.), habe ich sie mir abgelichtet und trage das Blatt in meiner Brieftasche. Oft lese ich mir die Stelle laut vor. Ich kann sie inzwischen auswendig. Sie ist voll tiefer seelsorgerlicher Hilfe und zwingt mich immer wieder zu gründlichem Nachdenken.
Psalm 32,8 lautet: „Ich will dir Verstand geben und dir den Weg weisen, den du gehen sollst. Ich will dich mit meinen Augen leiten."
Schon das ist beachtenswert und für den seelsorgerlichen Charakter der Schriftauslegung Luthers bezeichnend, dass er in der Auslegung dieser Gottesrede Gott selbst weitersprechen lässt:

> „Darinnen ich dich haben will. Du bittest, ich soll dich erlösen: lass dir nicht leid sein, lehre du mich nicht, lehre dich auch nicht, lass mir dich, ich will dir Meister genug sein, ich will dich führen den Weg, darinnen du mir gefällig wandelst. Dich dünkt es sei verderbt, wenn es nicht geht wie du denkst: dein Denken ist dir schädlich und hindert mich."

In dieser Auslegung als unmittelbare Rede Gottes an mich den Fragenden und Suchenden wird eindeutige Weisung gegeben in Formulierungen, die knapp und klar sind und die mein Denken und Wünschen absolut in Frage stellen („lehre du mich nicht, lehre dich auch nicht, lass mir dich ... dein Denken ist dir schädlich und hindert mich").

Darauf folgt in noch klareren Formulierungen der nicht einzuebnende Gegensatz von meinem Denken und Planen und Gottes Gedanken über mich und meinen Weg nach Gottes Willen:

> „Es muss gehen nicht nach deinem Verstand, sondern über deinen Verstand; senke dich in Unverstand, so gebe ich dir meinen Verstand. Unverstand ist der rechte Verstand: nicht wissen, wohin du gehst, das ist recht wissen, wohin du gehst. Mein Verstand macht dich gar unverständig."

Hier ist in meisterhafter Klarheit der unüberbrückbare Gegensatz zwischen meinem Denken, Wünschen und Planen und Gottes Weisheit und Plan beschrieben. Es ist das absolute Ende meines Wünschens und Planens angesagt.

Als Beleg für Gottes heilschaffenden Plan – auch für mich – wird Abraham angeführt:
> „So ging Abraham aus seinem Vaterlande, und wusste nicht wohin (1. Mose 12,1). Er gab sich in mein Wissen und ließ fahren sein Wissen, und ist kommen den rechten Weg an das rechte Ende."

Ein solches glaubendes Vertrauen in Gottes heilschaffenden Plan ist für Luther in seiner Theologia crucis begründet und ist der tiefste Sinn der Nachfolge:
> „Siehe, das ist der Weg des Kreuzes, den kannst du nicht finden, sondern ich muss dich führen als einen Blinden."

Um diesen Gegensatz und Widerspruch ganz deutlich zu machen, zeichnet Luther im Folgenden noch einmal den von Gott her geltenden Gegensatz:
> „... darum nicht du, nicht ein Mensch, nicht eine Creatur, sondern ich, ich selbst will dich unterweisen durch meinen Geist und Wort den Weg, darin du wandeln sollst. Nicht das Werk, das du erwählst, nicht das Leiden, das du erdenkst, sondern das dir wider dein Erwählen, Denken, Begehren zustößt, da folge, da ruf ich, da sei Schüler, da ist es Zeit: dein Meister ist da gekommen."

Hier ist nun der für Luthers Theologie wichtige Seelsorgerat zu beachten: „Darum nicht du, ... sondern ich, ich selbst will dich unterweisen durch meinen Geist und Wort."

Eine solche Glaubenseinsicht gründet allein im Worte Gottes. Ich gewinne sie aus der Heiligen Schrift, und sie wird in mir wirksam und klar durch das Wirken des Heiligen Geistes. Genau das hat Luther in der Erklärung zum 3. Glaubensartikel des Apostolikums im Kleinen Katechismus formuliert („nicht aus eigener Vernunft noch Kraft ..., sondern der Heilige Geist hat mich durch das Evangelium ... im rechten Glauben geheiligt und erhalten").

Und dann beendet Luther seine Auslegung der letzten Vershälfte „Ich will dich mit meinen Augen leiten", die er ursprünglich noch anschaulicher formuliert hat, nämlich: „Will ich dir mit meinen Augen winken", indem er Gott wieder direkt weiterreden lässt:
> „Will dich nicht lassen, du sollst nicht versinken, will dein nicht vergessen: deine Augen sollen zu sein über dich, dieweil meine Augen offen sind über dich."

Diese direkte Gottesrede wendet sich noch einmal unmittelbar an mich, den Leser, mit festen Zusagen der Nähe und der mich rettenden Hilfe und Fürsorge Gottes.

In welcher Lebenslage ich mich auch immer befinden mag, mit dieser Auslegung hat Luther in einer ungemein tiefen und überaus anschaulichen Weise

die Kraft seiner seelsorgerlichen Theologie unter Beweis gestellt. Sie ist zugleich ein Beispiel, wie Luther Seelsorge und Unterweisung zusammenhält und aufeinander bezieht. So formuliert er dann, alles zusammenfassend:
„Das ist kürzlich nichts anderes als: einen rechten, einfältigen Glauben und festes Vertrauen, Zuversicht, Hoffnung will Gott von uns haben."

So oft ich vor der Entscheidung des rechten Weges für mich nach Gottes Willen frage oder vor dem Rätsel meiner gegenwärtigen Situation stehe, ist mir diese Auslegung Luthers eine wirkliche Hilfe geworden und darum „mein liebster Luther-Text".

Welch ein Herr, welch ein Auftrag in der Gemeinde!

Vortrag an Christi Himmelfahrt / 31.05.1973 / Westfalenhalle in Dortmund

Christus hat sich ein Volk gesammelt – Seine Gemeinde, die Christenheit, die Kirche: und du gehörst dazu. Diese Gemeinde nennt der Apostel Paulus: den Leib Christi. Hier ist der Herr Christus das Haupt, wir sind die Glieder Seines Leibes.
Er, unser Herr selbst, hat Seinen Jüngern aufgetragen – Seiner Gemeinde zu dienen.
Aber in vielen Gemeinden ist man heute unsicher geworden, was der Auftrag sei, den wir als Gemeinde, als Kirche heute haben. Ist das Eigentliche, Typische, das Spezifische des Auftrages der Gemeinde erkennbar? Aus der Fülle der Beschreibungen des Auftrages in der Gemeinde heben wir einige markante Gesichtspunkte nach dem Neuen Testament hervor:

1. Der erste und fundamentale Auftrag oder Dienst in der Gemeinde ist: *mit all unserem Tun Christus dem Herrn zu dienen.* In der Gemeinde Jesu ist das der Grundauftrag: Christus dienen!
Dazu hat Jesus selbst gesagt: „Wer mir dienen will, der folge mir nach." Und er fährt fort: „... und wo ich bin, da soll mein Diener auch sein." Das ist der Urauftrag des Jüngers Jesu in der Gemeinde: Jesus dienen, Jesus nachfolgen; seine Nähe, die Gegenwart Jesu begehren und unablässig suchen.
Du findest die nahe Gegenwart Jesu in seiner Gemeinde. Wo zwei oder drei in seinem Namen beisammen sind, da ist er. Und wo er ist, da soll Sein Diener auch sein.
Der erste Auftrag in seiner Gemeinde ist darum: die Gegenwart Jesu suchen und in der Gemeinschaft Seiner Jünger leben wollen. Unter diesem grundlegenden Gesichtspunkt wollen wir wieder neu die Gemeinde und unsere Gliedschaft in der Kirche verstehen und praktizieren. Wie vollzieht sich das?
Suche die Gemeinschaft der Jünger Jesu!
Die gottesdienstliche Versammlung ist der Ort und die Zeit deines Dienstes: hier das Evangelium hören und preisen, hier den Glauben bekennen und im

Glauben beten; hier immer wieder neu Gewissheit der uns rettenden Vergebungsgnade im Heiligen Mahl empfangen.

In der um Wort und Sakrament versammelten Gemeinde ist der Herr Christus gegenwärtig. Jesus hat Seinen Jüngern nicht nur verheißen, sondern auch aufgetragen: Dort, „wo ich bin, da soll mein Diener auch sein". Dort hingehen, wo unser Herr ist, das ist der erste Auftrag in Seiner Gemeinde.

2. Der zweite Auftrag in der Gemeinde: *„Durch die Liebe diene einer dem anderen"* (Gal 5,13). Diese Liebe ist die Liebe, mit der uns Jesus zuerst geliebt hat. Es ist die rettende Liebe, mit der Er unsere Schuld vergab, uns aus der Gebundenheit zur Freiheit der Kinder Gottes führte, aus der Furcht zur Freude im Heiligen Geist und zum Frieden mit Gott.

Seine Liebe hat in uns den Glauben als das ganz gewisse Vertrauen auf Gottes rettende Gnade bewirkt. Von hierher also – von dieser erfahrenen Liebe her diene einer dem anderen. Darum ist der andere in der Gemeinde für uns der Bruder, also viel mehr als nur ein Mitmensch. Solche Liebe, die ihm gelten muss um Christi willen, ist etwas anderes als humane Mitmenschlichkeit, etwas anderes als soziale Solidarität, etwas anderes als Hilfe zur Selbstfindung und Selbstverwirklichung. Bring dem Bruder das auch ihn freimachende Wort von der Versöhnung mit Gott. Stelle ihm immer wieder den heiligen Willen Gottes vor Augen und zeige ihm das herrliche Evangelium von der rettenden Gnade Gottes. So erfüllst du den zweiten Auftrag in der Gemeinde: Durch die Liebe diene einer dem anderen.

Das ist der uns aufgetragene priesterliche Dienst in der Gemeinde. Das ist der Auftrag der Seelsorge in der Gemeinde, der Diakonie mit der Liebe Christi.

Von wem dieser Auftrag in der Gemeinde recht erkannt wird, der hört auf, von neuen Organisationsformen und Strukturveränderungen Wesentliches für die Lebendigkeit der Gemeinde zu erwarten. Dort ist die Gemeinde Jesu lebendig, wo Jesu Gegenwart gesucht und erfahren wird und wir uns gegenseitig durch die Liebe Christi dienen.

3. Der dritte Auftrag in der Gemeinde ist: *gut zu wirtschaften mit den geistlichen Gaben, die Gottes Heiliger Geist in seiner Gemeinde gegeben hat, und uns gegenseitig damit zu dienen*. „Dienet einander, ein jeglicher mit der Gabe, die er empfangen hat, als die guten Haushalter der mancherlei Gnade Gottes" (1. Petr 4,10). Also haben wir eine hohe und letzte Verantwortung, z.B. wenn wir reden: „So jemand redet, dass er's rede als Gottes Wort" (1. Petr 4,11). Das ist unser Auftrag in Einzelgesprächen von Mann zu Mann, in Gesprächskreisen, in den Akademien und Hochschulen, auf Gemeinde- und Kirchenta-

gen. Das ist unser Auftrag in der Gemeinde, das auch bewusst zu wollen! Klar zu erkennen geben, so, dass unser Reden auch als Wort Gottes erkannt werden kann. Das ist aber unser Auftrag in der Gemeinde: gut zu wirtschaften mit den geistlichen Gaben eines Amtes.
Ihr christlichen Eltern, seid euren Kindern echte überzeugende Christen.
Ihr Pastoren, seid euren Gemeinden wirkliche Hirten. Habt den Wunsch, Geistliche zu sein, und dankt Gott, dass er euch dieses Amt gegeben hat.
Ihr Synodalen, leitet die Gemeinde Jesu nicht durch zweifelhafte demokratische Kompromisse, sondern ringt darum, durch geistlich gewonnene Einsichten der Wahrheit des Evangeliums neuen Raum zu schaffen.
Ihr Superintendenten und Bischöfe, ihr habt den Auftrag in der Gemeinde, einen klaren Kurs zu steuern, das Schiff der Kirche nicht treiben zu lassen. Sagt nicht zum Pluralismus der sich widerstreitenden theologischen Meinungen euer „Amen". Ringt um geistliche Erkenntnis und sagt ein klares Gotteswort, das die Gemeinde Jesu als die Stimme des guten Hirten auch erkennen kann.
Diesen dritten Auftrag in der Gemeinde wahrzunehmen bedeutet darum, mit Nüchternheit erkennen, dass Gottes guter heiliger Geist unabdingbar nötig ist, damit die Gemeinde – Gemeinde Jesu, damit Kirche – Kirche Christi sei und bleibe.

4. Deswegen nenne ich als 4. Auftrag, den Jesus Seinen Jüngern für Seine Gemeinde gegeben hat: „Betet ohne Unterlass" (1. Thess 5,17). Lass dich erinnern: „Bittet, so wird euch gegeben" (Lk 11,9). Denke daran: „Der Vater im Himmel wird den Heiligen Geist geben denen, die ihn bitten" (Lk 11,13). Und: „Bittet den Herrn der Ernte, dass er Arbeiter in seine Ernte sende" (Mt 9,38).
Präziser geht es nicht. Hier ist der Auftrag: Betet für die Gemeinde. Und hört genau hin. Hier ist der Auftrag mit der Zusage unmittelbar verbunden: „Gott wird geben" – „Gott wird senden". Welch ein Herr – welch ein Auftrag!
Bei all unserem Leiden an der Kirche heute und an den zum Teil wirklich beschämenden und beklagenswerten Zuständen in den Gemeinden – erkennt unseren Auftrag und hört Jesu Zusage: Betet, bittet, ruft zu Gott – für die Kirche Christi.
Es ist Gottes Werk und Seine Gnade, wann und wo und wie er seinen Heiligen Geist schickt. Der Heilige Geist „beruft, sammelt, erleuchtet, heiligt und erhält bei Jesus Christus im rechten, einigen Glauben". Unser Auftrag in der Gemeinde ist, dieses Werk des Heiligen Geistes in seiner Gemeinde zu erbitten. Es ist ein herrlicher Auftrag, weil er Jesu Zusage hat. Vertraut dieser Zusage Jesu für seine Gemeinde!

Zum Gebetsauftrag gehört also auch: den Herrn bitten, treue Arbeiter in seine Ernte zu senden. Darum: Bejammere nicht ständig die geistlose Dürre um dich her. Erkenne den Auftrag Jesus: Gehe in der Wüste in die Knie und bitte ohne Unterlass um die kräftige Wirkung des Geistes Gottes durch vielfältige Gnadengaben in Seiner Gemeinde: „Herr, erneuere Deine heilige Kirche in unserer Zeit."

Und dann freue dich, wo du die Gegenwart Gottes im Heiligen Geist in der Gemeinde erkennen darfst.
Vergiss nie: Es ist immer Gnade – freie Gnade Gottes – und zugleich Grund des Dankens: Hier hat sich Jesu Verheißung unter uns erfüllt.
Zu diesem Gebetsauftrag gehört schließlich die Anbetung Gottes, der Lobpreis der Gemeinde. Wo sonst und durch wen sonst in aller Welt wird das Geschehen, was das Köstlichste eines Menschen ist: Gott, den Vater, loben, preisen und anbeten, um des Sohnes willen im Heiligen Geist.
Wer des Evangeliums gewiss geworden ist, dem ist dieser Auftrag innerstes Bedürfnis.
Dein Auftrag in der Gemeinde ist klar.
Nimm ihn wahr – in Jesu Namen.

Die Gabe des Geistes
als Erfüllung der Verheißung Gottes[1]

Das Thema ist nicht nur dadurch von Bedeutung, dass man sich in der weltweiten Christenheit in den letzten Jahrzehnten wieder in besonderer Weise der Bedeutung des Heiligen Geistes für Glauben, Gemeinde, Kirche, für Mission und Gemeindeaufbau besonnen und erinnert hat, sondern auch, weil die Gabe des Heiligen Geistes die besondere Gabe ist, die Gott nicht nur verheißen hat, sondern die die Kirche, die Gemeinde Christi gewirkt hat. Gott hat verheißen, seinen Geist auszugießen auf alles Fleisch, und viele andere Verheißungen Gottes und Seines Sohnes Jesus Christus gehen dahin, dass Er uns den Geist, ob er „Tröster" oder „der uns in alle Wahrheit Leitende" genannt wird, geben wird.

Diese Verheißung Gottes ist nicht nur gegeben, sondern sie hat sich erfüllt. Dass wir sind, dass Gemeinde Jesu Christi gewesen ist und sein wird, ist die erfahrbare Erfüllung der Verheißung Gottes und insofern hat das Thema eine zentrale Bedeutung für den Glauben und die Kirche. Man kann es auch in den Satz fassen, dass man vom Evangelium Jesu Christi nicht sprechen kann, ohne zugleich von der Erfüllung der Verheißung der Gabe des Heiligen Geistes zu sprechen. Wo das Evangelium Jesu Christi verkündigt wird, ist die Verheißung der Gabe des Geistes erfüllt. Denn wo wirkliches Zeugnis des Evangeliums laut wird, da geschieht es im Heiligen Geist, und wo solches Evangelium ankommt und ergriffen wird, erfüllt sich die Verheißung der Gabe des Geistes. Das Evangelium und der Geist Gottes gehören zusammen. Wie man das Evangelium nicht von der Gabe des Geistes trennen kann, so kann man die Gabe des Geistes vom Evangelium nicht trennen. Wo sich die Gabe des Geistes nicht klar darin ausweist, das Evangelium in seiner ganzen Fülle und zentralen Bedeutung zur Geltung zu bringen, da ist es nicht der Geist Jesu Christi.

Mit diesen beiden Grundüberlegungen möchte ich die biblisch-dogmatische Besinnung beginnen, weil es das in der Geschichte der Christenheit gegeben hat und wohl auch immer wieder geben wird: Verkündigung des Evangeliums und theologische Beschäftigung mit der Bibel und dem christlichen Glauben, ohne dass der Heilige Geist dabei eine Rolle spielt. Das ist die eine Gefährdung, also eine „geistlose" Theologie und Verkündigung.

Andererseits gibt es immer wieder jene Gefährdung in der Christenheit, die zunächst verborgen ist, dann aber plötzlich offenbar wird, nämlich die, dass

---
1 Gastvorlesung am 18. Mai 1988 in Hermannstadt/Rumänien am dortigen Theol. Institut

die Gabe des Geistes behauptet wird und in Bewegung zu sein scheint, aber ohne dass das Evangelium zentral mit dabei ist. Es handelt sich dabei wie z.B. in der Zeit der Reformation bei den Schwärmern um eine pneumatische Bewegung ohne gleichzeitige Bedeutsamkeit der Heiligen Schrift. Solche schwärmerischen Bewegungen tauchen immer wieder im Verlauf der Kirchengeschichte auf, und zwar auch so, dass man sich wohl mit der Heiligen Schrift beschäftigt, aber plötzlich eklektisch auszuwählen beginnt und damit echt „sektiererisch" Bestimmtes herausschneidet, sich auf Bestimmtes festlegt und dieses als eine besondere Erkenntnis des Geistes zu erkennen vorgibt. Beides ist also abwegig: Evangeliumsverkündigung, die „geistlos" ist, d.h. ohne Gabe und Wirksamkeit des Heiligen Geistes. Ebenso muss jegliche pneumatische Bewegung abgelehnt werden ohne gleichzeitige klar erkennbare Verkündigung des ganzen Evangeliums.

So fassen wir zusammen: Den Heiligen Geist treibt nur das rettende Evangelium, und der Heilige Geist treibt nur das rettende Evangelium.

Es ist darum wichtig, dass man sich von pneumatisch-charismatischen Phänomenen nicht vorschnell fangen lässt.

Wiederum gilt: Wer sich mit dem Evangelium beschäftigt, muss sich mit der Gabe des Heiligen Geistes beschäftigen, und wer sich mit der Gabe des Geistes beschäftigt, muss sich mit dem Evangelium beschäftigen. Denn beides, Evangelium und Geist Gottes, Geist Christi und Heiliger Geist, gehören untrennbar zusammen. Man kann kein Stück christlicher Glaubenserkenntnis aussagen, ohne dass man zugleich die pneumatische Komponente und die evangelische Komponente nennt.

Wenn wir im Folgenden unser Thema behandeln, so können wir die biblischen Überlegungen dazu, die in Fülle vorhanden sind, in gar keiner Weise ausschöpfen. Ferner wollen wir einige dogmatische Gesichtspunkte nennen, um schließlich in einer kurzen praktisch-pastoralen Zusammenfassung das Thema abzuschließen.

1. Wenn wir in das Neue Testament hineinsehen, so wird überall, wo vom Evangelium, seiner Verkündigung und Annahme berichtet wird, immer zugleich vom Heiligen Geist gesprochen.

Es gibt also keine entscheidenden Schriften des Neuen Testamentes, in denen nicht in irgendeiner Weise von der Bedeutung des Heiligen Geistes gehandelt wird. Dabei muss man beachten, dass in den neutestamentlichen Schriften unter unterschiedlichen Gesichtspunkten vom Wirken des Geistes und von der Bedeutung des Heiligen Geistes gesprochen wird. Dieses gilt schon für die Synoptiker und das Johannes-Evangelium. So ist Lukas z.B. einer der ersten großen Theologen, der das Phänomen des Geistes Gottes in unmittelbaren Bezug zum Evangeliumsgeschehen gesetzt hat. Lukas hat es gar nicht anders sehen können, als dass Wirkung des Geistes Gottes sowohl beim Tod Jesu als auch bei dem Handeln Seiner Jünger und in der Gründung von Gemeinden erkannt wird.

Der Neutestamentler Eduard Schweizer hat daher treffend formuliert, dass der Geist ein Charakteristikum lukanischer Theologie ist. Dieses gilt für das Evangelium ebenso wie für die Apostelgeschichte. Für Lukas ist der Heilige Geist die Gabe schlechthin, die dem Glaubenden in der Gemeinde Jesu zukommt. Für ihn ist der Geist die Gabe an die ganze Gemeinde, nicht ein spezielles Kennzeichen irgendeines Amtes. Für Lukas stellt sich auch die Frage des Verhältnisses von Geist und Taufe recht unkompliziert. Gabe des Geistes ist ein dynamisches Geschehen. Hier geht es um die Einlösung von Verheißung Gottes als heilende, rettende Einlösung. Der Glaube an Christus und das durch ihn gewirkte Heil werden gar nicht anders empfangen als in der Kraft des Geistes. Diese Auffassung kann man sehr gut bei Lukas studieren, darum möchte ich ihn den ersten Theologen nennen, der am Beginn der christlichen Theologie zweifellos ein Gespür dafür hatte, dass alles, was mit dem Leben der Gemeinde Jesu zusammenhängt, ob es ihre Organisation, ihre Mission, ihr gemeindliches Leben war, ob es die Art und Weise ihrer Versammlungen, ihres sakramentalen Handelns in Buße, Taufe und Mahlgemeinschaft war, gar nicht anders sehen konnte, als gewirkt durch den Geist Gottes, als eingelöste Verheißung.

So muss nicht nur das ganze Geschehen in der Verkündigung des Evangeliums im Zusammenhang mit dem Wirken des Heiligen Geistes gesehen werden, sondern ebenso auch alles, was mit der Gemeinde Jesu, der Ecclesia, in Beziehung steht. Hierhin gehören dann auch alle diejenigen Aussagen, die wie Apg 6,3 und 11,24 sowie Lk 4,1 jede Aktualisierung des Geistes als Tat Gottes beschreiben, die von ihm ausgeht. Der Glaubende hat den Heiligen Geist nicht anders als durch Christus, auf dessen Handeln er sich immer wieder einlassen muss. Damit ist das, was sich im ganzen Neuen Testament zeigt, ausgesprochen, nämlich, dass einerseits gesagt werden kann, dass die Gabe des Heiligen Geistes ein Besitz ist und andererseits doch wieder gesagt werden muss: Der Heilige Geist wird je neu geschenkt. Hier entsteht für alle künftige christliche Theologie und alles christliche Verstehen jene Spannung, die darin besteht, dass man einerseits sagen kann: „Wir haben den Geist" und bitten dennoch ständig: „Komm, Heiliger Geist." Wir können es auch mit anderen Begriffen sagen: Wir sind im Glauben und wir bitten doch ständig um den Glauben. Oder: Wir sind des Heils gewiss und bitten doch ständig um Gewissheit des Heils.

2. Das bedeutet nicht irgendeine dialektische Spielerei. Es besagt vielmehr, dass wir gerade da, wo es um unser Heil geht und damit um den Heiligen Geist und die wirkungsmächtige Gegenwart Gottes, dass wir dort entscheidend von der Gnade Gottes leben. So ist der Heilige Geist die Gnadengabe Gottes, in allen Gnadengaben sind die Gaben des Heiligen Geistes.

Von hierher können wir verstehen, dass im christlichen Glaubensverständnis immer wieder eine Gefahr besteht, nämlich, dass ein „Besitzdenken" mit all seinen Schattierungen sich einschleicht, bis hin, dass man das Gewinnen des Glaubens und das Bleiben im Glauben mit methodischen Schritten zu beschreiben versucht.

Hier ist es wichtig, dass man die Theologie des Paulus zum Verständnis des Heiligen Geistes sehr genau zur Kenntnis nimmt. Bei ihm findet sich die Magna Charta aller Theologie des Geistes. Paulus brachte aus einer hervorragenden Kenntnis des schriftgelehrten Judentums wichtige Einsichten mit, die diese Spannung: Verheißung und Gabe, Verheißung und Gnade, Gewissheit und Bitte um Gabe des Geistes verstand und konsequent durchgehalten hat. Und andererseits ist Paulus beim Eindringen in die antike Welt des Griechentums religiösen Vorstellungen begegnet, wo man sich durch einen bestimmten Kultus pneumatische Gewissheit und Geistesbesitz zu beschaffen bemühte (z.B. in den Mysterienreligionen). Auch wir spüren bis heute die Folgen dieser antiken Geistes- und Religionsgeschichte bis hinein in subkultische Ekstatik.

So wird an dieser Spannung, die nicht auflösbar ist und nicht in irgendeiner Weise einseitig entschieden werden darf, das Unverfügbare des Evangeliums deutlich. Denn wir haben kein „Recht" auf Gottes Heil. Dieses bleibt Gottes freie Gnade, die aus seiner unergründlichen Liebe stammt, dass er die unter Seinem Fluche stehende Menschheit retten will. Wo einer dieses rettende Handeln Gottes ergreift, bleibt es ihm selbst ein Wunder, dass er zum Glauben gekommen ist. Wiederum, wenn er ein ganzes Leben in diesem Glauben gelebt hat, er wiederum keineswegs „sicher" ist, ob er in der Dämonie der letzten Stunde den Glauben bewahren wird, oder der Satan ihm diese Gewissheit des Glaubens noch rauben wird.

Deswegen war es in der alten Christenheit so wichtig, einen sterbenden Bruder oder eine sterbende Schwester in der letzten Stunde unmittelbar zu begleiten und dabei zu sein. Maler haben es sehr drastisch dargestellt, wie die Teufel auf der Bettkante sitzen, um ihre Beute zu gewinnen.

So muss die dialektische Spannung von Glaubensgewissheit und Unverfügbarkeit der Gnadengabe des Geistes beieinanderbleiben und in der Theologie durchgehalten werden.

Die Gabe des Geistes

3. Aber das andere muss nun auch gesehen werden, nämlich, dass sich die Verheißung der Gabe des Geistes erfüllt hat und erfüllen will. So kommt es immer wieder dazu, dass einzelne Christen, Gemeinden, ja die Christenheit eines ganzen Kontinentes oder einer ganzen Epoche zu einem neuen Begehren der Erfüllung der Verheißung Gottes in der Gabe des Geistes gedrängt werden, und zwar deswegen, weil es so „dürre" ist, das Glaubensleben ohne Geistesgabe, Geisteswirksamkeit, ohne Zeichen der eingelösten Verheißung Gottes erscheint.
Hier ist Gemeinde wohl da, aber es ist wenig spürbar von der Lebendigkeit der verheißenen Geistesgabe. Es findet sich zwar viel Theologie und theologisches Bemühen, aber wenig erkennbare Einsicht, die durch Gottes Geist gewirkt erscheint.
Solche Zeiten der Dürre sind wie die Wüste, durch die Israel zu wandern hatte. Mir will scheinen, dass sich in unserem Jahrhundert gerade in der europäischen Kirchengeschichte solche Erfahrung und Empfindung spürbar macht. Wir wissen wohl auch in unserem Jahrhundert von Erweckungen. Aber man muss doch zum Teil in ferne Länder reisen, um große geistliche Bewegungen entdecken zu können. Wenn man hingegen auf die Situation in den europäischen Kirchen blickt, bleibt nicht selten die Frage unbeantwortet, nach welchen Gesichtspunkten Menschen zum Dienst in der Gemeinde Jesu ausgesucht werden. Hier kann man wenig „geistliche" Perspektiven erkennen.

Das Gleiche gilt auch bezüglich der Wahl von Bischöfen und Gemeindeältesten. Oft ist es ein reiner synodal-demokratischer Zufall. Anders allerdings war es in der alten Kirche, wo sich eine Synode als „im Heiligen Geist versammelte Gemeinde" verstand. Darauf wird wohl kaum Segen ruhen, wenn Synoden ihre Entscheidungen durch zweifelhafte demokratische Kompromisse herbeiführen, anstatt darum zu ringen, durch geistlich gewonnene Einsichten der Wahrheit des Evangeliums neuen Raum zu schaffen. Von hierher werden wir auch die Frage zu stellen haben, woran wir eigentlich in der Theologie leiden; doch wohl nicht am scharfen kritischen Verstand. Dieses gilt auch für unsere Studenten der Theologie. Aber weithin offen bleibt die Beantwortung der Frage: Weiß man um die notwendige geistliche Erkenntnis bei allem theologischen Bemühen? Darum wird die Gemeinde Jesu heute aus dieser Erkenntnis heraus inständig Gott anrufen müssen, dass Er Seinen Geist auf das dürre Land ausgießt. Er hat verheißen, dass Er die Bitte der Jünger Jesu erhören will, wenn sie Ihn anrufen. Daher wollen wir nicht in ein allgemeines Lamento über Kirche, Pfarrer, Pastoren und Mitarbeiter einstimmen, bei denen wir wenig an geistlicher Substanz verspüren. Wir haben auch darin nicht einen vorgezeichneten Weg, dass wir das Heil außerhalb der Kirche suchen und meinen in Freikirchen abwandern zu müssen. Nein, so nicht, sondern: Gott hat die Verheißungen der Gabe Seines Geistes gegeben gerade für das „dürre Land". Darum ist unser Auftrag in der Gemeinde Jesu heute in besonderem Maße der, dass wir das alte Gebet der Christenheit erneuern: „Veni creator spiritus" (Komm, Schöpfer, Heiliger Geist). Ich bin der festen Überzeugung, dass Gott die Gabe Seines Geistes dort geben wird, wo man sich ganz unbeirrt dem Evangelium konzentriert zuwendet und um die Gabe des Geistes Gottes inständig bittet.

Darum dürfen wir uns nicht zuerst der Welt zuwenden und dann noch irgendwo ein paar Worte des „Vorsitzenden Jesus" mitnehmen, sondern wir haben uns zuerst dem Evangelium selbst zuzuwenden. In der Welt sind wir sowieso, im Reiche Gottes sind wir nicht eo ipso. Uns mit ganzer Konzentration dem Evangelium Jesu zuwenden, dem Evangelium, das die Sünder, die Verlorenen meint, und die Gegenwart Gottes im Heiligen Geist erbitten, das ist vornehmlicher Auftrag der Gemeinde Jesu heute. Dieses gilt gerade in der Situation, in der wir uns befinden, nämlich in unserem materialistischen, technokratischen Jahrhundert, wo alles machbar zu sein scheint und doch zugleich ganz offenkundig ist, wie einsam und urtümlich verloren der Mensch ist, wie er permanent schuldig wird, zumal an der Frage, wie man Leben und Sterben bewältigen kann.

Auch das werden wir neu erkennen müssen, dass die Verheißung der Erfüllung der Gabe des Geistes durch das Studium der Heiligen Schrift, und zwar durch eine ganz intensive Beschäftigung mit dem Worte Gottes, Verheißung hat. Hierin müssen wir alle immer wieder Schüler der Reformation sein. Wir haben das Evangelium niemals anders als aus den Quellen der Heiligen Schrift. Darum muss unsere Verkündigung auf der Schrift basieren. Wir können keine Epistellesungen durch Philosophen und Schriftsteller auswechseln. Auf ihnen liegt nicht die Verheißung der Gabe des Heiligen Geistes. Dass uns die Heilige Schrift klar wird, das ist auch bei uns immer nur Wirken des Geistes Gottes.

Und schließlich wollen wir erkennen, dass wir das Wirken des Geistes in der Gemeinschaft des Mahles Christi suchen und begehren und damit wieder zum Urgrund des Evangeliums und der Verheißung Jesu zurückkehren und Seine Gegenwart suchen und empfangen, nämlich im Opfer zur Vergebung unserer Sünden und in der Gemeinschaft der Jünger Jesu, denen er seine Gegenwart verheißen hat. Denn der Heilige Geist führt zusammen, er sammelt die Jünger Jesu, und dieses geschieht in besonderem Maße in der Gemeinschaft um das Opfer Christi, im Heiligen Abendmahl.

Die Gabe des Geistes

Wir wollen die Erfüllung der Verheißung der Gabe des Heiligen Geistes auch im eigenen Gebet erbitten, das für uns mehr ist als ein liturgisches Formular. Wie Jakob so wollen auch wir heute mit Gott ringen, dass er uns die Gabe Seines Heiligen Geistes sendet.
In diesem Sinne ist Gebet eigentlich immer ein ganz intensives Ringen, es ist einem Kampf zu vergleichen. Erinnern Sie sich daran, dass die Abschnitte im Neuen Testament, die vom Gebet Jesu berichten, im Grunde genommen von einem intensiven Einsatz Jesu berichten. Gebet ist darum niemals „liturgisches Formular". Es ist überhaupt nicht „Formel". Gebet ist Kampf. Nicht nur mit Worten, sondern mit der ganzen Existenz im Rufen zu Gott. Der Beter setzt alles ein und rechnet ganz mit der Verheißung Gottes. So gehört beides zusammen: das Schweigen vor dem Evangelium, bevor wir reden, und das Ringen mit Gott um Seine Gegenwart und um die Gaben Seines Geistes. Die Pfingstlieder sind beredte Zeugnisse davon. Darum sollten wir wohl auch einmal in einem Weihnachtsgottesdienst ein Pfingstlied singen, denn das Geheimnis der Menschwerdung Jesu Christi erkennen wir nur im Heiligen Geist. Dieses gilt ebenso für die Epiphanias- und Passionszeit. Was Jesu Christi Erscheinung in der Geschichte und was Sein Opfer von Golgatha bedeuten, erkennen wir nur im Heiligen Geist. So können wir das ganze Kirchenjahr durchgehen und alle Lebensstationen eines Christen bis hin zum Sterben des Christenmenschen. Immer bedürfen wir des Heiligen Geistes, der nicht umsonst der „Tröster" genannt wird. Wir werden nur getröstet durch das Evangelium in der Kraft des Geistes Gottes.
Darum ist es wohl ein typisches Zeichen, wenn Luther, von dem man mit Recht sagt, dass er die Theologie des Kreuzes als seine Theologie bezeichnet habe, kein Lied vom Kreuz gedichtet hat, sondern von ihm außer Weihnachts- und Osterliedern vor allem Lieder vom Heiligen Geist überliefert sind.
So wollen wir täglich um die Neuerung der Kirche in unserer Zeit beten und damit um das elementare, zentrale und dynamische Geschehen der Gegenwart Gottes im Heiligen Geist:

„Veni creator spiritus" – *„Komm, Heiliger Geist, und erfüll die Herzen Deiner Gläubigen."*

Das Theologiestudium –
Vorbereitung auf das Amt der Kirche[1]

Diese Themenformulierung ist keine selbstredende Selbstverständlichkeit, auch nicht in unserer heutigen akademischen und kirchlichen Wirklichkeit. Wird überall und von allen das Gleiche verstanden, wenn wir von der „Theologie als Wissenschaft" sprechen?
Ebenso kann und muss man fragen: Wie klar und im Verständnis gemeinsam ist das, was wir das „Amt der Kirche" (ministerium ecclesiasticum oder ministerium verbi divini) nennen? Beides ist nicht selbstverständlich.
Ich möchte in wenigen Strichen nur einige Gedanken zu dieser Frage äußern, was mich als Pfarrer, als akademischen Lehrer und als Bischof dabei immer wieder beschäftigt. Beginnen möchte ich mit einem Zitat aus einem kurzen Schriftsatz von Dietrich Bonhoeffer aus dem Jahr 1933. Er schreibt zu dem Thema: „Was soll der Student der Theologie heut tun?"[2] Bonhoeffer sagt:
„Er soll vor allen Dingen nur dann Theologie studieren, wenn er ehrlicherweise meinen muss, etwas anderes nicht studieren zu können. Es ist ein viel geringerer Schaden, wenn viele, die vielleicht rechte Theologen geworden wären, stattdessen gute Juristen oder Mediziner werden, als wenn ein einziger Theologe wird, der es eigentlich nicht hätte werden sollen."[3]
Und dann kommt ein Satz, der mich verblüfft hat: „Ein starker theologischer Nachwuchs ist immer ein sehr zweideutiges Phänomen."[4]
Man wird darüber sehr lange nachdenken können, was diesen jungen akademischen Lehrer damals, im Jahr 1933, an einem Wendepunkt in Theologie, Kirche und Öffentlichkeit so hat sprechen lassen. Bonhoeffer sagt an dieser Stelle weiter: Der Theologiestudent „soll nicht meinen, dass er auf ganz bestimmte Erfahrungen einer ‚Berufung' warten müsse, er soll es vielmehr als eine Berufung zur Theologie hinnehmen, wenn ihn einfach die Sache der Theologie gepackt hat und nicht mehr loslässt. Aber freilich – dass es wirklich die Sache der Theologie sei, die er meint, d.h. dass es wirklich die Bereitschaft sei, über Gott und sein Wort und seinen Willen nachzudenken und ‚zu seinem

---

1 Vortrag am 14. Oktober 1985 in Erlangen anlässlich der Feier des 50-jährigen Bestehens des Auslands- und Diasporatheologenheims des MLB.
2 Ges. Schriften, Bd. 3, 243-247; jetzt in: D. Bonhoeffer, Werke, hg. v. E. Bethge u.a., Bd. 12, München 1997, 416-419.
3 A.a.O., 243 (= DBW 12, 416).
4 Ebd.

Gesetz Lust zu haben Tag und Nacht' (Psalm 1,2); dass er wirklich bereit sei, ernst zu arbeiten und zu lernen und zu denken. Nicht ein Berufungserlebnis, sondern die Entschlossenheit zu nüchterner, ernster, verantwortlicher theologischer Arbeit steht am Eingang des theologischen Studiums."⁵

Schließlich noch ein drittes Zitat: „Er soll als Theologe wahrhaftig ein ganzer Mensch sein ..., aber er soll dann als Theologe lernen und wissen, dass der Antrieb seines Lebens und Denkens als eines Theologen nirgends anders herkommen kann als von der Passion Jesu Christi, des gekreuzigten Herrn."⁶

Das Theologiestudium ist Vorbereitung auf das Amt der Kirche.⁷ Dieses Amt ist in allen seinen Funktionen immer wieder *theologisch* zu verantworten. Das Theologiestudium hat die Aufgabe, zum eigenen, selbstständigen, kritischen Erkennen und Beurteilen der wichtigsten Gegenstände der Theologie fähig zu machen.

Studium ist Mühe und Sich-Mühen, *um ein immer tieferes Verstehen zunächst und immer wieder der Heiligen Schrift Alten und Neuen Testamentes*. Dabei geht es nicht ohne gründliche Kenntnisse der Sprachen. Hier zeichnen sich schon Schwierigkeiten in unserer heutigen Situation in der wissenschaftlichen Theologie, der Exegese, dadurch ab, dass wir so wenige Studenten haben, die die Sprachen Latein und Griechisch vom Gymnasium mitbringen.

Studium ist Mühe und Sich-Mühen *um die Lehre der Kirche*, wie sie in den theologischen Auseinandersetzungen durch die Jahrhunderte der verkündigenden und lehrenden Kirche formuliert worden ist. Hier muss es zur Fähigkeit der Unterscheidung, zur dogmatischen Sensibilität kommen. Diese Fähigkeiten gewinnt der Theologe nur durch gründliches Studium der Dogmengeschichte und der klassischen Werke der christlichen Theologie.

Studium ist Mühe und Sich-Mühen *um die Kenntnis der verschlungenen Geschichte der Kirche* inmitten der Welt und Geistesgeschichte. Der Theologe wird in der Gegenwart und Zukunft erkennen können, dass manches gar nicht so neu unter der Sonne Gottes ist, auch nicht in seiner Kirche und ihren Irrungen.

Studium ist Mühe und Sich-Mühen ebenso *um die Geschichte und das Leben der weltweiten Kirche*: Ökumene, Mission und Diaspora, das, was dieses Haus in seiner 50-jährigen Geschichte geprägt hat, die weltweite Kirche. Die Kirche Christi, so sage ich immer in Schaumburg-Lippe, ist größer als die

---

5 Ebd.
6 A.a.O., 244 (= DBW 12, 417).
7 Hingewiesen sei z.B. auf Klaus Haacker (Hrsg.): Lernen und Leben. Ansprachen an Theologiestudenten. Texte von K. Barth, D. Bonhoeffer, K. Heim, H.J. Iwand, A. Schlatter, H.W. Wolff, Wuppertal ⁵1985.

schaumburg-lippische Kirche; die Kirche Christi ist größer als die Konföderation niedersächsischer Kirchen; die Kirche Christi ist größer als die lutherische Kirche: Die Kirche Christi ist die eine, heilige, katholische und apostolische Kirche.
Studium ist Mühe und Sich-Mühen, dieses zu erkennen und zu verstehen.

Und schließlich ist das Studium der Theologie ein Sich-Mühen um die rechte Weise der *Ausrichtung des Auftrages und Dienstes im Amt der Kirche*. Schon anfänglich an der Universität so gut und gründlich wie möglich studieren, was das Wesen des Gottesdienstes ist, die Geschichte der Liturgie, das, was das Wesen – mehr das Wesen als das Wie – der Predigt ist, was die Aufgabe der Unterweisung, nicht nur der Jugend, sondern im Gesamtkatechemunat der Kirche ist, was pastorale Poimenik (Lehre von der Seelsorge) bedeutet und was der Unterschied zur Psychotherapie ist. Er wird erkennen müssen, was der Mensch in seiner Armut und Verlassenheit, in den Verwirrungen seiner Seele und seines Lebens ist und was die größte Gabe des Evangeliums ist: die Vergebung der Sünden und das ewige Leben.
Studium als Mühe und Sich-Mühen um ein immer tieferes Verständnis der verschiedenen Disziplinen der wissenschaftlichen Theologie wird *exemplarisch beginnen* und wird dann auch zum Erkenntnisgewinn führen, sofern aus dem Sich-Mühen eine *Freude und Lust* am eindringenden Verstehen und Erfassen erwacht. Es ist immer ein schrittweises Erkennen und Verstehen, ein Tiefergraben an einer Stelle, ein Fortschreiten und ein Zunehmen in der Erkenntnis der Theologie, aber zugleich auch immer – das sage ich sehr bewusst – mit der Bereitschaft zur kritischen Korrektur.
Das Studium ist auch eine unwahrscheinliche *Erlaubnis*, eine besondere Gewährung und Freistellung zum geistigen und geistlichen Eindringen und Verstehen von Texten, Urkunden und Zeugnissen des Glaubens der Christenheit, von bedeutenden Personen und Zeugen des Glaubens, von Problemen, Phänomenen, Entwicklungen und Zusammenhängen, die die Theologie und das Leben der Kirche bestimmt haben und noch bestimmen.
Das Sich-Mühen im Studium der Theologie ist auch nicht frei von der Möglichkeit, das bisherige Glaubensverständnis bei sich selbst gründlich in Frage gestellt zu erfahren, eventuell sogar zu verlieren, und noch einmal von vorne anzufangen. Studium ist insofern immer zugleich ein Wagnis. Der sichere Student und Theologe ist ein sehr unsicherer Kandidat für das Amt der Kirche.
Es ist ein Wagnis vor allem auch darin, wenn ich beim Studium der Heiligen Schrift mich der Wahrheit des Wortes Gottes wirklich und ernsthaft stelle und dem mir als natürlichem Menschen tief innewohnenden Zweifel nicht auswei-

che. Wenn mir über Texten, Problemen oder Personen aufdämmert, was mir sein Wort zumutet und wo bei mir der Grund der Skepsis sitzt und welche Botschaft er mir aufträgt und wie arm bisher meine Erkenntnis und Gewissheit ist. Wenn mir aufgeht, was mir *fehlt* und was Gott mir wohl *geben* muss, dass ich anderen damit helfen, ja sie zur Gewissheit des Glaubens führen kann.
Das Studium der Theologie ist und bleibt ein rein intellektuelles Geschäft und Unternehmen, wenn es nicht immer wieder mit tiefem Ernst durchdringt zur *geistlichen Dimension des Hörens auf das Wort* des uns richtenden und uns rettenden Gottes, des Vaters Jesu Christi. Der Student der Theologie wird oft schmerzlich lernen müssen, was ihm später im Amt ebenso begegnen wird, dass Erkenntnis der geoffenbarten Wahrheit Gottes im Zeugnis des Alten und Neuen Testamentes auch ihm nur durch Gottes Wirkung im Heiligen Geist zur Erkenntnis des heilschaffenden Evangeliums wird. Und – immer nur die Gnade eines vom Heiligen Geist gewirkten Handelns im Amt der Kirche, das den Dienst segnen wird. Hier nenne ich nur zwei Beispiele:

a) Die *Theologie des Kreuzes*.[8] Der Theologie des Kreuzes sich zu stellen, geht wohl nicht ohne tiefe eigene Betroffenheit ab, bis hin zum neuen Verstehen jener Strophe: „Ich, ich und meine Sünden, die sich wie Körnlein finden des Sandes an dem Meer."[9]

b) Ebenso wird mit das *Wunder der Auferstehung und die Hoffnung des ewigen Lebens* nur zur tiefen Gewissheit, mit der ich selbst sterben und anderen angesichts ihres Sterben-Müssens davon zeugen kann, wenn Gottes Heiliger Geist solchen Glauben in Gewissheit in mir gewirkt hat und erhält. Ohne das ständige Gebet „veni creator spiritus" („Komm Schöpfer Geist") kommt es zu keiner Theologie des Wortes Gottes und zu keiner Fähigkeit im Amt der Kirche.

Das Studium des Theologie als denkendes Sich-Mühen um Kenntnis der wichtigsten Gegenstände der wissenschaftlichen Theologie und das Fähig-Werden im eigenen kritischen Prüfen und Urteilen muss – so denke ich – ständig begleitet sein von jenem *geistlichen Bemühen*. Ohne geistgewirkte Glaubenserkenntnis und Glaubensgewissheit wird keiner ein rechter Theologe sein und keiner im Amt der Kirche recht dienen können.

---

8 Man studiere und meditiere gründlich Luthers Heidelberger Disputation vom 26. April 1518 (WA 1, 353-374); vgl. dazu auch W. v. Loewenich, Luthers Theologia crucis, Witten ⁵1967.
9 Aus Paul Gerhardt: „O Welt sieh hier dein Leben …", 4. Strophe.

Deswegen gehört es zum Studium der Theologie auf dem Wege zum Amt der Kirche, dass *alles Studieren nicht ohne beständiges Gebet* möglich ist. Das unterscheidet die Theologie von allen anderen Disziplinen der Wissenschaft. Dieses Gebet meint nicht nur Beten im liturgischen Vollzug geordneten Betens, sondern darüber hinaus als persönliches, dauerndes Gespräch mit Gott. Darum geht alles Studieren nicht ohne betendes Sich-Versenken in die Heilige Schrift und in das Bekenntnis der Kirche. Betendes Meditieren der Heiligen Schrift hat uns Luther gelehrt[10] und andere im Amt der Kirche als Lehrer und Prediger des Evangeliums. Wissenschaftliches Studium sei für den Studenten der Theologie mit diesem geistlichen Bemühen immer verbunden; so auch das Meditieren des Bekenntnisses der Kirche, z.B. bestimmter Stellen des Kleinen Katechismus, etwa den 3. Glaubensartikel:

„Ich glaube, dass ich nicht aus eigener Vernunft noch Kraft an Jesus Christus meinen Herren glauben oder zu ihm kommen kann; sondern der Heilige Geist hat mich durch das Evangelium berufen, mit seinen Gaben erleuchtet, im rechten Glauben geheiligt und erhalten; gleichwie er die ganze Christenheit auf Erden ..."

Darum geht alles Studieren nicht ohne *tägliche Reue und Buße*. Denn seit unserer Taufe sind wir auf diesem Weg, und der Heilige Geist hat sein Werk an uns begonnen, indem er uns berufen, gesammelt und erleuchtet und zu diesem Studium auf den Weg gebracht hat.
Zum Studium der Theologie gehört nicht, dass ich mich selbst finde. Davor gnade mir Gott! Sondern, dass ich *mich selbst erkenne*:

„dass der alte Adam in mir durch tägliche Reue und Buße soll ersäuft werden und sterben mit allen Sünden und bösen Lüsten; und wiederum *täglich* herauskommen und auferstehen ein neuer Mensch, der in Gerechtigkeit und Reinigkeit vor Gott ewiglich lebe."

Ein lutherischer Theologiestudent und Pfarrer tut gut daran, mindestens für bestimmte Zeit sich die erste der 95 Thesen Luthers vor die Augen zu schreiben: „Da unser Herr und Meister Jesus Christus spricht: ‚Tut Buße' usw. (Mt 4,17), hat er gewollt, dass das ganze Leben der Gläubigen Buße sein soll." Mit dieser und der Taufauslegung des Kleinen Katechsimus im Herzen wird er durch Sterben und Auferstehen, durch tägliche Reue und Buße in das Geheimnis des frei machenden Evangeliums eindringen. Wie schwer das aber ist, weiß jeder mindestens von anderen. Aber auch für uns selbst muss es gelten.

---
10 Vgl. Frieder Schulz: Die Gebete Luthers. Edition, Bibliographie und Wirkungsgeschichte. Gütersloh 1976.

Schließlich geht alles Studieren nicht ohne *Leben in und mit der weltweiten Kirche*. Wer in einem solchen Hause wie hier im Martin-Luther-Bund wohnen kann, hat die ganz seltene und keineswegs überall vorfindliche Möglichkeit, wenigstens einige Mitchristen aus der weltweiten Kirche als Mit-Studenten um sich zu haben. Das ist für das Theologiestudium als Vorbereitung auf das Amt der Kirche in der Dimension der „Katholizität" der Kirche und ihres Amtes von einer nicht zu unterschätzenden Bedeutung.

Schließlich möchte ich mich noch einer Frage stellen, die das Theologiestudium als Vorbereitung auf das Amt betrifft. Es ist das, was wir Pastoralethik nennen. Das Leben im Amt der Kirche ist nicht zu bewältigen ohne ein ständiges sehr konkretes und persönliches Sich-Auseinandersetzen mit dem, was wir in der Heiligen Schrift an klaren ethischenWeisungen haben, was wir als Prediger des Evangeliums nicht umgehen können und wo wir nicht aufgrund veränderter ethischer Situation und gesellschaftlicher Gegebenheiten aus Schwarz Weiß machen dürfen. Es ist schon gut, wenn man den Römerbrief studiert und sich klarmacht, was bis zum 11. Kapitel geschrieben steht, aber dann nicht aufhört und hinzunimmt, was vom 12. Kapitel an kommt. Dort steht geschrieben, dass wir uns nicht dem „Schema dieser Weltzeit gleichstellen" oder angleich sollen, sondern dass wir eine Erneuerung unseres Denkens nötig haben und dieses sich auch in dem zeigt, was Gottes Willen für unser Leben ist (Röm 12,1-2). Dieses gilt auch für den Studenten der Theologie, zumal er gerade im akademischen Bereich heute mitten in den Infragestellungen und Auflösungen ethischer Grundgegebenheiten steht. So wird es die Frage sein, auch eines Studiums der Theologie, was das Wort Gottes in seinen ethischen Aussagen für mich bedeutet und ob auch hierin Gottes Wort für mich verbindlich ist. Das ist ein Mühen und Sich-Mühen und notfalls sogar ein Erleiden.
Sehen wir ins Neue Testament, so finden wir nicht wenige Stellen, die uns zeigen, dass dem pastoralethischen Verhalten der Diener im Amt eine große Bedeutung beigemessen worden ist. Es hat keinen Zweck, dann zu meditieren, ob die Pastoralbriefe einer späteren Zeit angehören. Die Zeit ist noch nicht spät genug, um diese Schriften damit zu disqualifizieren. Trauen Sie den Pastoralbriefen und ihrer Pastoralethik mehr zu als manchen Pastoralethikern der Gegenwart!
Welche pastoralethischen Grundfragen wären besonders zu bedenken? Ich möchte nur einige nennen, die mir persönlich von Bedeutung sind, und da ist fast jedes Wort voller Problemgehalt: Demut, Mut, Lauterkeit, Gehorsam, Zucht, Treue und Fleiß, das Wissen, dass uns Gott diese Zeit gibt, aber diese Zeit kostbare Zeit ist.

Darüber als Student der Theologie – wie auch später im Amt der Kirche – immer wieder nachzudenken, was das ist, dass es zur Nachfolge Jesu gehört, dass man eventuell *wird leiden müssen*. Das Leiden um Christi willen geschieht heute so reichlich in der weltweiten Kirche, dass ein Student der Theologie dieses Phänomen des Leidens in sein Studium einbeziehen muss. Man kann ohne das Phänomen des Leidens um Christi willen ökumenische Theologie heute überhaupt nicht treiben. Das Leiden um Christi willen, das heute durch die weltweite Kirche geht, ist noch etwas anderes als das Leiden wegen ökonomischer Armut oder aufgrund von Diktaturen. Im Studium der Theologie, vertieft durch die Heilige Schrift und auch durch die Geschichte der Kirche, wird man an dem Phänomen nicht vorbeigehen können, dass es von hoher pastoralethischer Bedeutung ist zu lernen, der Einsamkeit nicht zu entfliehen, der *Einsamkeit* meines Seins vor Gott, der Einsamkeit oft auch mitten in einer Gemeinde, die fast nichts mehr versteht von dem, was das *unum necessarium* (das Eine, das nötig ist) ist und auch nicht die der Einsamkeit eines Dieners der Kirche in der Diaspora des Gottesvolkes.

Zu Pastoralethik rechne ich auch jenes sich Hineindenken und Verantworten, was das ist: *Die Kirche Christi zu lieben*, sie zu ehren wie unsere Mutter und vor allem *für sie zu beten* und dieses aus einer tiefen inneren geistlichen Haltung heraus. Im Studium schon gilt es zu lernen – *für andere vor Gott unablässig einzutreten* und ein priesterlicher Mensch werden zu wollen im Priestertum der Gläubigen, für andere vor Gott einzutreten als ein Stück der ethischen Prägung eines Theologenlebens.

So kann in einem Theologenheim, wie in diesem Hause, das Theologiestudium als Vorbereitung auf das Amt der Kirche in einer sich gegenseitig helfenden Gemeinschaft getrieben und verwirklicht werden. Und zwar in nüchterner, ernster, verantwortlicher theologischer Arbeit, im Sich-Mühen und in der Freude am Zugewinn theologischer Einsichten, und zwar in einer solchen Weise, dass der, der sich hier müht, in seinem Geist, in seine Seele und auch mit seinem Leibe sich dem Anspruch des Wortes Gottes stellt und das möchte: „Gott über alle Dinge fürchten, lieben und vertrauen". So wird das Studium Schritt für Schritt mit wissenschaftlichem und auch geistlichem Bemühen nicht ohne Segen sein; und die Kirche wird dann Diener haben, die nicht unvorbereitet das Amt der Kirche antreten.

Ich möchte mit einem Abendmahlslied von Wilhelm Löhe (1808–1872) schließen, das mir immer wieder Anlass zu einer gründlichen theologischen Besinnung ist:

„O Gottessohn voll ewiger Gewalt,
o Menschensohn in göttlicher Gestalt,
der Gottes Macht und Ehren überkommen,
du hochgelobter Herr und Christ,
der du der Deinigen Verlangen bist:
Zu dir, zu dir, O Herr, hinauf zu dir,
zu deinem Anschaun schreit mein Geist in mir.

Gelobt sei Gott, dass ich geboren bin
im Neuen Testament, mir zum Gewinn!
Was ist der Tempel König Salomonis,
was sein Altar, sein Heiligtum?
Das ärmste Kirchlein hat den sichern Ruhm,
dass sich in ihm mit Brot der Leib vereint,
der nur in jener Welt noch herrlicher erscheint.

Darum bis ich zur Ewigkeit kann gehn,
soll meine Hütte am Altare stehn:
Der Vogel hat sein trautes Nest gefunden.
Ich werd in Jesum eingesenkt,
ein ewig Leben wird mit hier geschenkt.
Hier wird sogar mein Fleisch und Bein erneut,
mein Leib und Seel zur Ewigkeit erfreut.

Ja, hochgelobet, hochgebenedeit
sei unsres Gottes große Freundlichkeit.
Denn Erd und Himmel ist nun völlig einig
in Christi Leib und seinem Blut;
was beide einigt, ist dasselbe Gut.
So wird getröstet unsre Wartezeit,
dies Mahl verzehret ihre Bitterkeit." (Wilhelm Löhe)

Mein Wunsch für Sie, Bruder Slenczka (Prof. Dr. Reinhard Sleczka, Ephorus des Theologen-Wohnheims des Martin-Luther-Bundes von 1986 bis 1996), als neuem Ephorus ist, dass Sie das mit dieser Generation und allen kommenden betreiben, nämlich: eine gründliche theologisch-wissenschaftliche Arbeit und die Hilfe zum geistlichen Wachsen in der Erkenntnis des Evangeliums, damit jeder der Studenten einmal beten kann, wie es im alten Pfarrgebet heißt:

„Herr, ich danke dir, dass du mir das Amt gegeben hast.
Lass mich nie aufhören, dir dafür zu danken."

Das Priestertum der Gläubigen und das Amt der Kirche[1]

Das Priestertum der Gläubigen ist eine Wirklichkeit. Es ist eine der zentralen Wirklichkeiten des Glaubens der Christenheit. Wer das Heilswerk Christi und die Kirche glaubt und bekennt, der muss auch das Priestertum der Gläubigen bekennen. Die christologisch und ekklesiologisch zentrale Bedeutung des Priestertums der Gläubigen gehört zu denjenigen Glaubenswahrheiten, welche in der Reformation der Kirche vor allem Luther neu ans Licht gebracht hat. Dennoch müssen wir feststellen, dass wir bis in die Gegenwart hinein an jener tragischen Tatsache leiden, dass diese zentrale Glaubenswahrheit in eine unglückliche Frontstellung hineingekommen ist, nämlich in die Gegenüberstellung von Priestertum der Gläubigen und Amt der Kirche. Die Bedeutung des Priestertums der Gläubigen aus dieser Frontstellung zu befreien, gehört ohne allen Zweifel mit zu den dringend notwendigen Aufgaben, die heute der Kirche in ihrer Verkündigung und Lehre gestellt sind.

Die Lösung dieser Frage ist dringlich, weil wir gegenwärtig in der lutherischen Kirche wieder in eine Neubesinnung auf das Wesen des Amtes der Kirche, ja das Wesen der Kirche überhaupt hineingeführt worden sind. Diese Neubesinnung kann nur dann eine für die Kirche Christi wirklich gesegnete Neubesinnung sein, wenn mit ihr zugleich das Wesen des Priestertums der Gläubigen neu erkannt und bekannt wird und die Diener im Amt der Kirche den Gläubigen die Würde des Priestertums verkündigen und die Bürde des Priestertums auch tragen helfen.

Wollen wir aber das eigentliche Wesen des Priestertums der Gläubigen begreifen und dann auch kundmachen, so scheinen mir hierfür heute folgende Voraussetzungen unerlässlich zu sein:

1. Wir müssen, wenn wir vom Priestertum der Gläubigen sprechen, die antithetische Betrachtungsweise überwinden. Wir dürfen nicht aus einer Frontstellung heraus sprechen.

Das bedeutet:

a) Wir müssen erkennen, dass das, was mit dem Priestertuns der Gläubigen in der Kirche geglaubt, bekannt und gelebt wird, nicht ein theologisches Lehrstück aus der Kontroverstheologie oder für dieselbe ist. Wir bekennen das

---

[1] Mehrfach von J. Heubach vorgetragen. Erstveröffentlichung als Sonderdruck o.J. der Kirchlichen Sammlung um Bibel und Bekenntnis in der Nordelbischen Kirche.

Priestertum der Gläubigen nicht deswegen, weil wir hiermit gegen eine Lehrmeinung, etwa der römisch-katholischen Kirche, auf den Plan treten wollen, weil wir hiermit das hierarchische Priestertum des römischen Missverständnisses ablehnen und ihm damit entgegentreten. Nein, so nicht! Sondern im Gegenteil: Wir lehnen das römisch-katholische Dogma von einem besonderen Priestersein in einem besonderen Priesterstande ab, weil wir glauben, lehren und bekennen, dass Gottes Volk, die Kirche, seine heilige Priesterschaft ist. Priestersein ist das Idion (das Ureigenste) des Christseins.

b) Daher müssen wir gleichfalls auch jene antithetische Betrachtungsweise gründlich überwinden, die im Zusammenhang mit jener erstgenannten Frontstellung steht. Wir müssen uns grundsätzlich davon freimachen, das Priestertum der Gläubigen mit dem Amt der Kirche zu konfrontieren. Hier gibt es keine Fronten! Solange bei der Erörterung des Wesens des Priestertums der Gläubigen jenes negative Misstrauen mitschwingt, das sich gegen das Vorhandensein und die Bedeutung des aus Gottes gnädigem Heilswillen der Kirche eingestifteten und befohlenen Amtes der Kirche wehren will, solange wird die Größe und Herrlichkeit des Priestertums der Gläubigen nicht erkannt und bezeugt werden. Die lutherische Theologie wird gerade hier alle spiritualistischen und kongregationalistischen Einflüsse abwehren müssen. Es wäre einer gesonderten und eingehenden Untersuchung wert festzustellen, woran es liegt, dass gerade in unserer lutherischen Kirche das Priestertum der Gläubigen in der Tat eine so geringe Verwirklichung gefunden hat. Ob es daran liegt, dass wir heute weithin nicht mehr wissen, was das Priestertum der Gläubigen in Wahrheit ist, weil wir uns auch mitreißen ließen, die Wirklichkeit des Priestertums der Gläubigen nicht zu bezeugen und zu leben, sondern nur zu einer Kampfparole gegen den gnadenvollen Heilsauftrag des Amtes der Kirche zu gebrauchen und zu missbrauchen?
Unheilvolle Ressentiments müssen endlich zu Grabe getragen werden, damit die wahre Wirklichkeit des Priestertums der Gläubigen ans Licht kommt und die Kirche ein priesterliches Volk sei: Gläubige wirklich sind, was sie sind.

2. Die andere Voraussetzung, die nötig ist, um den Blick für das Wesen des Priestertums der Gläubigen freizubekommen, ist die Überwindung des aktivistischen Missverständnisses. Das Priestertum der Gläubigen ist etwas sehr Aktives. Aber es ist ein Irrtum, wenn man meint: Je mehr die sogenannten „Laien" mit kirchlichen Aufgaben bedacht und aktiviert würden, um so besser stünde es mit der Verwirklichung des Priestertums der Gläubigen. Die Laienaktivierung als Protest gegen das sogenannte „Ein-Mann-System" der Kir-

che ist nicht der Schlüssel zur Behebung des darniederliegenden Priestertums der Gläubigen. Echte Haushalterschaft erwächst nur aus der rechten Erkenntnis dessen, was mit dem Priestertum der Gläubigen nach neutestamentlichem Verständnis wirklich gemeint ist. Nicht das ist die Aufgabe, die es zu bewältigen gilt, die Gemeindeglieder zur Mitarbeit aufzurufen, zu aktivieren und in Betrieb zu setzen, sondern vielmehr ihnen, den Priestern, zu zeigen, was sie sind und sie zu stärken, das auch zu sein, was sie sind. Denn unsere sogenannten „toten" Gemeinden sind nicht deswegen tot und unlebendig, weil die Gemeindeglieder so wenig aktiv dem Amt mithelfen. Sie sind tot, weil sie nicht das sind, was sie sind: Priester im priesterlichen Dienst. Woran liegt das? Ob es daran liegt, dass wir das Priestertum der Gläubigen niemals genau umschrieben und gelehrt, sondern im Gegenteil, es seit Ph. J. Spener (1635–1705) das „allgemeine" Priestertum genannt haben?

3. Damit sind wir bei einer dritten Voraussetzung, die erfüllt werden muss, wenn wir uns neu um das Verständnis des Wesens des Priestertums der Gläubigen bemühen: Wir müssen die Begriffe, die wir für die genannte Sache verwenden, kritisch prüfen. Denn wenn wir vom Priestertum der Gläubigen sprechen, so sprechen wir gewöhnlich

a) vom „allgemeinen" Priestertum. Dieser Ausdruck ist aber nicht zutreffend. Er ist auch nicht neutestamentlich. Denn dieser Ausdruck „allgemeines" Priestertum setzt die Unterscheidung von „allgemeinem" und „besonderem" Priestertum – oder „allgemeinem" und „speziellem" Priestertum voraus oder folgert eine solche Unterscheidung. Das aber vermindert und verdunkelt die Größe des Priestertums der Gläubigen. – Im Gegenteil, das Priestertum der Gläubigen ist gerade kein „allgemeines", sondern ein sehr bestimmtes Priestertum. Wenn wir von ihm sprechen, so sprechen wir von dem neuen, einmaligen, ganz bestimmten Wesen und Sein, welches das Heilswerk Jesu Christi denen zugeeignet hat, die zum neuen Gottesvolk gehören, die seinem Leibe, der Kirche, inkorporiert sind. Dieses bestimmte Sein ist nichts anderes, als dass wir sagen: Christsein ist Priestersein.
Es gibt darum kein allgemeines und spezielles Priestertum, weil es kein allgemeines und bestimmtes Christsein gibt: Christsein ist Priestersein. Das neue Gottesvolk, die Kirche Jesu Christi, die Gemeinschaft der Heiligen (communio sanctorum), die Versammlung der Getauften (coetus baptizatorum), ist eben gerade keine differenzierte Priesterschaft mehr, wie es das Gottesvolk des Alten Bundes kannte. Das neue Gottesvolk ist ein Volk von Priestern, ohne Unterschied ihres Priestertums, weil ohne Unterschied ihres Priester-

seins, ihres Gnadenstandes, ihrer neuen Geburt. Das Wesen des Heils und damit das Wesen der Gliedschaft am Leibe Christi ist das Priestersein, das Priestertum der Gläubigen.

b) Und noch ein anderer Ausdruck muss zuvor kritisch beleuchtet werden: Wir sprechen oft vom Priestertum „aller" Gläubigen. Das Wörtlein „aller" Gläubigen will unterstreichen, dass im neuen Gottesvolk, dass in der Kirche Christi nicht Einzelne nur Priester sind, sondern alle Gläubigen. Jeder Christ ist Priester. Alle Glieder der Kirche sind Priester, ohne Ausnahme und Besonderheit. Trotz dieser an sich nicht falschen Näherbestimmung muss man aber doch erkennen, dass gerade durch die Verwendung des erklärenden Wortes „aller" Gläubigen die diese zentrale Glaubenswirklichkeit bekennende Kirche immer noch antithetisch denkt und spricht. Sie hat damit allem Anschein nach noch nicht die Auseinandersetzung mit jener nicht neutestamentlichen Vorstellung eines allgemeinen und besonderen Priestertums überwunden oder befindet sich noch in der unfruchtbaren Konfrontation von Amt und „allgemeinem" Priestertum.
Glauben, lehren und bekennen wir aber die Wahrheit des Priestertums der Gläubigen, dann brauchen wir nicht mehr das Wörtlein „aller" hinzuzufügen, weil dann bei uns unabdingbar feststeht: Ein entscheidender Zug des Wesens der Gliedschaft am Leibe Christi ist das Priestertum der Gläubigen, denn die Kirche ist Gottes Priestervolk. Zu ihr gehören, heißt Priester sein.
Die gemachten Vorbemerkungen sind bei der Besinnung auf das Wesen des Priestertums der Gläubigen wichtig. Nunmehr wenden wir uns eingehender dem Gegenstand selbst zu und fragen:

I. Was ist das Wesen des Priestertums der Gläubigen?

Blicken wir ins Neue Testament, so finden wir in ihm vier Stellen, die expressis verbis vom Priestertum der Gläubigen oder genauer noch, vom Priestertum des neuen Gottesvolkes, vom königlichen Priestertum sprechen. Es sind dies die Stellen: 1. Petr 2,5. 9; Offb 1,6 und 5,10:
1. Petr 2,5 heißt es: „... lasset euch selbst wie lebendige Steine auferbauen als ein geistliches Haus zu einer heiligen Priesterschaft, um geistliche Opfer darzubringen, die Gott angenehm sind, durch Jesus Christus ..."
2,9: „Ihr aber (= die ihr glaubt und dem Wort gehorsam seid) seid das auserwählte Geschlecht, die königliche Priesterschaft, das heilige Volk, das Volk des Eigentums, damit ihr die herrlichen Taten dessen kundmacht, der euch aus der Finsternis zu seinem wunderbaren Licht berufen hat, die ihr vorher „kein

Volk" wart, jetzt aber „Gottes Volk" seid, die ihr vorher nicht in Gnaden wart, jetzt aber in Gnaden seid."

Ferner Offb 1,5 und 6: „Christus, der uns liebt und uns durch sein Blut von unseren Sünden erlöst hat und hat uns zu einem Königreich, zu Priestern für Gott, seinem Vater, gemacht, ihm gebührt der Ruhm und die Kraft in alle Ewigkeit."

Und schließlich Offb 5,9 und 10 (das Lied der 24 Ältesten):
„Würdig bist du, das Buch zu nehmen und seine Siegel zu öffnen; denn du bist geschlachtet worden und hast für Gott durch dein Blut (Menschen) erkauft aus allen Stämmen, Sprachen, Völkern und Nationen und hast sie für unseren Gott zu einem Königreich und zu Priestern gemacht, und sie werden herrschen auf Erden!"

Diese Aussagen beziehen sich auf die Gottesverheißung an Israel 2. Mose 19, 5 und 6: „... ihr (Israel) sollt vor allen Völkern mein Eigentum sein – denn mein ist die ganze Erde. Ihr sollt mir ein Königreich von Priestern werden und ein heiliges Volk."

a) Was wird in diesen genannten Stellen ausgesagt?

Sowohl im 1. Petrus-Brief als auch in der Offenbarung wird festgestellt, dass es nach Gottes Willen eine königliche Priesterschaft gibt. Diese wird als Erfüllung der Israel 2. Mose 19,5 und 6 gegebenen Gottesverheißung verstanden. Diese königliche Priesterschaft wird auch mit den weiteren Begriffen bezeichnet: „geistliches Haus" – „auserwähltes Geschlecht" – „heiliges Volk" – „Volk des Eigentums" – „ehemals kein Volk" – „aus der Finsternis berufen" – „jetzt Gottes Volk". Es ist die Schar derjenigen, die einst nicht unter der Gnade Gottes standen, nun aber Begnadete sind. Dieses Geschlecht, dieses Volk ist eine Priesterschaft aus allen Nationen stammend. Diese Termini meinen nichts anderes, als was vor allem Paulus mit dem Begriff „ekklesia" meint: Die Kirche, das neue Gottesvolk, ist Gottes erwählte Priesterschaft. Das wird hier gesagt: Glied der Kirche sein ist, als Priester Gottes zur Priesterschaft des neuen Gottesvolkes hinzuzugehören. Wer vom Priestertum der Gläubigen spricht, spricht von der Kirche, spricht vom Wesen der Gemeinschaft der Heiligen, genauer noch, wie Werner Elert formuliert hat, vom Wesen der Versammlung der Getauften.[2]

b) Was macht nun diese 1. Petr 2,9 Genannten zu jener Priesterschaft? Es ist die Erwählung Gottes, der sie aus der Finsternis zum Licht berufen und begna-

---

2 Werner Elert, Der Christliche Glaube, Hamburg ³1956, 409; vgl. auch ders., Morphologie des Luthertums, München 1931, Bd. I, 253 f.

det hat. Näher wird das Offb 1,6 ausgeführt, nämlich durch die Liebe Christi, der durch die Opfergabe seines Blutes von den Sünden erlöst hat. Ganz deutlich dann Offb 5,9, wo es von Christus heißt: „Du bist geschlachtet worden und hast durch dein Blut Menschen erkauft ... und hast sie damit für unseren Gott zu einem Königreich und zu Priestern gemacht."
Durch Christi Blut von ihren Sünden gereinigte Sünder sind Priester geworden. Wer vom Priestertum der Gläubigen spricht, spricht vom Heilswerk Christi, und zwar von der Wirkung des Sühneopfers Christi.

c) Und noch eine dritte Erkenntnis können wir aus dem 1. Petrus-Brief für das Verständnis des Wesens des Priestertums der Gläubigen gewinnen, wenn wir die Frage stellen: Wer sind die „ihr seid"? Die Stellen der Offbarung geben im unmittelbaren Textzusammenhang (außer z. B. Offb 7,14) keine direkte Erklärung, aber doch der 1. Petrus-Brief.

Wenn wir der Annahme Recht geben können, dass der 1. Petrus-Brief aus einer Ansprache an Neugetaufte hervorgewachsen ist, so sind die „ihr" die Neugetauften. Sie sollen gestärkt und unterwiesen werden, die neue Wirklichkeit ihres Christseins zu leben, nämlich als solche zu leben, die der Sünde abgestorben, nun der Gerechtigkeit leben, vorher irrende Schafe, jetzt aber hingewandt zu dem Hirten und Hüter ihrer Seelen (1. Petr 2,24-25). Die Getauften sind die königliche Priesterschaft. Der Eingang in das Priestertum der Gläubigen geschieht durch die Heilige Taufe. Die Taufe reiht ein in Gottes priesterliches Volk, weil sie die Zueignung der Opfergnadengabe Christi durch das Mitsterben des alten und Wiederauferstehen des neuen Menschen ist, weil in ihr die neue Geburt durch die Kraft des einmaligen Opfers Christi geschieht.
Das Priestertum der Gläubigen ist darum eine Sakramentswirklichkeit, gewirkt durch die Heilige Taufe. Vom Priestertum der Gläubigen sprechen, heißt von der Heiligen Taufe sprechen. Sie ist die Weihe zum Priester in Gottes priesterlichem Volk. Priester-Sein im priesterlichen Gottesvolk, das ist das neue Sein der Getauften.
Das, was die genannten Schriftstellen als die Frucht des Leidens, Sterbens und Auferstehens Christi, als die neue Wirklichkeit durch die Heilige Taufe, als das Kennzeichen der Zugehörigkeit zur Ekklesia mit den Begriffen des Priesterlichen ausdrücken, wird im Neuen Testament auch mit anderen Ausdrücken umschrieben. So z.B. von Paulus Röm 5,1 als die neue Gerechtigkeit und der Friede mit Gott (vgl. auch 2. Kor 5,21), als der Zugang zu Gott, als die Gnade, in der der Christ steht!
Besonders sei hier hingewiesen auf Röm 6,1 ff, nämlich der Sünde abgestor-

ben sein und der Gerechtigkeit leben – das Wandeln im neuen Leben als Dienst der Gerechtigkeit (vgl. hierzu bes. 2. Kor 5,14-17 u.a.).

Diese Stellen werfen ein Licht auf das Verständnis dessen, was wir als Wesen des Priestertums der Gläubigen zu verstehen haben: Es ist die neue Existenz des Menschen, dem Christi Heilswerk zugeeignet worden ist. Es ist die neue Wirklichkeit des gerechtfertigten Sünders vor Gott. Es ist eine Umschreibung dessen, was Christsein bedeutet.

Wenn wir also vom Priestertum der Gläubigen sprechen, so sprechen wir von der Seinswirklichkeit, von der neuen Existenz des von Gott erwählten, durch Christi Blut erlösten, vor Gott um Christi willen gerechtfertigten Sünders. Das Priestertum der Gläubigen meint diese neue Wirklichkeit.

II. Das Wesen des Priestertums der Gläubigen besteht im Priestersein. Priestersein heißt: das zu sein, was man ist.

Wie das zu verstehen ist, kann sehr eindrücklich am 1. Petrus-Brief erkannt werden. Er ist im Grunde eine ausgebreitete Erklärung des Verhaltens als Priester im neuen Gottesvolk. Hier wird den Neugetauften gesagt: Seid auch, was ihr seid – ihr seid Priester –, seid Priester, verhaltet euch wie Priester; seid Christen. Lebt in euren konkreten Bereichen das, was ihr seid, die neue Wirklichkeit der erwählten und geheiligten Priesterschaft, in der Ehe, in eurem täglichen Lebenswandel. Lebt die Gerechtigkeit und Heiligkeit der gerechtfertigten und geheiligten Priester; steht vor Gott, die ihr den Zugang zu Gott habt; seid zum Opfer bis hin zum Martyrium bereit (Kap. 4-5), denn ihr habt das Leben durch das Opfer Christi.

1. Petr 2, 5 wird nun von einer typisch priesterlichen Funktion gesprochen: vom „Opfer" und zwar von „geistlichen Opfern". Vilmos Vajta (1918–1998) hat in seiner Abhandlung „Die Theologie des Gottesdienstes bei Luther" (1952) über „Das priesterliche Opfer der Gläubigen", wie es Luther versteht, ausführlich behandelt.[3] Wir beziehen uns im Folgenden ausdrücklich hierauf. Für Luther besteht das priesterliche Opfer im Dank- und Lobopfer, im Gebetsopfer und im leiblichen Opfer des Christen. Hierbei weist Luther immer wieder auf neutestamentliche Stellen wie Röm 12,1 und 1. Petr 2,5 hin.

Es handelt sich beim Opfer des priesterlichen Christen um die Konformität mit Christus, um den Tod (mortificatio) des alten Menschen „als Gemeinschaft

---

3 V. Vajta, die Theologie des Gottesdienstes bei Luther, Göttingen 1952, 269-316. Vgl. ferner V. Vajta, Der Christenstand als „Königliches Priestertum", in: Weltluthertum heute. FS für Anders Nygren, Stockholm-Göttingen 1950, 350 ff.

mit Christi Tod unter der Verheißung der Auferstehung"⁴. Es ist nichts anderes als die tägliche Reue und Buße oder wie es im 4. Hauptstück heißt: „Es bedeutet, dass der alte Adam in uns durch tägliche Reue und Buße soll ersäuft werden und sterben mit allen Sünden und bösen Lüsten; und wiederum täglich herauskommen und auferstehen ein neuer Mensch, der in Gerechtigkeit und Reinigkeit vor Gott ewiglich lebe." Es ist das im Glauben zu ergreifende neue Leben das „verborgenerweise mitten unter dem Tode da" ist.⁵ Vajta sagt auch: „Das Opfer ist also ein Realisieren der Taufe"⁶ oder an anderer Stelle: „Der neue Mensch, der Mensch des Opfers, ist unter dem Töten des alten Menschen verborgen."⁷

a) Im Dank- und Lobopfer erweist sich die neue Existenz. Es ist die Absage an den alten Menschen und es ist das Bekenntnis: Durch Christi Blut bin ich ein gerechtfertigter Sünder. Es ist die Frucht der Lippen, die Christi Namen bekennen (Hebr 13,15, vgl. auch 1. Petr 1,3). Es ist der Lobpreis der Gnade. Es ist das, was wir in der Liturgie als „Ehre sei Gott in der Höhe" (Gloria in excelsis Deo), als „Ehr sei dem Vater ..." (Gloriapatri), als Halleluja, als Credo, als „Lob sei Dir Christus" (Laus tibi Christe), als Praefation und Sanctus, als das „durch ihn ..." am Ende der Gebete und das immer wiederkehrende „Amen" haben. Das Dank- und Lobopfer des priesterlichen Gottesvolkes hat Luther in dem bekannten Satz, der das Wesen des Gottesdienstes der Gemeinde treffend charakterisiert, so ausgedrückt, „dass wir wiederum mit ihm (Gott) reden durch Gebet und Lobgesang".

Dieses Lob- und Dankopfer ist keineswegs auf die Liturgie beschränkt. Es realisiert sich im ganzen täglichen Christenleben. Durch das priesterliche Verhalten im Alltag kommt es zum täglichen Gottesdienst. Der tägliche Gottesdienst ist die charakteristische Funktion des Priestertums der Gläubigen: Kundmachen dessen, was man ist: ein gerechtfertigter Sünder. Durch dieses Lob- und Dankopfer wird Gottes Name in dieser Welt vor aller Welt gepriesen und kundgemacht.

b) Das Gebetsopfer gehört auf's Engste mit dem Dank- und Lobopfer zusammen. Die Anbetung Gottes ist das eigentliche Gebet der Christen. Denn Gott kann nicht mehr an gutem, gnädigen Heilswillen an dieser Welt tun, als was er mit dem Opfer Christi getan hat, und der Christ nicht mehr empfangen, als was er empfangen hat.

---

4 Vajta, a.a.O., 1952, 277.
5 A.a.O., 278.
6 A.a.O., 279.
7 A.a.O., 281.

c) Vor allem aber ist die Fürbitte ein typisches Kennzeichen des priesterlichen Verhaltens.[8] Der priesterliche Mensch, der ja den Zugang zu Gott gewonnen hat (Vater unser), tritt vor Gott ein für das Heil des Nächsten, ja für das Heil der ganzen Welt, damit keiner verloren werde, sondern sie alle zur Erkenntnis der Wahrheit kommen. Dieses priesterliche Opfer der Fürbitte des Einzelnen wie der Gemeinde, der priesterlichen Gemeinschaft, ist echte Nachfolge Christi, der für die Seinen fürbittend eintrat. Es ist die gemeinschaftliche Handlung des Leibes Christi, aller Glieder zusammen mit ihrem Haupte, das Heil Gottes für den Nächsten und diese Welt beim Vater zu erbitten.

d) Auf das leibliche Opfer im Beruf hat Vajta besonders hingewiesen und dabei mit Nachdruck auf die Abhandlung Gustaf Wingrens aufmerksam gemacht.[9] Wingren hat die Bedeutung des lutherischen Berufsgedankens in engster Verbindung mit dem Töten des alten Menschen und dem Leben des neuen Menschen dargestellt. Der Beruf wird der Ort, wo das Kreuz Christi seine immanente Realisierung erfährt. „Denn während der Gottesdienst im Kirchenraum den neuen Menschen zeugt und nährt, indem er den alten tötet, so wird dieser Gottesdienst zu dem gesamten Menschenleben in Beziehung gesetzt, in welchem täglich und unaufhörlich das Opfer, unser selbst und alles dessen, was wir haben, geschehen soll."[10]
Das Priestertum der Gläubigen ist also die Verwirklichung der neuen Existenz: Es ist das Sein dessen, was man ist.

Fassen wir das, was wir uns bisher verdeutlicht haben, zusammen, so können wir über das Wesen des Priestertums der Gläubigen Folgendes sagen:
1) Was wir mit dem Ausdruck „Priestertum der Gläubigen" meinen, ist das Christsein überhaupt. Es ist ein Ausdruck für die neue Seinswirklichkeit des gerechtfertigten Sünders aufgrund der in der Heiligen Taufe geschehen Zueignung des Heilswerkes Christi.

2) Sprechen wir vom Priestertum der Gläubigen und vom priesterlichen Opfer, so ist darunter die charakteristische Funktion des Christseins verstanden. Das Priestersein ist die christliche Existenz, das Leben im Glauben und aus dem Glauben, das Bekennen, Danken, Loben, Lieben, Leiden und Gehorsam-Sein des Christen gegen Gott und den Nächsten; es ist das Sein dessen, was man ist.

---

8   Vgl. Paul Althaus, Communio sanctorum, München 1929, 68 f.
9   G. Wingren, Luthers Lehre vom Beruf, München 1952.
10 Vatja, a.a.O. (s. Anm. 3), 1952, 314

3) Dieses Priestertum und Priestersein ist darum mit dem Begriff des „allgemeinen" Priestertums völlig unzureichend ausgedrückt. Denn es gibt für den Christen nicht mehr, als Christi Heilsgabe, die Erlösung durch sein Blut, empfangen zu können und aus der Gnade zu leben, die man empfangen hat. Ebenso ist das oftmals verwandte Beiwort „aller" Gläubigen eine überflüssige Hinzufügung, denn Priestertum und Priestersein ist das Charakteristikum des Christseins überhaupt.

Werden diese Begriffe jedoch verwendet, so legen sie zumindest die Vermutung nahe, dass unter dem Priestertum der Gläubigen etwas verstanden wird, das man antithetisch oder aktivistisch in Frontstellung zum missverstandenen besonderen Priestertum der römisch-katholischen Theologie oder in negativer Bewertung und damit Herabsetzung des von Gott der Kirche eingestifteten Amtes (ministerium ecclesiasticum) verwendet. Das aber trifft weder die eine noch die andere Sache richtig. Es schadet vielmehr beidem gleich. Die Kirche schadet sich tiefgehend, wenn sie das Priestertum der Gläubigen gegen das Amt der Kirche ausspielt oder dem Amt gegenüber konfrontiert.[11] Ebenso ist es ein tiefgreifender Schaden, wenn das Priestertum der Gläubigen seinem Eigentlichen nach, seinem Idion nach verkannt, „verallgemeinert" und damit nivelliert wird. Damit stehen wir zum Schluss vor der Frage:

III. In welcher Weise gehören das Amt der Kirche und das Priestertum der Gläubigen zusammen?

Wie ist die Zusammengehörigkeit von sacerdotium und ministerium ecclesiasticum zu sehen?

1) Beides sind keine Gegensätze.

Das Wesen des Priestertums der Gläubigen haben wir als die Seinswirklichkeit des Christen überhaupt erkannt. Das priesterliche Verhalten besteht darin, das zu sein, was man als Christ ist. Es ist die christliche Existenz, das Leben im Glauben und aus dem Glauben als Dankopfer für Gott und für den Nächsten. Das Priestertum der Gläubigen ist die Funktion des Indikativs, das zu sein, was man ist, zum Lobe Gottes und im Dienst an dem Nächsten.

Das Wesen des Amtes besteht darin, dass der missionarisch-poimenische Imperativ des apostolischen Auftrags oder Mandats erfüllt wird. Das Amt besteht in dem zum Wesen der Kirche durch Gottes Willen gehörenden konkreten Auftrag: im Namen Gottes, auf Befehl Christi, ordnungsgemäß berufen (rite

---

11 Vgl. E. Kinder, Der evangelische Glaube und die Kirche, Berlin 1958, 159 ff., bes. 162 ff.

vocatus), das Wort von der Versöhnung in der Welt kundzumachen und die Ecclesia Christi durch das hör- und sichtbare Wort an Christi Statt zu weiden. Das Priestertum der Gläubigen ist die Funktion des Christseins. Es gründet im Heilswerk Christi. Das Amt der Kirche ist die Funktion eines befohlenen Auftrags. Es gründet im Heilswillen Christi, nämlich im apostolisch-missionarischen Auftrag Christi.

2) Beides gehört auf das Engste zusammen.
Das Amt ist um des Priestertums der Gläubigen willen eingesetzt. Wird der Auftrag des Amtes erfüllt, so schafft Christus sich durch den Dienst seiner berufenen Diener sein priesterliches Volk. Die Gnadenmittel wirken das Priestertum und erhalten es. Denn durch das hör- und sichtbare Wort zeugt und erhält der Herr der Kirche sein priesterliches Volk.

3) Das Priestersein verbindet beides, das Priestertum der Gläubigen und das Amt der Kirche.
Die „Weihe" zum Priestertum, die Heilige Taufe, eignet das Heil zu. Diese Weihe ist die einzige, rechte Weihe, die wir kennen. Denn in ihr besteht die Zueignung der neuen Schöpfung. Durch diese Weihe, die Heilige Taufe, werden wir des Heiles teilhaftig, dem Leibe Christi inkorporiert. Zum Priestertum wird man geboren in der Heiligen Taufe. Zum Amt der Kirche wird ein in der Heiligen Taufe zum Priester Geweihter durch die Ordination berufen, gesegnet und gesandt. Die Heilige Taufe eignet dem Getauften eine neue Seinswirklichkeit zu. Die Ordination befiehlt dem Ordinanden einen bestimmten Auftrag und hierzu wird er berufen, gesegnet und gesandt.[12] Als Priester, der er ist, hat er nun den speziellen Auftrag des Amtes der Kirche.

4) Das Priestertum der Gläubigen ist ewig und verwirklicht sich erst in vollem Maße vor dem Throne Gottes in Ewigkeit. Das Amt der Kirche, das dieser Vollendung des Priestertums allein zu dienen hat, ist begrenzt durch das Kommen des Erzhirten am Jüngsten Tage. An jenem Tage hat der Auftrag des Amtes sein Ende gefunden. Das Priestertum der Gläubigen wird aber an jenem Tage gerade seine nie endende Erfüllung finden.
Das ist der Sinn des Heilwerkes Christi, der Sinn der Kirche und des Amtes der Kirche: dass Gottes priesterliches Volk werde, sei und bleibe. Zu ihm gehören – jetzt und in Ewigkeit –, das ist Seligkeit, das ist das Heil.

---

12 Vgl. Joachim Heubach, Die Ordination zum Amt der Kirche (Arbeiten zur Geschichte und Theologie des Luthertums, Bd. 2), Berlin 1956, bes. 66 ff.

Dem Priestertum der Gläubigen bis zum Kommen Christi zu dienen, das ist der von Christus befohlene Auftrag des Amtes.
Die Wirklichkeit des Priestertums der Gläubigen immer wieder neu herauszuarbeiten, zu verkündigen und zu lehren, ist vornehmste Aufgabe der Theologie und aller Verkündigung der Kirche.

Theologische Beiträge

Seelsorge an Seelsorgern

1. In der „Ordnung der kirchlichen Lebens der VELKD"[1] heißt es in Art. IX vom Amt des Bischofes: „Die zum bischöflichen Dienst Berufenen ordinieren die Pastoren und visitieren die Gemeinden. Sie sind Seelsorger der Pastoren." Auch in den landeskirchlichen Verfassungsbestimmungen wird der Seelsorgeauftrag der Bischöfe und der übrigen kirchenleitenden Ämter Superintendent, Dekan, Propst etc. genannt.

2. Die Seelsorgepflicht der Bischöfe wird besonders im Zusammenhang mit der Visitationspflicht der Bischöfe genannt. Bei der Neuordnung der Kirchenverfassungen nach 1945 begann eine Neuordnung des Visitationswesens innerhalb der VELKD. „Die Kirchenleitung der VELKD (hatte) den Ausschuss für Fragen des gemeindlichen Lebens beauftragt, den neutestamentlichen Wurzeln, der Geschichte und der reformatorischen Bedeutung der Visitation zu erarbeiten."[2] Aus dieser Arbeit sind die „Richtlinien für die Visitation" (vom 24. 10. 1963) erwachsen.[3] In ihnen sind für unsere Fragen vor allem die Abschnitte 3, 6, 9, und 16 von Bedeutung. Sie lauten:

„(3) *Durch den Dienst des Visitators fragt der Herr, der alle Gleichgültigkeit und Selbstgenügsamkeit in der Anfechtung stärkt und zum Bekennen seines Namens ermutigt, die Gemeinde nach ihrem Leben in der Nachfolge. (6) Der Visitator gibt dem Pfarrer und allen Mitarbeitern Weisung, Mahnung und Tröstung zu ihrem Dienst. (9) Die Visitation hat kirchenleitende Funktion und ist zugleich helfender Dienst am Amt und an der Gemeinde. Der Visitator soll in seinen Anweisungen und Zurechtweisungen den Geist der Brüderlichkeit nicht vermissen lassen. Er hat auf die Wahrung der bestehenden Ordnung zu achten und doch der Gemeinde die Freiheit zu lassen, sich in ihrer besonderen Situation und Eigenart zu entfalten. (16) Die Visitation ist nicht nur ein zeitlich isolierter, turnusmäßiger Vorgang. Der Visitator sollte durch Besuch und persönliche Fühlungnahme in ständiger Verbindung mit der Gemeinde stehen.*"

---

1 Zusammendruck der Fassung von 1955 mit Revisionsvorschlägen von 1972 und 1973, Luth. Verlagshaus Hamburg 1974, 24f.
2 Die Visitation. Missionierende Gemeinde, Heft 9, Berlin 1964, Vorwort, 7.
3 A.a.O., 9.11, vgl. auch die „Handreichung zu den Richtlinien für die Visitation", a.a.O., 12-18, ferner bes. Reinhard Wester, Zum theologischen Verständnis der Visitation, a.a.O., 79-82.

3. Der Seelsorgeauftrag der Bischöfe geht nach reformatorischem Verständnis auf CA 28 und vor allem auf den „Unterricht der Visitatoren" Melanchthons mit der Vorrede Luthers zurück. Luther sagt dort: „Der Bischof ist der Pfarrherr, der seine Pfarrkinder besuchen, warten und aufsehen soll." Die damit gemeinte „Nähe" ist geistlich-seelsorgerlich gemeint. Diese „Episkope" ist Seelsorgedienst und Hilfe. Was hier für den visitatorischen Dienst des kirchenleitenden Amtes an den Aufsichtsbezirken (Kirchenkreisen, Dekanaten und Superintendenturen) und Einzelgemeinden (oder Anstalten und Einrichtungen) gilt, gilt immer in besonderem Maße den einzelnen Personen (Pastoren und Mitarbeitern). Je unmittelbarer und von persönlichem Vertrauen und Hinwendung getragen solcher Besuchsdienst geschieht, umso echter und verheißungsvoller kann seelsorgerliche Hilfe geleistet werden.

4. Die Seelsorge der Bischöfe muss begleitet werden durch die seelsorgerliche Bereitschaft und Befähigung aller Mitarbeiter in kirchenleitenden Aufgaben auf allen Ebenen; das gilt für die Dezernenten in den Landeskirchenämtern ebenso wie für die Mitarbeiter in den Mittelinstanzen. Die Seelsorge an Seelsorgern darf nicht auf die Bischöfe beschränkt sein.

5. Die Seelsorge an Seelsorgern betrifft nicht nur die Pastoren und Superintendenten, sondern auch die anderen haupt- und nebenamtlichen Mitarbeiter auf allen Ebenen. Dabei müssen ggf. auch die Ehepartner (und evtl. auch die Kinder) im Blickfeld und Interesse des hier gemeinten Seelsorgebemühens liegen.
Schließlich dürfen die emeritierten Pfarrer und die Pfarrwitwen im Blick auf die seelsorgerliche Begleitung nicht übersehen werden. Hier sind besondere Gegebenheiten zu berücksichtigen.

6. Auch der Nachwuchs für den kirchlichen Dienst (Theologiestudenten, Vikare, Diakone u.a.) bedürfen der seelsorgerlichen Begleitung. Diese kann u.a. durch Freizeiten, Ferienseminare oder andere Formen von Begegnungen mit den Bischöfen geschehen.

7. Der seelsorgerliche Begleiter auf dem Weg zur Ordination kommt eine besondere Bedeutung zu. Hier geht es nicht nur um die Verkündigungs- und Lehrverpflichtung, sondern um oft sehr konkrete geistliche Begleitung der Ordinanden und um die Herstellung seelsorgerlichen Vertrauens mit dem Ordinator. Ordinationsrüstzeiten können hier hilfreich sein.

8. Außer durch Visitationen und gelegentliche, angemeldete oder auch zufällige Besuche in den Pfarrhäusern kann seelsorgerliche Hilfe durch Rundbriefe, persönliche Briefe oder gesonderte Einladungen zu persönlichen Gesprächen erfolgen.

9. Die seelsorgerlichen Probleme der Seelsorge an Seelsorgern sind nicht nur berufsspezifische Probleme, sondern sind so vielschichtig, wie sie in jeder Seelsorgepraxis vorkommen. Seelsorger sind wie andere Menschen dem Säkularismus, der Arbeitsüberlastung, den Lebensfragen und der zerstreuenden Vielfalt der täglichen Eindrücke ausgesetzt.

10. Die Seelsorge an Seelsorgern durch die Bischöfe hat berechtigte und unberechtigte Grenzen:
a) Der Bischof ist pastor pastorum und ist (oder gilt als) „Vorgesetzter".
b) Bei Lehr- oder Disziplinarproblemen gibt es auf beiden Seiten „Hemmungen" oder zu beachtende „Grenz"-Situationen im seelsorgerlichen Bemühen.
c) Die in einer Beichte erfahrenen Mitteilungen grenzen die Handlungsfähigkeit des Bischofs in Disziplinarfällen ein.
d) Die vielfältigen Verpflichtungen lassen nicht die für die Seelsorge erforderliche Zeit und innere Ruhe. Können Bischöfe bei der Größe ihrer Sprengel und der Vielzahl ihrer zusätzlichen Pflichten der Episkope und damit ihrer pastoralen kirchenleitenden Aufgabe überhaupt nachkommen?

11. Auch die Bischöfe als Seelsorger an Seelsorgern bedürfen der Seelsorge. Alles vorher Gesagte gilt auch von ihnen und für sie: das vertrauliche Gespräch, die brüderliche Tröstung, die Erkenntnis der Sünde und die Vergebung der Sünden.

Letztlich geht es um die immer wieder zu erbittende „geistliche Erneuerung der Pfarrerstandes" (Julius Schniedwind) und damit auch des Bischofsamtes.

Thesen zum Problem der Ordination von Frauen zum Amt der Kirche[1]

Die mir bisher bekannt gewordenen Gründe für die uneingeschränkte Ordination von Frauen sind weder bibeltheologisch noch dogmatisch hinreichend begründet.

Seit ca. 1960 – als man mit der Ordination von Frauen begann – sind in den folgenden 30 Jahren bis heute derart viele rein säkulare und praktische Ordnungsfragen (Anstellungs-, Verwendungs- und Versorgungsfragen) hinzugekommen, dass auf die weiterhin ungeklärten theologischen Fragen so gut wie nicht mehr zurückgefragt wird.

A. I.

1. Auch wenn in fast allen evangelischen Kirchen Deutschlands heute Frauen zum Amt der Kirche ordiniert werden können, ist diese rechtliche Gegebenheit theologisch keineswegs hinreichend begründet und geklärt. Dies gilt auch für diese Frage in den ökumenischen Lehrgesprächen (z.B. mit der römisch-katholischen Kirche, den orthodoxen Kirchen und der anglikanischen Kirche).

In der öffentlichen Debatte werden vor allem Gründe der Veränderung der Stellung der Frau in der Gesellschaft angeführt.

Ferner wird die innerkirchliche Debatte über die Frage der Frauenordination (und darüber hinaus) außerordentlich stark von einem öffentlichen Meinungsdruck bestimmt.

Schließlich erschweren neuere „theologische" Tendenzen z. B. der sogenannten „Feministischen Theologie" die sachliche Behandlung des Themas in ganz erheblichem Maße.

2. Die Entwicklung bis zur Ordination von Frauen zum Amt der Kirche in unserem Jahrhundert muss als zunächst unreflektierte Fragestellung und dann als praktisches „Not-Amt" (2. Weltkrieg) gesehen werden.

3. Die Begründungen für die Ordination von Frauen in den Synodalverhandlungen seit etwa 1955 sind sehr unterschiedlich. Die theologischen Einwände von namhaften Theologen wurden nicht ernsthaft bedacht, sondern durch

---

1 Diese Thesen dienten Heubach als Grundlage bei Diskussionen über die Frauenordination. Sie zielen auf Information, nicht auf Polemik. Sie stellen ein Zeitdokument des letzten Drittels des vergangenen Jahrhunderts dar. Ihr Sachgehalt ist deshalb aber nicht einfach als überholt abzutun, wird die Frauenordination doch nach wie vor von der überwiegenden Mehrheit in der Weltchristenheit abgelehnt.

synodale Mehrheitsentscheidungen beiseite geschoben. Dennoch ist das Problem in seiner theologischen und kirchentrennenden Bedeutung ungelöst.

II. Zusätzliche Perspektiven und ungelöste Aufgabenstellungen
1. Die theologische Problematik des biblischen Schriftverständnisses (Exegese) und des dogmatischen Amts- und Ordinationsverständnisses der letzen 30 Jahre kann dabei nicht übersehen werden. In dieser Zeit kam es in Theologie und Kirche zu starken soziologischen Fragestellungen, die die Behandlung der Frage nicht unerheblich beeinflusst haben.
2. Dadurch wurden alle Überlegungen – wie z.B. von Landesbischof Hermann Dietzfelbinger – zum Einsatz theologisch voll ausgebildeter Frauen in kirchlichen Diensten und Aufgaben und Schaffung besonderer Dienste für Theologinnen übergangen. Man war auf die volle Gleichstellung von Frauen und Männern im Pfarramt festgelegt.

B. Bedenken gegen dir Ordination von Frauen
I.
1. Ob Frauen zum überlieferten Pastorenamt in der lutherischen Kirche ordiniert werden können, ist nicht einfach eine Frage des Kirchenrechts oder „äußerlicher Ordnung". Denn das Kirchenrecht darf nach evangelisch-reformatorischem Verständnis nicht auf die Übereinstimmung mit der Heiligen Schrift und dem Bekenntnis der Kirche verzichten. Daher muss die Bindung an „Schrift und Bekenntnis" für lutherische Theologie und Kirche die alles entscheidende Bedeutung haben und behalten.
2. Daher sind die entsprechenden Stellen des Neuen Testamentes immer wieder ernsthaft zu prüfen. Die Auslegungskriterien sind dabei deutlich zu benennen.
Vor allem muss auch der neutestamentliche Gesamtbefund zur Frage des Apostolates und der neutestamentlichen Gemeindeordnung mitberücksichtigt werden.
3. Auch das Gesamtzeugnis des Alten Testamentes ist hinzuzuziehen. Dabei muss das Wesen biblischen Heilsverständnisses mit im Blick behalten werden.
4. Die bibeltheologische Gesamtschau von Verbindlichkeit des Wortes Gottes, von Offenbarung und Geschichte und von Schöpfungs- und Heilsordnung steht zur Frage und zur Verantwortung.

II.
1. Die in der nachapostolischen Zeit getroffenen kirchlichen Entscheidungen gegen das Priestertum der Frau sind in der Alten Kirche des Westens wie des Ostens anerkannt worden und bis zur Reformation unbestritten in Geltung geblieben.
2. Luther hat die Ordination von Frauen und damit die Beauftragung von Frauen zum öffentlichen Gemeindepfarramt abgelehnt. Er tat das nicht nur aus Gründen der „Tradition", sondern aus für ihn klaren Gründen der Heiligen Schrift.
3. Wenn die lutherischen (und reformierten) Bekenntnisschriften auf dieses Problem nicht ausdrücklich eingehen, so lag es daran, dass in dieser Frage zwischen der römisch-katholischen und der lutherischen Auffassung keine Differenz bestand. Dies galt bis zur Einführung der Ordination von Frauen in der Neuzeit.

III.
1. Mit welchen tiefgreifenden Veränderungen wir es im Verständnis der Heiligen Schrift heute zu tun haben, zeigt die sog. „Feministische Theologie".
2. Als die ersten Synodalbeschlüsse zur Ordination von Frauen gefasst wurden, war allerdings davon noch nicht die Rede.
Die in sehr kurzer Zeit danach aufgekommene umfangreiche Literatur der sogenannten „Feministischen Theologie" fordert nicht nur die Ordination von Frauen, sondern stellt ganz grundsätzlich alle „männlichen" Aussagen der Heiligen Schrift in Frage. Sie fordert eine „feminine Neufassung" der Aussagen der Heiligen Schrift (sogenannte inklusive Sprache etc.).
3. Damit wird nicht nur die Heilige Schrift umgeschrieben, sondern die in der Heiligen Schrift bezeugte Heilsoffenbarung entschieden bestritten.
Emanzipatorische, soziologische und politische Ideen und Forderungen bestimmen Lehre und Ordnung der Kirche. Diese Ideen und Forderungen habe sich die Theologie und Kirche entschlossen zu öffnen. Die Heilige Schrift sei in ihrer überlieferten Gestalt maskulin-patriarchalisch geprägt. Sie müsse sich die fundamentale Veränderung durch „feministische" Theologie bis in eine veränderte Sprachgestaltung der Heiligen Schrift und einer entsprechenden Exegese gefallen lassen.
4. Damit steht der reformatorische Grundsatz „allein die Heilige Schrift" (sola scriptura) auf dem Spiel.
Hier ist die Kirche durch ihre Verfassung, jeder Ordinierte durch sein Ordinationsgelübde und jeder Synodale und Kirchenvorsteher durch sein Gelöbnis gebunden.

IV.
Religionsgeschichtliche und religionsphänomenologische Gesichtspunkte.
1. Das gesamtbiblische Verständnis der Priestertums und des Apostolates muss bei der uns beschäftigenden Frage auch im Zusammenhang der Religionsgeschichte gesehen werden. Nur die „biblische Religion" kennt keine Priesterinnen. Dieses ist keine „zufällige" oder gar „zeitgebundene" Tatsache.
2. Das damit verbundene „andere" Religionsverständnis zeigt das fundamental einmalige Wesen „biblischer Religion" als Offenbarungs- und Geschichtsreligion im Gegensatz zu allen Varianten von Natur-Religionen.

V.
Die Frauenordination als ökumenisches Problem
1. Zunächst muss festgestellt werden, dass bisher nicht in allen protestantischen Kirchen und auch nicht in allen lutherischen Kirchen der Welt die Ordination von Frauen rechtlich eingeführt ist.
2. In der römisch-katholischen Kirche wird in einigen Ländern die Frage des „Frauenpriestertums" zwar diskutiert, aber die offizielle Lehrmeinung und Entscheidung in dieser Frage ist ganz eindeutig.
Die für die Ablehnung der Frauenordination angeführten biblischen und dogmatischen Gründe können aus reformatorischer Sicht nicht einfach übergangen oder gar als „katholisch" beiseite geschoben werden.
3. In der anglikanischen Kirchengemeinschaft wird die Frage der Frauenordination sehr diskutiert und hat zu tiefgreifenden Spannungen geführt. Hier ist in den USA die erste Bischöfin ordiniert worden. Eine Kirchenspaltung in der anglikanischen Kirche ist nicht ausgeschlossen.
4. Für die Orthodoxen Kirchen müssen wir eine strikte Ablehnung der Ordination von Frauen zum Priesteramt feststellen. Gleiches gilt für weitere Kirchen des Ostens (z.B. Armenische Kirche, Syrische Kirche, Thomas-Christen, Koptische Kirche u. a.).
5. Wenn in dieser für die genannten Kirchen sehr erheblichen Frage zahlreiche protestantische Kirchen einen Weg neuer und vermutlich sehr tiefer Trennung in der Amtsfrage beschritten haben, so sind die in unserem „ökumenischen Jahrhundert" intensiv geführten Lehrgespräche durch dieses Problem auf das Schwerste gefährdet.
Es wäre nicht zu verantworten, wenn das intensive ökumenische Bemühen um die Überwindung der Lehrdifferenzen durch die von protestantischen Kirchen hervorgerufene neue Problematik in der Amtsfrage (Frauenordination) letztlich sinnlos würde.

C. Folgerungen
1. Die Ordinationsverantwortung gründet in der Bindung an „Schrift und Bekenntnis".
2. Die ökumenische Verantwortung muss bei jeder Ordination mitbedacht werden.
3. Die gesamttheologische Lage gerade in der Gegenwart legt größte Zurückhaltung auf.
4. Die Möglichkeiten des Einsatzes von Theologinnen im Dienst der Kirche – auch ohne Ordination – müssen neu überlegt und beschritten werden.
5. Öffentlicher Druck der Gesellschaft oder gar aus der Kirche selbst darf Synoden und vor allem keinen Ordinator in der von ihm allein zu treffenden Entscheidung bestimmen.

2. Predigten

Einführungsgottesdienst

7. Oktober 1979 / Stadtkirche Bückeburg / Römer 10, 9-11

All, was unser Tun und Anfang ist, gescheh' im Namen Jesu Christi.
Er leite uns so früh als spat, bis unser Tun ein Ende hat!
Gnade sei mit euch und Friede von Gott, unserem Vater, und dem Herrn Jesus Christus! Wir hören aus der Epistel für den heutigen Sonntag im Römerbrief im 10. Kapitel die Verse 9-11:

Denn wenn du mit deinem Munde bekennst, dass Jesus der Herr ist, und in deinem Herzen glaubst, dass ihn Gott von den Toten auferweckt hat, so wirst du gerettet. Denn wenn man von Herzen glaubt, so wird man gerecht; und wenn man mit dem Munde bekennt, so wird man gerettet. Denn die Schrift spricht (Jes 28,16): „Wer an ihn glaubt, wird nicht zuschanden werden."

Liebe Gemeinde!

Auch in diesem Gottesdienst kann es nicht anders sein als in jeder Versammlung der Gemeinde Christi: Wir hören auf das Wort der Heiligen Schrift und wollen als einzelne Christen und als ein Teil der weltweiten Kirche Christi aus diesem Wort unseres Gottes den Grund unseres Glaubens und Bekennens neu bestimmen lassen.

In diesem Abschnitt des Römerbriefes wird der Kirche klar und deutlich gesagt, worauf es im Christsein ankommt und was das Amt der Kirche ist: Wir sind gesandt, das Wort Christi zu verkündigen, damit es von vielen Menschen gehört wird und es auch in unserer Zeit zu einem gewissen Glauben kommt und zum bekennenden Lobpreis Gottes. Das ist immer Auftrag und Sendung der Kirche gewesen. Und so soll es sein und bleiben, wenn wir Christen sind und im Amt der Kirche unseren Dienst in der Verkündigung, in der Unterweisung, in der Seelsorge und in der Diakonie ausüben: Wir wollen Christus mit unsrem Munde bekennen, dass er der Herr ist. Und wir wollen mit dem Herzen glauben, dass uns der auferstandene Christus eine unzerstörbare Hoffnung des ewigen Lebens gegeben hat.
Wohl sehen wir an vielen Stellen der Kirche, dass solches Glauben und Bekennen nicht nur schwach entwickelt ist. Wir müssen auch wahrnehmen, dass

als Dienst und Auftrag der Kirche vieles ausgegeben wird, was von diesem Grund und Auftrag weit entfernt ist. Auftrag und Dienst der Kirche haben wir nicht als einen „Markt der Möglichkeiten" feilzubieten, sondern allein als Zeugnis und Dienst des einen Evangeliums, nämlich, dass Christus unser Herr und seine Auferstehung für alle Menschen die eine unzerstörbare Hoffnung des ewigen Lebens ist. Das ist unsere Hoffnung, nicht eine Hoffnung oder eine vieler Hoffnungen, sondern *die* Hoffnung.

Lass dich durch keinen verleiten, dich an den peripheren Problemen der Kirche zu engagieren oder gar zu verschleißen. Habe Mut, entschlossen zum apostolischen Grund der Kirche und ihrer Verkündigung zurückzukehren, von hierher dein Christsein zu leben und dein Amt in der Kirche auszuüben. Lass Jesus Christus den einzigen Herrn deines Lebens sein. Bekenne freimütig, schlicht, einfach, auch wenn sie dich naiv nennen würden, deinen Glauben, dass er dein Leben bestimmt. Und locke andere zu solchem Glauben und Bekennen. Glaube aus innerstem Herzen, dass dieser Christus, den Gott vom Tode auferweckt hat, die Ursache und Gewissheit deines Lebens ist.
Angesichts aller auch dich bedrohenden Mächte unserer Zeit hat er mit seiner Auferstehung eine unzerstörbare Hoffnung des ewigen Lebens gegeben. Wenn wir Christen von Hoffnung sprechen, so ist es diese Hoffnung, die allein durch Jesus Christus, durch seine Tat und sein Wort, begründet ist.

Brüder und Schwestern! Wir wollen wieder Mut haben, zu diesem Urgrund christlichen Glaubens zurückzukehren und von diesem apostolischen Grund her unser Christsein zu bekennen und unseren Glauben zu leben. Mag jemand nun einwenden: Die heutigen Menschen werden von ganz anderen Fragen bestimmt, als du hier ansprichst. Deswegen müssten wir als Kirche in unserem Zeugnis und Dienst uns eben auf ihre Probleme einstellen. Ja, es ist zutreffend, dass die Menschen heute von zahllosen Mächten und Gewalten im politischen, gesellschaftlichen und ökonomischen Bereich bedrängt und bisweilen zutiefst geängstigt werden. Zahllos sind hier die Probleme und Ängste.
Aber wir sehen doch auch: Die Transzendenz ist der Immanenz gewichen, die Horizontale scheint alles zu verschlingen. Die Vertikale, die Linie von oben nach unten, von Gott zu uns, ist allem Anschein nach zu einer beiläufigen Arabeske geworden. Die Sorge um das Überleben, um die nackte Existenz lässt die Botschaft des ewigen Lebens hinter dem Horizont der Weltprobleme völlig verschwinden.
Wenn die Kirche aber aus der Arche Gottes aussteigt und sich auf die Wogen einer noch so humanen, aber vornehmlich immanenten Problembewältigung

begibt, dann hat sie den von Gott nur ihr aufgetragenen Rettungsdienst aufgegeben und dann bedeutet die Kirche nichts mehr für diese Welt und hat ihr auch nichts zu sagen. Denn als Kirche haben wir allein den uns aufgetragenen Dienst zu erfüllen. Siehst du nicht, dass wir als Christen von Jesus in die Welt geschickt sind, die gute Nachricht auszurufen? Wer Christus seinen Herrn sein lässt, den verwandelt Gottes Heiliger Geist zu einem neuen Menschen, und so gewinnt er jene Hoffnung, die vom ewigen Leben her bestimmt wird, nämlich von jenem ewigen Leben, das Christi Auferstehung gewirkt hat. Das macht die Kirche zum Licht der Welt, und so ist die Kirche die Stadt auf dem Berge, nach der man schaut.

Ja, bedrängend und beängstigend sind jene diabolischen Mächte und Gewalten, die um uns alle her sind. Aber der, der sie allein überwinden kann und Menschen aus ihrer Gewalt frei macht, das ist Christus der Herr allein. Darum: Christus glauben und bekennen, das überwindet unsere Ängste, das führt aus den Zwängen zur Freiheit eines Christenmenschen. Nur durch dieses Evangelium gewinnt ein Mensch die Freiheit, die Christen glauben und bekennen.

Das ist von uns allen auszurichten: Gott will um Jesu Christi willen uns aus aller uns vernichtenden Gewalt des Todes retten und hindurchbringen. Durch Christus sind die letzten Grenzen unseres Lebens, die wir von uns aus niemals überwinden könnten, durchbrochen. Hier ist ein Sieg erfochten, von dem allein das Evangelium Kunde gibt. Dieses Zeugnis – das göttliche Wort, das wir in der Heiligen Schrift haben –, das ist die Arche, in der unser Glaube und unsere Hoffnung Geborgenheit und Rettung haben.

In allem Dienst der Kirche wollen wir dieses den Menschen tief ins Herz hineinbringen, damit sie wieder den Glauben fassen, der einzig ihre Ängste besiegen kann und ihnen letzte, allein gültige Hoffnung zu geben vermag. Darum sagt der Apostel Paulus so klassisch hier, dass wir mit unserem Munde bekennen sollen, dass Christus der Herr ist, und dass wir es mit dem Herzen glauben, dass uns der auferstandene Christus eine unzerstörbare Hoffnung des ewigen Lebens gegeben hat. Darum, meine Schwestern und Brüder, in welchem Beruf und Stand du stehst, ob du Vater oder Mutter, Sohn oder Tochter, Mann oder Weib bist, das soll unser aller Amt und Dienst sein. Denn dazu sind wir als Kirche in der Welt zu allen Völkern gesandt, zu nichts anderem. Das muss der klare Inhalt unserer Verkündigung und der Motor allen Dienstes der Kirche sein – und nichts anderes.

Gott will, dass die Menschen das als das Evangelium hören und fest in ihr sonst so angefochtenes Herz hineinnehmen – und nichts anderes. Darauf soll der Glaube der Christen sich gründen und unser Bekennen ein Lobpreis Gottes sein: Christus ist der Herr – seine Auferstehung ist der Grund unserer Hoffnung.

Das wird uns, die wir sonst vor Gott verlorene Menschen wären, zum ewigen Leben retten.
Das ist das Zeugnis und der Dienst der Kirche: „Wenn wir mit unsrem Munde bekennen, dass Jesus der Herr ist, und in unsrem Herzen glauben, dass Gott ihn von den Toten auferweckt hat."

So lasst uns zusammen beten:
Herr, ich danke dir, dass du mir das Amt gegeben hast. Lass mich nie aufhören, dir dafür zu danken. Amen.

800-jähriges Jubiläum der Gemeinde Meinsen-Warber

Sonntag Rogate / 24. Mai 1981 / Lukas 11,5-10

Liebe Gemeinde!

Mit diesem Gottesdienst beginnt die Festwoche anlässlich der 800-Jahr-Feier der Gemeinde Meinsen-Warber. Da ist zunächst unsere ehrfurchtsvolle Rückschau auf 800 Jahre Geschichte – 1181 bis 1981 – eine lange Geschichte, die Geschichte einer kleinen Gemeinde, eines Kirchspiels, eingebettet in eine wechselvolle Landes- und Kulturgeschichte. Aber es ist auch eine 800-jährige Geschichte von Menschen unter Gott.
Am Sonntag Rogate ist alles abgestimmt auf das Thema des Gebetes. So hören wir, was Jesus zu seinen Jüngern nach dem Lukasevangelium gesagt hat. Dort heißt es im 11. Kapitel in den Versen 5-10:

Predigten

Und er sprach zu ihnen: Wenn jemand unter euch einen Freund hat und ginge zu ihm um Mitternacht und spräche zu ihm: Lieber Freund, leih mir drei Brote; denn mein Freund ist zu mir gekommen auf der Reise, und ich habe nichts, was ich ihm vorsetzen kann, und der drinnen würde antworten und sprechen: Mach mir keine Unruhe! Die Tür ist schon zugeschlossen und meine Kinder und ich liegen schon zu Bett; ich kann nicht aufstehen und dir etwas geben. Ich sage euch: Und wenn er schon nicht aufsteht und ihm etwas gibt, weil er sein Freund ist, dann wird er doch wegen seines unverschämten Drängens aufstehen und ihm geben, so viel er bedarf.
Und ich sage euch auch: Bittet, so wird euch gegeben; suchet, so werdet ihr finden; klopfet an, so wird euch aufgetan. Denn wer da bittet, der empfängt; und wer da sucht, der findet; und wer da anklopft, dem wird aufgetan.

Hier hat Jesus seine Jünger, nachdem er sie das Vaterunser gelehrt hatte, ermuntert: Betet, das hat eine Verheißung, das lohnt sich. Gott hört. Sucht ihn, das lohnt sich. Gott lässt sich finden. Und wagt das Anklopfen, es wird sich die Tür Gottes für euch auftun.

Es ist interessant, wenn man Chroniken zu solchen Jubiläen liest, man sucht alte Urkunden und freut sich, wenn man welche findet. Dann versucht man sie zu deuten. Manche Gemeinden haben Glück. Sie haben viele alte Urkunden. Manche haben weniger altes urkundliches Material. Man schreibt dann eine Chronik.

Aber eine Chronik kann gar nicht das lebendige Leben der Generationen wiedergeben. Ich weiß nicht, wie es euch geht, wenn man solche alten Chroniken liest, man ahnt nur, was da gewesen ist. Es sind ja doch lebendige Menschen gewesen, so wie du und ich. Sie haben ihre Hoffnungen gehabt. Sie haben ihre Enttäuschungen erlebt. Sie haben gute Nachbarschaft gekannt. Sie haben aber auch den Streit im eigenen Dorf erlebt. Sie haben friedliche Zeiten gehabt und sie erlebten, dass der Feind auch ihren Ort heimsuchte, plünderte und alles niederbrannte. Sie haben ein normales Leben gelebt – 800 Jahre lang, auch an diesem Ort.
Dann berichten Chroniken von der wirtschaftlichen Situation. Ohne Wirtschaft, Handel und Wandel können Menschen nicht leben. Aber von dem, was die Vorfahren mit Gott erlebten, das greift eine Chronik selten auf. Es wird nicht berichtet von den Gebeten, die zu Gott gesandt worden sind. Wie oft

mag in einer 800-jährigen Geschichte wohl gebetet worden sein? Eine Chronik berichtet nicht, dass Menschen in ihrer Not Gott gesucht haben, und eine Chronik kann nicht berichten, wer ihn fand. Das kann man nur ahnen. So nimmt man es denn hinein in seine Gegenwart.

Wir beginnen das Jubiläum mit dem Gottesdienst. Das ist wie ein Signal. Wer aufmerksam diesen Gottesdienst bisher erlebt hat, der hat gemerkt: Wir haben laufend in den Liedern und in der Liturgie gebetet. Wir haben es gemeinsam getan. Wir haben unseren Glauben bekannt, und das sogar singend. Wir sind mit Gott im Gespräch gewesen – wie unsere Vorfahren es getan haben, so auch wir heute, und das möchte so bleiben: Menschen, lebendige Menschen heute, eine Gemeinde mit einer so alten Geschichte, moderne Menschen im Gespräch mit Gott. Und dazu sagt uns Jesus: Das lohnt sich.

Gewöhnlich hat man dieses Gleichnis so verstanden, der Beter sei erhört worden, weil er so hartnäckig war. Es gab einen berühmten Professor in Göttingen, der hat dieses Gleichnis ganz anders ausgelegt. Er hat gesagt, nicht die Hartnäckigkeit wollte Jesus hier erzählen. Es sei vielmehr die Erzählung von dem, der da gebetet wird. Er lässt den Bittenden nicht hängen. Wie viel mehr – das ist der Zielpunkt dieser Erzählung Jesu – wie viel mehr tut es Gott!

Wer erzählt uns dieses Gleichnis? Es ist der Sohn Gottes, von dem überall in den Evangelien berichtet wird, wie er selbst immer wieder aus dem Gespräch mit Gott lebt. Jesus redet hier aus eigener Erfahrung und sagt seinen Jüngern: Gott, den ihr bittet, wird euch nie im Stich lassen. Das ist die ganz feste Überzeugung Jesu.

Wenn uns das Wort Jesu anstecken könnte, diese feste Überzeugung des Sohnes Gottes: Es lohnt sich, Gott zu bitten. Geht ran, bleibt dran, sprecht mit Gott, es lohnt sich. Sucht ihn, ihr findet ihn.

Manchmal räsoniert und lamentiert man über unsere heutige Zeit. Ich finde, wir sollten das nicht tun. Sondern wir sollten als moderne Menschen die Skepsis, dass die Sache mit Gott nicht stimmt, mutig überwinden. Wir sollten uns locken lassen, dass wir eine feste Gewissheit gewinnen, dass wir wieder neu Schritt fassen, damit unsere Jugend sehen kann: Die Alten, sie waren ganz normale, realistische Menschen, aber sie hatten eines, sie hatten eine feste Gewissheit und Hoffnung. So sind wir gerufen und eingeladen, positive Menschen in unserem Umgang mit Gott zu sein.

Und worüber sollen wir mit ihm sprechen? Bei diesem Beispiel ist die Ursache: Da kam Besuch zu ganz ungelegener Stunde, abends, spät. Ein Freund kehrt ein, und man hat nichts auf den Tisch zu stellen. Es sind äußerliche Dinge des alltäglichen Lebens: Ein Freund kommt, und der Kühlschrank ist leer. Dass wir also in Bezug auf unser Gespräch mit Gott nicht nur auf die ganz hohen göttlichen Dinge sinnen, sondern die ganz alltäglichen mit dazu nehmen, wenn wir in solchen Kleinigkeiten festsitzen, wenn wir unsere Grenzen erkennen. Und je älter wir werden, umso deutlicher erkennen wir sie.

Wir haben einige Bürgermeister und Gemeinderatsmitglieder unter uns: Das merken wir doch, wie wir in den äußerlichen, wirtschaftlichen Dingen sehr schnell an die Grenzen des Machbaren kommen. Plötzlich kriegen wir alle kalte Füße. Das Geld geht aus. Wir können nicht mehr so aus dem Vollen zahlen. Die Kredite fordern zu hohe Zinsen. Es lohnt sich, mit Gott darüber zu sprechen, Herr Bürgermeister und Gemeinderatsmitglied, mit Gott darüber zu sprechen, wie es denn in der Gemeinde weitergehen soll und nicht nur nach der Melodie zu verfahren: Das schaukeln wir schon, das kriegen wir irgendwie hin. An Gottes Segen ist alles gelegen. Auch die äußerlichen Dinge gehören dazu. Es wird einer Gemeinde zum Segen gereichen, wenn Gott sich hören lässt und seinen Segen mitteilt.
In unserer Öffentlichkeit ist ein leidenschaftlicher Streit über den Frieden ausgebrochen. Wie wichtig ist es, dass da ein paar Menschen sind, die mit Gott darüber sprechen: Zeige du uns, wie Frieden wird und wie Frieden bleibt, und bewahre du uns den Frieden. Es darf doch unser Staatswesen darüber nicht zerbrechen, dass wir uns streiten, wie der Friede bleibt. Wir modernen Menschen merken, wie wir plötzlich an die Grenze auch dieses Machbaren kommen und die innere Sicherheit gefährdet ist.

Wir begreifen wieder neu das alte Lied, das in manchen Gemeinden bis heute zum Schluss des Gottesdienstes gesungen wird:

„Verleih uns Frieden gnädiglich, Herr Gott, zu unsern Zeiten. Es ist ja doch kein andrer nicht, der für uns könnte streiten, denn du, unser Gott, alleine."

Und Jesus sagt: Sprich mit Gott, das lohnt sich. Liebst du deine Familie als Vater und Mutter, liebst du dein Dorf als mitverantwortlicher Kommunalpolitiker, liebst du dein Land, liebst du unser Volk: Sprich mit Gott, es lohnt sich. Ihm die ganzen Schwierigkeiten, die wirtschaftlichen, die politischen, vorzulegen und zu sagen: „Es ist ja doch kein andrer nicht, der für uns könnte streiten, denn du, unser Gott, alleine."
Das also lasst uns tun mit Zuversicht. Es wird nach 100 Jahren in keiner Chronik stehen, dass du und andere Gott darum gebeten haben. Aber an dem Se-

gen, den er gab, wird man ahnen können: Hier ließ sich Gott bitten und gab, und hier ließ er sich finden und öffnete die Türen seiner Gnade.
Es lohnt sich, sagt Jesus, Gott zu bitten.

Er segne Dein Gebet für Dich, Deine Familie, für diesen Ort, für unser Land, für unsere ganze Welt, für heute und für die Zukunft. Amen.

Heiliges Christfest

24. Dezember 1981 / Stadtkirche Bückeburg / Johannes 3,16

Liebe Gemeinde!

Wirklich festlich feiern wollen wir in dieser Heiligen Nacht. „Gelobet seist Du Jesu Christ, dass du Mensch geboren bist ..." Das ist der einzige Anlass und Grund unseres Feierns und Singens. So haben wir den Gottesdienst in dieser Weihnachtsnacht begonnen. Um dieser Geburt unseres Heilands willen sind wir zusammengekommen, singen, beten, hören das alte Weihnachtsevangelium der Heiligen Nacht, haben den Glauben der Christenheit bekannt und wollen uns im Heiligen Mahl um IHN versammeln und mit Danksagung die Gabe des ewigen Lebens empfangen.

Das alles tun wir inmitten einer zutiefst friedlosen Welt. Keiner von uns kann und darf davor die Augen verschließen. Wir können nicht davon absehen, was sich an Friedlosigkeit und namenloser menschlicher Not seit zwölf Tagen in Polen zugetragen hat (Ausrufung des Kriegsrechts am 13.12., anschließende Internierung von rund 3000 Oppositionellen).
Wir denken an Afghanistan, Persien und an das soziale Elend in Lateinamerika und Südafrika und wollen ebenso die um ihres Glaubens willen verfolgten Christen in Äthiopien und in der Türkei nicht vergessen. Sie sind unsere Brüder und Schwestern um Christi willen. Und ebenso nehmen wir in diesen festlichen Gottesdienst der Heiligen Nacht alle kranken, einsamen, bedrückten und friedlosen Menschen mit hinein, mit denen wir zusammen leben. In dieser unserer Wirklichkeit – wie bei denen, „die da sitzen in Finsternis und Schatten des Todes" (Lk 1,79), – hören wir das Zeugnis und Bekenntnis der Heiligen

Nacht, wie es der Evangelist Johannes im 3. Kapitel zusammengefasst hat:

Denn so sehr hat Gott die Welt geliebt, dass er seinen eingeborenen Sohn gab, damit alle, die an ihn glauben, nicht verloren werden, sondern das ewige Leben haben.

Das ist der Grund unseres Feierns. Das ist der Glaube und die Botschaft der Christenheit: Gott hat etwas getan, was sein innerstes Herz für uns offenbar gemacht hat: Seinen einzigen Sohn hat er dahingegeben, ihn Mensch werden lassen. „Das hat er alles uns getan, sein groß Lieb zu zeigen an ..." (EG 23,7) Und doch wissen wir zugleich, wie schwer es immer wieder für uns wird, dieses unbegreifliche Wunder seiner Liebe zu uns zu erkennen und in unser Leben und Denken mit aller Gewissheit hineinzuziehen.
„So sehr hat Gott die Welt geliebt." Das ist die andere Wirklichkeit, unter der wir in dieser Welt leben. Sie ist mit Christus Jesus in diese Welt gekommen ist. „Jesus Christus – wahrer Gott vom Vater in Ewigkeit geboren und auch wahrhaftiger Mensch von der Jungfrau Maria geboren." Er hat seinen einzigen Sohn für uns dahingegeben. So sehr hat Gott die Welt geliebt!
Diese Tat Gottes für alle Menschen ist Wahrheit und Wirklichkeit seit der heiligen Nacht von Bethlehem. Es ist die Wahrheit Gottes, vom Himmel gekommen, die uns und allen Menschen gelten will. Es ist die andere Wirklichkeit, die Gotteswirklichkeit, die uns gilt.

In beiden Wirklichkeiten leben wir: in der Realität der Friedlosigkeit, der tiefen Schuldverstrickung, der leiblichen und seelischen Not, der oft so bedrückenden Finsternis und Hoffnungslosigkeit. Auch unsere Generation weiß um tiefe menschliche Ängste und wir haben eine Ahnung von „Verlorenheit". Wenn man die menschliche und irdische Wirklichkeit um uns und in uns nüchtern bedenkt, muss man sich sehr bald eingestehen, dass wenig Anlass ist, Hoffnung zu schöpfen, wenn wir uns allein auf die Menschlichkeit der Menschen verlassen müssten. Die Humanität ist in unserer so aufgeklärten Zeit derart zur Bestialität und Unmenschlichkeit verkehrt worden, dass es uns eigentlich den Atem verschlagen müsste. Wehe uns und allen Menschen um uns, wenn der Atheismus das Signum unserer Zeit und der vor uns stehenden Zukunft würde. Die Christenheit hat deswegen gerade heute eine Verantwortung, die gar nicht hoch genug eingeschätzt werden kann. Die religiöse Dimension wird von uns allen wieder in ihrer das ganze Leben, Denken und Handeln umgreifenden Verbindlichkeit zu erfassen sein, wie wir es weithin noch gar nicht gewohnt sind.

Heiliges Christfest

Wenn wir die andere Wirklichkeit – die Wirklichkeit Gottes, dass er so sehr die Welt geliebt hat, nicht ganz fest in unser Denken und Handeln hineinnehmen, dann schlagen wir das Höchste und Beste aus, was über dieser Welt und unserem Leben ausgerufen ist. Diese Botschaft der Heiligen Nacht sucht unseren Glauben, will unser Herz, will uns prägen und entgegen allen Widersprüchlichkeiten, Ängsten und Ausweglosigkeiten unseres Lebens als die eigentliche Gotteswirklichkeit bestimmen. „Alle, die an ihn glauben, werden nicht verloren gehen, sondern das ewige Leben haben."

Glauben, das ist nichts anders als hören, ergreifen, gelten lassen – gegen alles, was mir dieses wieder wegnehmen will. Glauben in zuversichtlicher Gewissheit, dass Gott mich so geliebt hat und Jesus Christus für mich dafür der Garant ist: Glauben und sich daran klammern, dass Gottes Liebe mir das ewige Leben geben wird, dass ich einen unendlichen Wert durch Gottes Liebe empfangen habe. Ein vom Evangelium Christi her bestimmter Glaube, das ist das wichtigste Geschenk, das wir durch Christi Geburt empfangen können. Deswegen muss man das Wort Glaube ganz groß schreiben.

Und sagst du bei dir: „So glauben, das kann ich nicht, das fällt mir so schwer, daran scheitere ich immer wieder." Dann antworte ich dir: „Das verstehe ich wohl, und das kenne ich auch. Aber sieh, mit dem Evangelium dieser Heiligen Nacht, dass Gott dich so geliebt hat, dass er seinen einzigen Sohn für dich als Heiland hat Mensch werden lassen, damit du das ewige Leben gewinnen sollst, das hat Gott dir in diesem Gottesdienst wieder sagen lassen, das hat er dir wirklich geschenkt, teilt es dir als Speise aus im Heiligen Abendmahl, segnet dich und dein Leben damit: Nimm es – halt es ganz für wahr, steh darauf und leb damit."
Ja, solcher Glaube ist sehr oft wider alle Vernunft. Aber er ist und bleibt das kostbarste Geschenk, die Gabe der Heiligen Nacht. Die Liebe Gottes gilt für uns um Jesu Christi willen. Das ist die andere Wirklichkeit, unter der wir leben. Um solchen Glauben zum ewigen Leben wollen wir nicht aufhören zu beten:

„Eins aber, hoff ich, wirst du mir, mein Heiland, nicht versagen: dass ich dich möge für und für in, bei und an mir tragen. So lass mich doch dein Kripplein sein; komm, komm und lege bei mir ein dich und all deine Freuden." (EG 37,9) Amen.

Predigten

Jahresschlussgottesdienst

Stadtkirche Bückeburg / 2. Mose 13,20-22

So zogen sie aus von Sukkot und lagerten sich in Etam am Rande der Wüste. Und der HERR zog vor ihnen her, am Tage in einer Wolkensäule, um sie den rechten Weg zu führen, und bei Nacht in einer Feuersäule, um ihnen zu leuchten, damit sie Tag und Nacht wandern konnten. Niemals wich die Wolkensäule von dem Volk bei Tage noch die Feuersäule bei Nacht.

Liebe Gemeinde!

Diese drei kurzen Sätze aus der Auszugsgeschichte Israels aus Ägypten erscheinen uns zunächst als ein fremdes, verschlossenes Gotteswort und Glaubenszeugnis.
Sie stehen an einer entscheidenden Schnittstelle der Geschichte Israels und sind für das Volk Gottes zum wegweisenden Verheißungswort geworden, voller auch künftiger Erfahrung mit Gott auf dem Weg in die Zukunft. In diesen drei Sätzen ist als Verheißung und Glaubenserfahrung nichts anderes enthalten als: Gott führt uns und geht voran!
Das soll uns in diesem Jahresschlussgottesdienst beschäftigen: Gott führt uns und er geht uns voran.
Am Jahreswechsel beschäftigen uns rückblickend zunächst die persönlichen Erlebnisse und Erfahrungen des zu Ende gehenden Jahres, alles, was wir selbst und im Kreise unserer nächsten Angehörigen und Freunde an Schönem und Schweren erlebt haben. Wir gedenken der Heimgegangenen und sehen auch unser eigenes Leben wieder um ein weiteres Jahr seinem irdischen Ende entgegengeführt. Jeder Jahreswechsel ist gerade für den älter gewordenen Menschen immer wieder ein besonders markanter Punkt, über sich selbst und die hineilende Zeit nachzudenken und bei sich inne zu halten. Gewiss, unser persönliches Erleben und Erfahren beschäftigt uns in diesen letzten Stunden des Jahres mit Recht.
Doch darüber hinaus können wir nicht davon absehen, dass wir als Volk im Kreise der Völker und ebenso auch als Gemeinde in der Gemeinschaft der weltweiten Kirche neue Erfahrungen im zu Ende gehenden Jahr gemacht haben. Da sind zum Teil sehr leidvolle Erfahrungen, die uns allen die deutlichen Grenzen unserer menschlichen Möglichkeiten vor Augen geführt haben, die

große Unsicherheit des Friedens, die namenlose leibliche und seelische Not unzähliger Menschen. Aber wir haben auch gnädig bewahrende Hilfe erfahren, die Anlass für tiefe Dankbarkeit gegen Gott und manchen Mitmenschen sind.

Der Silvesterabend hat es deswegen in sich, dass uns an ihm, wie in einem Brennglas gebündelt, Vergangenheit und Zukunft auf einen Punkt zusammengeführt werden und uns zu einer besonders nachdenklichen Besinnung führen können: Wir sind auf dem Weg – wir sind unterwegs – wohin gehen wir? Was wird unsere Zukunft sein? Dabei wollen wir es nicht so halten, wie es am Jahreswechsel in aller Welt von den Politikern und Staatsmännern geschieht, dass sie den Menschen ernste und zugleich ungewisse Ermunterungen zusprechen.
In der Tat, die weltpolitische Lage ist bitterernst und die wirtschaftspolitische Zukunft in gar keiner Weise rosig. Doch was jeder von uns dann gerade braucht ist: Gottvertrauen und Glaubenszuversicht! Denn: Gott führt uns und geht uns voran!

Es gehört fundamental zum biblischen und christlichen Lebensverständnis, dass Leben Erfahrung vielfältiger Begebenheiten ist, die geheimnisvoll mit Gotteserfahrungen durchwoben sind. Jeder von uns erfährt täglich neues Geschehen, das seine Lebensgeschichte ausmacht. Die Völker erfahren täglich neues Geschehen, das ihre Geschichte ausmacht, und sind so eingebettet in die sich immer neu gestaltende Weltgeschichte. Und in, mit und unter dieser Lebens- und Weltgeschichte ist unsichtbar Gott wirksam im Handeln von Gericht und Gnade, Segen und Fluch.
„Die Toren sprechen in ihrem Herzen: Es ist kein Gott" (Ps 14,1). – „Es läuft alles nach ehernen Gesetzen ab und kommt so, wie es kommen soll." In wessen Herzen aber Gottes Wort Widerhall gefunden hat, der wagt es anders zu sagen: „Ist Gott für uns, wer mag wider uns sein" (Röm 8,31); „und ob ich schon wanderte im finstern Tal, fürchte ich kein Unglück, denn du bist bei mir, dein Stecken und Stab trösten mich" (Ps 23,4). Geschehen, das mir widerfährt, meine Lebensgeschichte und die Weltgeschichte, in der ich mich befinde, erhalten eine andere Deutung aus Glaubenszuversicht und Gottvertrauen: Gott führt uns und geht uns voran. „Weise mir Herr Deinen Weg!"
Wir müssen hier noch eine weitere Erkenntnis festhalten, die grundlegend zum biblischen und christlichen Lebensverständnis gehört: Leben und Glauben gehören derart zusammen, dass Leben Gehen, Wandern aus Glauben und in Glaubenszuversicht ist – das im Vertrauen auf Gottes Dabeisein gewagt

wird. Abraham bekam von Gott zu hören: „Geh aus deinem Vaterland und von deiner Verwandtschaft und aus deines Vaters Haus in ein Land, das ich dir zeigen will" (1. Mose 12,1). Und Jesus ruft Menschen zu sich und sagt ihnen: „Folget mir nach." Das also ist christliches Lebensverständnis: Gottes Ruf hören, ihm folgen und zuversichtlich gehen. Und im Gehen den nächsten Schritt meines Lebens mit Gott wagen, – so wie Israel aus Ägypten auszog: „... und der Herr zog vor ihnen her ... und wich niemals ... von dem Volk" (2. Mose 13,21-22) Also: Gott führt uns und geht uns voran!
Diese Lebens- und Glaubenserfahrung ist die Lebens- und Geschichtserfahrung des Volkes Gottes. Sie durchzieht die ganze Heilige Schrift. Sie steht hinter dem Ruf des Evangeliums der Heiligen Nacht und dem Ruf Jesu: „Fürchtet euch nicht!" Diese Glaubens- und Lebenserfahrung haben wir alle bitter nötig: Gottes Gegenwart ist bei uns. Der Dreieinige Gott ist bei uns, wenn wir die Sorgen und Ängste unseres Lebens in der uns tröstenden Kraft seines Heiligen Geistes überwinden. Wenn wir in der Nachfolge Jesu auch im Leiden uns der Kraft seines Kreuzes trösten und von seiner Auferstehung her uns auf das ewige Leben freuen. Wenn das Heilige Abendmahl uns immer wieder auf's Neue vergewissert: Hier ist mein Herr Christus gegenwärtig, gibt mir seinen Leib und sein Blut als Gaben des ewigen Lebens. Und so nimm vor allem auch täglich ein Wort der Heiligen Schrift als Wegweisung für dein Leben: Hier ist Gott in seinem Wort bei Dir und geht dir voran in das verheißene Land zum ewigen Leben.

Von dieser Gewissheit haben wir als Kirche auch in unserer Zeit in den Gottesdiensten und allem seelsorgerlichen und diakonischen Tun Mitteilung zu machen. Erst dann stehen und bleiben wir in der heilvollen und hilfreichen Geschichte Gottes mit seinem Volk. Und sollte Gottes Weg mit uns im neuen Jahr uns in Not und Leiden führen, so wollen wir uns nur darum kümmern, dass Gott auch dann bei uns sei, uns stark mache und vor uns her gehe und so durch alles Leid hindurchführe. Darum wollen wir beten:

„Ordne unsern Gang, Jesu lebenslang.
Führst du uns durch raue Wege,
gib uns auch die nöt'ge Pflege;
tu uns nach dem Lauf deine Türe auf." (EG 391,4)

Amen.

1. Sonntag nach Ostern – Quasimodogeniti

6. April 1986 / Jetenburger Kirche / 1. Petrus 1,3

Wir hören den Anfang der Epistellesung für den heutigen Sonntag. Es ist der Anfang aus dem 1. Petrusbrief:

Gelobt sei Gott, der Vater unseres Herrn Jesus Christus, der uns nach seiner großen Barmherzigkeit wiedergeboren hat zu einer lebendigen Hoffnung durch die Auferstehung Jesu Christi von den Toten.

Liebe Gemeinde,

dieser Briefanfang und was er enthält, die Gewissheit der Auferstehung Jesu Christi von den Toten und was diese Auferstehung für uns bedeutet, ist eigentlich, richtig verstanden, ein Aufruf, dass wir uns zum Lobe Gottes zusammenschließen möchten:
„Gelobt sei Gott, der Vater unseres Herrn Jesus Christus."
Damit ist in der zweiten Hälfte dieses Satzes sehr wohl die Situation von uns Menschen und Christen beschrieben, nämlich das, was uns so häufig in unserem Denken bestimmt, dass wir etwas haben, was uns nicht zu diesem Lobe Gottes so veranlasst, dass unser Leben von der Auferstehung Jesu her bestimmt wird.
Das eine Wort, das hier in der Mitte steht, ist das Wort „Hoffnung". Dieses Wort Hoffnung ist ein Wort, das unsere Zeitgenossen und auch wir sehr wohl gebrauchen und verstehen.
Einer unserer großen zeitgenössischen Philosophen hat ein großes philosophisches Werk über die Hoffnung geschrieben: Ernst Bloch. Er hat gemeint, das Leben des Menschen müsste nach dem „Prinzip Hoffnung" ablaufen, sonst sei es kein Leben. Darin hat er wohl Recht!
Das Wort Hoffnung durchzieht ja das ganze Neue Testament, aber es ist eben die Frage, worauf ich meine Hoffnung richte. Es gibt trügerische Hoffnungen, leere Hoffnungen; Hoffnungen, die sich in nichts auflösen. Jedenfalls bin ich als junger Mensch noch in einer Zeit aufgewachsen, wo wir große Hoffnungen vorgehalten bekamen für ein neues Deutschland, für das es zu leben, zu kämpfen und zu sterben sich lohne. Ich weiß noch, was das für mich als Junge bedeutet hat, mit 19 Jahren, als diese Hoffnung für viele, die überzeugt wa-

ren, dieser neuen Idee zu folgen und alles daranzusetzen – wie ihre Hoffnung enttäuscht worden ist. Es war eine Hoffnung auf Menschen, auf einen Menschen und eine große nationale Idee: trügerische Hoffnungen! Jede Zeit hat ihre Ideale und Hoffnungen; und doch scheint mir, dass sowohl für die junge Generation heute als auch für viele, die mitten im Leben stehen, sowie für die alt werdenden Menschen das Wort von der Hoffnung wenig beinhaltet. Eher ist unsere Zeit gekennzeichnet durch Angst und Hoffnungslosigkeit.

Liebe Gemeinde, wenn man dann in das Neue Testament hineinsieht und dort immer wieder – wie an dieser Stelle des Briefbeginnes – aufgefordert und gelockt wird zu einer wirklich unvergänglichen Hoffnung, dann erliegt man entweder auch einer trügerischen Hoffnung, wenn es nicht stimmt; oder man hat diese Hoffnung zu ergreifen, weil Gott sie uns verheißt!

Damit stehen wir bei der ersten Erkenntnis, mit der wir uns immer wieder auseinanderzusetzen haben, wenn für uns Gott und sein Wort etwas bedeuten, dann lohnt es sich, auf diese Hoffnung zu setzen, die Gott uns gibt. Aber wenn für uns Gott immer weniger die Wirklichkeit ist, die uns bestimmt, dann versinkt auch die Hoffnung, die Gott verheißt. Das ist ganz natürlich. Die Hoffnung, die Gottes Wort uns hier vorstellt, wird bezeichnet mit einem Zusatzwort: eine „lebendige" Hoffnung. Man könnte auch übersetzen: eine Hoffnung voller Leben, die Hoffnung des Lebens: „Der uns wiedergeboren hat zu einer lebendigen Hoffnung durch die Auferstehung Jesu Christi von den Toten." Liebe Gemeinde, das ist die Osterbotschaft!

Und im Glaubensbekenntnis wird diese Hoffnung noch entfaltet. Zum Beispiel im letzten Satz des zweiten Glaubensartikels: „... aufgefahren in den Himmel, er sitzt zur Rechten Gottes, von dort wird er kommen zu richten die Lebenden und die Toten." Und im letzten Satz des Glaubensbekenntnisses wird die Osterhoffnung ans Ziel geführt: „Ich glaube an den Heiligen Geist, die heilige christliche Kirche, Gemeinschaft der Heiligen, Vergebung der Sünden" – und nun kommt's – „Auferstehung und das ewige Leben."

Ihr Lieben, dahin soll unser Blick gehen. Eigentlich nicht nur in diesem abendlichen Gottesdienst, sondern, wenn das der Sinn dieser Predigt sein könnte, dass du wieder neu dieses mit in dein Denken und Hoffen hineinnimmst, dieses, was mit Ostern der letzte, tiefste Grund unseres Hoffens ist: die Auferstehung Jesu Christi von den Toten und das ewige Leben, dann wären wir zu Recht und mit Sinn und Ertrag in diesem Gottesdienst gewesen.

Es ist für mich immer wieder eindrücklich, wie wir in der alten Geschichte des Noah-Bundes von der Sintflut ein Zeichen Gottes haben, das hin und wieder, wenn es zur Gleichzeitigkeit von Regen und Sonne kommt, am Himmel erscheint: der Regenbogen.

Eine frühere Konfirmandin schenkte mir zu meinem 60. Geburtstag ein kleines, handgemaltes Bild: eine Landschaft, ganz einfach gemalt, und darüber ein wunderschöner Regenbogen über dieser ganzen Landschaft und dann ein kleiner Mensch darunter. Und unten drunter stand: Der Herr ist mein Hirte. Für mich ist dieses Bild seither wie eine Auslegung dieses Satzes „Gelobt sei Gott, der Vater unseres Herrn Jesus Christus, der uns zu einer lebendigen Hoffnung wiedergeboren hat durch die Auferstehung Jesu Christi." Da bin ich, dieses kleine Männchen, und über mir die Verheißung Gottes über dieser Welt und über meinem Lebens voll bunter Farben und weist mich hinauf an den Himmel und zieht mich wieder herunter auf die Erde: Meine Füße müssen „auf dem Teppich" bleiben und mein Blick wird doch hochgenommen – zu den Verheißungen Gottes. Wenn ich dann die verschiedenen Stellen des Neuen Testaments mir deutlich mache bis hin in das letzte Buch der Bibel, wo es von Christus heißt: „Ich habe die Schlüssel des Todes und der Hölle", und dann mein Leben und das Leben anderer bedenke, so möchte ich für mich und mein Leben das ganz fest in mein Bewusstsein nehmen: Es gibt eine lebendige Hoffnung durch die Auferstehung Jesu Christi, auch für mein Leben und Sterben. Der letzte Blickpunkt, den ich nehme, soll nicht die letzte Stunde deines Lebens sein und meines, sondern lass uns dann daran halten, wie er gesagt hat: „Ich bin die Auferstehung und das Leben, wer an mich glaubt, wird leben, auch wenn er stirbt."

Ihr Lieben, das, was mit der Ostergeschichte in diese Welt gekommen ist, ist unglaublich! Dass dieses gelten soll, dass Gott uns herausführt in einer neuen Schöpfung zum ewigen Leben! Da stehen wir nun immer wieder an den Särgen und gehen zu den Gräbern. Und auch für uns wird jene letzte Stunde kommen. Sicher wird es so sein, dass Menschen dann traurig sind, wie wir traurig sind, wenn es geschieht bei einem, den wir liebhaben. Aber seht, da wird nun unser Glaube von uns abgefordert und fragt: Ist das das Letzte, was hier geschieht? Und wenn wir dann dorthin ziehen, zum Friedhof? Ist es das, was wir eigentlich als Letztes ansehen? Oder wenn wir voller Sorge und Angst zum Arzt gehen und dann ins Krankenhaus müssen – und dann sagt uns vielleicht ein anderer Arzt: „Es ist sehr ernst." Was ist dann unsere Hoffnung?
Ach, hätten wir dann so viel Gewissheit des Evangeliums, dass Gott uns die Ewigkeit schenken will und uns auferwecken zum ewigen Leben, dass wirklich das Beste, was wir einem Menschen wünschen können und uns, noch vor uns liegt! In der Tat, oft ist unser Glaube sehr klein. Angesichts dieser großen Zusage Gottes: „Ich lebe und du sollst auch leben!"

Predigten

Wie kann man zu solchem Glauben kommen, in solchem Glauben bleiben und wachsen? Das wird im Leben eines Christenmenschen sehr verschieden sein. Es gibt das, dass ein Mensch durch sein Leben geht, ziemlich unangefochten; aber das gibt es auch, dass er in der ständigen Begegnung des Gegensatzes von dieser großen Gewissheit leben muss, voller Erfahrung von Leid, voller Erfahrung von Zweifel, auch voller Erfahrung von Schmerz und der Frage: „Hat sich Gott von mir abgewandt?"
Wie kann man in solchem Glauben zunehmen und wachsen, der fest ist und die Hoffnung fest ist? Ich denke, wenn man immer tiefer hineinkommt in das, was in der Heiligen Schrift steht, z. B. in einem unserer Psalmen: „Dennoch bleibe ich stets an dir" oder im bekanntesten: „Und ob ich schon wanderte im finsteren Tal, fürchte ich kein Unglück, denn du bist bei mir, dein Stecken und Stab trösten mich." Oder dass man an den Thomas denkt: „Ich glaube, Herr, hilf meinem Unglauben." Oder dass man sich hält an so spannungsvolle Worte, wie Paulus sie aus seinem eigenen Leben bezeugt: „... als die traurigen, doch allezeit fröhlich, als die nicht haben und doch alles haben."
Ich denke, es ist nur so möglich, in der Wirklichkeit eines sehr wechselvollen Lebens, oft voll schwerer Erfahrungen, diese Hoffnung lebendig zu behalten; und so im Glauben zu bleiben und zu wachsen. Sicher gehört eins noch dazu: Man merkt ja, wenn man für sich selbst im eigenen Leben in der spannungsvollen Erfahrung steht: „Ach, ist die Flamme meines Glaubens stark genug?", dass man dann neu anfängt zu beten, dass Gott mich in einem solchen Glauben stärken möchte, dass man im Glauben zunimmt, dass man reifer wird, ja, dass schließlich der Glaube das ist, aus dem heraus man sagt: „Dennoch, dennoch bleibe ich stets an dir." Und dass man das tut, was Petrus hier getan hat, dass man sich an der Auferstehung Jesu Christi richtig festhält und klammert und Gott darüber lobt und ruhig einmal im Gebet zu Gott so spricht: „Herr mein Gott, du weißt, wie schwach mein Glaube ist und dass alles gegen dein heiliges Wort steht in mir, aber nun lass mich das, was Jesus getan hat und was mit ihm geschehen ist, für mein Leben auch ganz festhalten."
Seht, so sind die Dinge unseres Glaubens in Bezug auf die letzten und schwierigsten Dinge unseres Lebens gerade mit Ostern verbunden. Wenn das stimmt, ihr Lieben, dass Jesus auferstanden ist, dann bedeutet dieses für dein Leben und Sterben eine ewige Zukunft.

Gelobt sei Gott, der Vater unseres Herrn Jesus Christus, der uns nach seiner großen Barmherzigkeit wiedergeboren hat zu einer lebendigen Hoffnung durch die Auferstehung Jesu Christi von den Toten. Amen.

6. Sonntag nach Trinitatis

6. Juli 1986 / Stadtkirche Bückeburg / Römer 6,3-8

Gnade sei mit euch und Friede von Gott, unserem Vater, und dem Herrn Jesus Christus. Wir hören, was der Apostel Paulus im Römerbrief im 6. Kapitel über die Heilige Taufe schreibt:

Oder wisst ihr nicht, dass alle, die wir auf Christus Jesus getauft sind, die sind in seinen Tod getauft? So sind wir ja mit ihm begraben durch die Taufe in den Tod, damit, wie Christus auferweckt ist von den Toten durch die Herrlichkeit des Vaters, auch wir in einem neuen Leben wandeln. Denn wenn wir mit ihm verbunden und ihm gleich geworden sind in seinem Tod, so werden wir ihm auch in der Auferstehung gleich sein. Wir wissen ja, dass unser alter Mensch mit ihm gekreuzigt ist, damit der Leib der Sünde vernichtet werde, sodass wir hinfort der Sünde nicht dienen. Denn wer gestorben ist, der ist frei geworden von der Sünde. Sind wir aber mit Christus gestorben, so glauben wir, dass wir auch mit ihm leben werden."

Wir wollen beten:
„Mein treuer Gott, auf deiner Seite bleibt dieser Bund wohl fest bestehen. Wenn aber ich ihn überschreite, so lass mich nicht verlorengehen. Nimm mich, dein Kind, zu Gnaden an, wenn ich hab einen Fall getan. Amen."

Liebe Gemeinde,

der 6. Sonntag nach dem Trinitatisfest steht ganz im Zeichen der Heiligen Taufe. Das Evangelium dieses Sonntags ist der Tauf- und Missionsbefehl nach dem Matthäusevangelium. Die Lesung aus dem Neuen Testament, die wir Epistel nennen, ist jene ganz wichtige Stelle über die Taufe des Apostels Paulus im Römerbrief. Deswegen geht es heute in dieser Predigt darum, was uns die Heilige Taufe bedeutet. Wisst ihr es nicht? Wir wissen es ja! Also, am Anfang der Geschichte der Christenheit kann jemand, der an eine unbekannte Gemeinde schreibt, so sprechen und sagen: „Ihr wisst doch, was eure Taufe bedeutet." Deswegen ist es schon gut, dass man sich immer wieder daran er-

innern lässt, was meine Taufe für mich bedeutet.
Es ist gut, dass ich nicht weiß, wer mich getauft hat. Es ist häufig so, dass uns derjenige, der uns konfirmiert und getraut hat, eine Person war, der wir uns besonders verbunden fühlten. Aber wenn wir als kleine Kinder getauft wurden, war der Täufer für uns völlig unwichtig. Aber wir sind getauft! Wir wissen dann durch den Katechismus, den wir hoffentlich auch im 4. Hauptstück mindestens einmal im Konfirmandenunterricht erklärt bekommen haben – und die Fragen Luthers im 4. Hauptstück auch wörtlich zu kennen, ist schon gut –, dass die Taufe einen ganz tiefen Inhalt hat. Wir sagen: Sie ist ein Sakrament, und das bedeutet zunächst, eine Handlung, die Christus seiner Gemeinde aufgetragen hat, sie zu vollziehen. „Gehet hin in alle Welt, lehret alle Völker, tauft." Ebenso wie das Heilige Abendmahl einen Auftrag Jesu enthält: „Nehmet, esset, das tut ..." Dann geschieht nun solches Taufen in der ersten Christenheit, und der Apostel Paulus gehört zu jenen Personen am Anfang der Kirchengeschichte, die sich darüber tiefe Gedanken gemacht haben, was denn die Taufe bedeutet. Das hat er hier an dieser Stelle in besonderer Weise ausgedrückt: Wir sind auf Christus getauft. Damit sind wir in eine ganz tiefe innere Beziehung, nicht nur zu der Person, sondern auch zu dem Werk Christi, also zu dem, was er getan hat, getreten. Taufe ist diese ganz enge Inbeziehungsetzung eines Menschen mit Person und Werk Jesu, so dass eine – und das meint Paulus – geheimnisvolle, unerklärbare Inbeziehungsetzung der Person und des Werkes Christi mit dir und mir entstanden ist.

Damit wird schon etwas deutlich, wovon Luther überzeugt war: dass es recht ist, auch Säuglinge zu taufen, weil das Tun Jesu die Voraussetzung ist und immer bleiben wird für das, was mit der Taufe geschieht. Also nicht mein Entschluss, nicht meine Glaubensgewissheit, nicht meine erkennbare Wirkung des Geistes Gottes in mir sind Ursache, warum ich getauft werde. Das ist die Auffassung der Baptisten. Sondern nach Paulus genau umgekehrt: Das, was Christus getan hat, was er ist, er für mich, bevor ich ihn überhaupt erkennen und begreifen und meinen Glauben auf ihn setzen konnte. Er selbst ist die Gabe der Taufe.

Bist du getauft, so bist du mit ihm zusammengebunden bis in das Sterben Jesu hinein. Taufe bedeutet daher: Anteilhaben am Tode Jesu Christi; er ist für die Sünde gestorben. Daher bist du mit ihm so verbunden, dass sein Sterben auch das Sterben der Sünde bedeutet. Also nimm dein Leben hinein in die Taufe, so dass die Sünde sterben muss in dir. Du bist ja mit ihm nun in der Heiligen Taufe auf Tod und Leben verbunden.

Fünfmal kommt in diesem kurzen Abschnitt das Wort „mit Christus" vor. Also mit dem Werke Christi, mit seinem Sterben findet alles, was dich in deinem Leben nun durch Sünde und Teuflisches und Tragisches und typisch Menschliches bestimmt, ein Ende vor Gott. Mit Christus in der Heiligen Taufe zusammengebunden sein, das bedeutet zugleich auch mit ihm zum neuen Leben verbunden sein. Luther hat dies im Katechismus so zum Ausdruck gebracht: „Was bedeutet denn solch Wassertaufen? Es bedeutet, dass der alte Adam in uns durch tägliche Reue und Buße soll ersäuft werden und sterben mit allen Sünden und bösen Lüsten" – das ist mit Christus in den Tod gehen, die Sünden in uns zum Tode bringen – „und wiederum täglich herauskommen ein neuer Mensch, der in Gerechtigkeit und Reinlichkeit vor Gott ewiglich lebe."
Liebe Gemeinde, „wisst ihr nicht?"
Ach, oft weiß ich das auch nicht. Wir vergessen das, was da in der Heiligen Taufe mit unserem Leben, für unser Leben geschehen ist, so leicht; dass da die ganze reiche Gabe des Werkes Christi uns zu eigen wird! Alles, was er getan hat, ist dein! Dein Leben hat einen unendlichen Wert durch die Heilige Taufe um Christi willen bekommen. Jetzt gilt es!
Er starb für dich und wurde auferweckt um deinetwillen, und darum ist alles, was er hat, dein. Das ist die Gabe!
Und die Konsequenz und Aufgabe daraus ist: Mit Christus täglich der Sünde sterben!
Taufe ist das Sterben des alten Menschen in uns durch Reue und Buße, und sie ist zugleich Ostern, nämlich die Geburt eines neuen Menschen in uns, der vor Gott in Gerechtigkeit und Reinheit ewiglich leben wird.
Wir ahnen hier, was die Gabe der Taufe ist für unser Leben. Und wir wissen wohl, wenn wir nach unserer Taufe leben, und das ist nichts anderes als Christus nachfolgen, ja, das ist Christsein, dass da in unserem Leben täglich jener spannungsvolle Kampf sich vollzieht: Reue und Buße, Abkehr und Hinkehr, Karfreitag und Ostern, Sterben und Auferstehen.

Das wissen wir so oft nicht, dass wir durch die Taufe in unserem Leben täglich im Kampf stehen. Nicht so, dass sich zuerst die Verhältnisse um uns ändern müssen, dass wir für gerechtere Zustände eintreten, sondern so, dass es zuerst in uns, bei uns selbst geschieht. Das ist so schwer. Oft kapitulieren wir, bevor wir angefangen haben, uns mit Christus zu verbünden gegen den alten Adam in uns. Wir meinen, man könnte sich letztlich nicht so verhalten, man würde untergepflügt, man würde damit nur der Ungerechtigkeit Vorschub leisten, man müsste sich durchsetzen.

Liebe Gemeinde, sicher, das ist schwer. Aber mit Christus den alten Adam in uns unter die Füße zu kriegen und in Christi Gerechtigkeit und Reinheit zu leben, mit Christus gegen uns selbst zu siegen, das ist schön!
Man denkt oft, Reue und Buße sei ein furchtbares und schwieriges Geschäft – sicherlich, aber wenn man durch ist, mit Christus, das ist schön! Man hat dann etwas erfahren von dem neuen Leben, das er gibt: Gerechtigkeit und Reinheit vor Gott. Wisst ihr nicht, dass wir, die wir auf Jesus Christus getauft sind, dass wir in einem neuen Leben wandeln sollen? Das ist wohl doch ein gutes und rechtes Deuten unserer Taufe und unseres Christseins. Wenn du den alten Adam in dir ablegst und mit Christus in einem neuen Leben lebst – das ist die Schönheit, der Glanz der Gnade Gottes in unserem Leben!
Amen.

Sonntag Rogate

24. Mai 1987 / Stadtkirche Bückeburg / Lukas 11,9-13

Gnade sei mit Euch und Friede von Gott unserem Vater und dem Herrn Jesus Christus.

Im Lukasevangelium lesen wir im 11. Kapitel:

> *Und ich sage euch: Bittet, so wird euch gegeben; suchet, so werdet ihr finden; klopfet an, so wird euch aufgetan. Denn wer da bittet, der empfängt, und wer da sucht, der findet, und wer da anklopft, dem wird aufgetan. Wo ist unter euch ein Vater, der seinem Sohn, wenn er ihn um einen Fisch bittet, eine Schlange für den Fisch biete? Oder der ihm, wenn er ihn um ein Ei bittet, einen Skorpion dafür biete? Wenn nun ihr, die ihr böse seid, euren Kindern gute Gaben geben könnt, wie viel mehr wird der Vater im Himmel den Heiligen Geist geben denen, die ihn bitten!*

Wir beten:
Ziehe mich, oh Vater, zu dem Sohne, damit Dein Sohn mich wieder zieh' zu Dir. Dein Geist in meinem Herzen wohne und meine Sinne und Verstand regier'. Dass ich den Frieden Gottes schmeck und fühl und Dir darob im Herzen sing und spiel. Amen.

Sonntag Rogate

Liebe Gemeinde!

Es war am 29. Februar in Äthiopien. Wir waren über unwegsames Gebiet nach Süden in die Berge gefahren, Missionar Peter, der Distriktsevangelist, und einer, der uns den Weg weisen sollte. Wir kamen schließlich in eine Dorfgemeinde. Dort hatten sich fünf junge Evangelisten versammelt. Wir setzten uns zusammen in die Lehmkirche.
Wir begannen damit, dass eine Stelle aus der Heiligen Schrift gelesen wurde. Es war diese Stelle aus dem Lukasevangelium im 11. Kapitel. Jesus sagt zu seinen Jüngern: „Bittet, so wird euch gegeben; suchet, so werdet ihr finden; klopfet an, so wird euch aufgetan."
Dann wurde gebetet. Erst die Heilige Schrift gelesen, und dann beteten alle. Es war eine kleine Gemeinschaft betender Menschen, jeder in seiner Sprache. Sie hatten bestimmte Schwierigkeiten, und so baten sie darum, dass Gott ihnen hier helfen möchte. So fehlte ihnen Geld – sie beteten um ihr täglich Brot. Sie hatten Schwierigkeiten, wie es mit ihrem Auftrag weitergehen sollte, denn die politischen Funktionäre waren dauernd hinter ihnen her und passten genau auf. Sie wollten eigentlich nicht, dass die Evangelisten ihren Dienst ausübten, denn das, was diese Funktionäre zu verkündigen hatten, widersprach völlig dem, was der Dienst der Evangelisten war. Manche hatten Sorgen und auch Angst. Und so beteten sie und sprachen mit Gott über das, was sie beschäftigte. Eigentlich eine ganz normale Situation, unser Gespräch mit Gott!
Aber im Nachhinein war mir deutlich geworden: Sie hatten eine andere Reihenfolge eingehalten, sie hatten erst Gottes Wort gehört, Jesu Wort an dieser Stelle: „Bittet, so wird euch gegeben; suchet, so werdet ihr finden; klopft an, so wird euch aufgetan."
Ehe du mit Gott sprichst, höre zunächst, was er dir sagt! Ich denke, das ist eine wichtige Folge, die wir hilfreich beachten. Wir wissen, Gebet ist unser Gespräch mit Gott, unser geübtes, gewohntes Gespräch mit Gott, unsere aus der Not herauskommende Bitte oder unser Schrei zu Gott: „Herr, hilf mir!"
Aber bevor wir dieses tun – das ist das eigentliche Geheimnis der verheißenen Zusage, dass Gott hören will –, geht es darum, dass er zunächst mit uns gesprochen hat. Bevor du und ich mit ihm sprechen, lass uns hören, was er uns sagt.
Das ist wunderbar in diesem 11. Kapitel nach Lukas beschrieben. Man könnte darüber hinweglesen, wie kommt es zu diesem Gespräch Jesu mit den Jüngern über den Sinn und die Kraft des Gebetes? Es heißt: „Und es begab sich, da Jesus an einem Ort war und betete, und da er aufgehört hatte, sprach einer seiner Jünger zu ihm: ‚Herr, lehre uns beten'", und dann kommt das Vaterunser.

Die Jünger müssen das erlebt haben, wie Jesus mit dem Vater gesprochen hat. Das muss anders gewesen sein, als sie es aus der Synagoge kannten. Es muss ein ganz inniges Gespräch gewesen sein: Er, der Sohn des ewigen Vaters, spricht mit ihm, dem Vater.
Das kann wohl nicht anders sein, als was auch zum Gebet eben dazugehört, wie wir das aus dem alten Bunde kennen, dass da die Gottesmänner gesagt haben: Herr, rede Du, Dein Knecht hört! Das ist das erste. So ist es denn, dass die Jünger erkennen: So wie er betet, das können wir nicht. Darum lehre du uns mit dem Vater sprechen. Und darum das erste: Ich möchte den Anfang des Hebräerbriefs zitieren: „Nachdem Gott manchmal und auf mancherlei Weise geredet hat zu den Vätern durch die Propheten, hat er am letzten zu uns geredet durch den Sohn." Sieh, betest du das Vaterunser, vergiss jetzt nicht, das ist Gottes Rede durch seinen Sohn an dich, wie du recht mit dem Vater sprechen kannst. Du hast in der Heiligen Schrift genügend Grund zu verstehen, was das ist, dass sein Name geheiligt werde. Du hast genügend Stellen, um zu verstehen, was das ist: Dein Reich komme. Du hast genügend Stellen um dir klarzumachen, was das ist, wenn Gottes Wille bei uns geschieht, dass das Heil und Segen ist; und dass sein letzter, guter gnädiger Wille gegen Dich und mich ist, dass er uns das ewige Leben gibt. Ja, selbst wenn du einen dir lieben Menschen in seine letzte irdische Stunde zum Sterben begleitest, dass du nicht vergisst, dass das Gottes Wille ist – nicht, dass er stirbt –, sondern dass er leben soll um Jesu Christi willen. Er hat die Schlüssel des Todes und der Hölle, du gibst ihn Gott zurück und sagst: Dein Wille geschehe, Vater im Himmel, wecke ihn auf zum ewigen Leben.
Dass wir aus seinem Wort hören, wie es recht ist, dass wir ihn bitten. Und weil dieses so ist, dass wir zunächst hören, was Gottes guter gnädiger Wille gegen uns ist und auch ihm sagen: Nun rede du, Herr, in deinem heiligen Wort zu mir, dass ich verstehe, was sinnvoll ist, um was ich dich bitte! Dann sei auch gewiss, dass du alles bitten kannst, alles!, was dir notwendig scheint für dich und dein Leben.
Unmittelbar davor steht die Gleichnisrede Jesu von jenem Mann, der zu seinem Freund kommt und um drei Brote bittet und dieses in der Nacht tut. Er ist ganz gewiss, weil der, den er bittet, sein Freund ist. Darum kann er zu ihm kommen, auch ganz ungelegen in der Nacht. Er wird ihm die Bitte nicht abschlagen. Er wird nicht sagen: „Nun störe mich nicht!" Er wird mir geben, weil er mein Freund ist. Nach dem bringt Jesus noch zwei bildhafte Beispiele und sagt: „Wenn ihr betet, dann ist es so wie ein Sohn den Vater bittet, z. B. um einen Fisch, und er wird ihm keine Schlange geben; und wenn er ihn bittet um ein Ei, so wird er ihm keinen Skorpion geben."

Sonntag Rogate

Diese Bildrede überlesen wir leicht. Wenn gebetet wird, dann bekommen wir nicht Steine statt Brot, dann bekommen wir Fisch und keine Schlange, dann bekommen wir ein Ei und keine giftige Spinne. Wir können kaum noch diese Symbolsprache verstehen, zur Zeit Jesu klingelte es sofort bei den Zuhörern. Denn Steine waren für den Menschen zur Zeit Jesu wie heute leblose Dinge, ohne Brotwert. Brot dagegen, nahrhaft und schmackhaft, das, was uns überleben lässt! Und wenn die erste Christenheit das Wort Fisch hörte, so dachte sie an dieses Symbol, das für Christus steht – Fisch: Christus und nicht die Schlange, der Verderber!
Gott wird uns wie der gute Vater das Heil und das Leben geben und nicht das Unheimliche, an das die Schlange im Paradies erinnert.
Schließlich das Bild vom Ei. Es bedeutet, dass wir hier echte Fruchtbarkeit und neues Leben bekommen, und nicht wie der Skorpion das Symbol gefährlicher, giftiger, zerstörender Unheimlichkeit. So verstanden bezeichnen diese drei Bildbeispiele jedes Mal das, was Gott uns geben wird, etwas Hilfreiches, was uns helfen wird in unserem Leben bis hinein ins ewige Leben und nicht, was unser Leben zerstören wird. Bittet also, sucht, klopft an!
„Denn wer da sucht, der findet; und wer da anklopft, dem wird aufgetan."

Wie kann man erkennen, nicht nur, ob Beten Zweck hat, sondern ob das, worum ich Gott bitte, mir wirklich letztlich zum ewigen Leben hilfreich ist? Das ist nun großartig am Ende dieser Geschichte erzählt, wenn Jesus sagt: Der Vater wird euch geben, was ihr wirklich nötig habt, er wird es euch reichlich geben wie ein guter Vater seinen Kindern. Aber vor allem wird er euch seinen Heiligen Geist geben, wenn ihr ihn bittet.

Liebe Gemeinde, das wollen wir nicht vergessen!
Das ist nach Jesu Überzeugung wohl allem Anschein nach das Notwendigste, was wir brauchen: seinen Heiligen Geist bei uns, dass er uns in der Not klarmacht, was Gott uns geben kann und will. In der Schwachheit ist der Geist Gottes unsere Stärke, jene für uns wunderbare Kraft, die uns in der Traurigkeit tröstet, in der Friedlosigkeit Frieden Gottes gibt und uns Hoffnung fassen lässt in der Hoffnungslosigkeit, uns unter den Füßen wieder Boden gibt, wenn man denkt, alles wankt und fällt, und uns in der Vereinzelung zu Gott hin öffnet und in der Einsamkeit uns erkennen lässt: Neben mir sind glaubenden Christenmenschen. Das ist die Macht des Heiligen Geistes.
Darum diese drei Dinge. Vergiss sie nicht wieder! Beten, ja beten, das ist uns erlaubt, mit Gott zu sprechen über alles. Aber bevor wir es tun, hören, was Gott uns sagt. Und dann nicht vergessen, dass sein Geist selbst, Gott in seiner

Kraft, in uns die höchste, gewichtigste Gabe ist, die er uns schenken will.
Wenn du nicht weißt, was du beten sollst, dann schlag das Gesangbuch auf und lies etwa diese Strophe, mit der wir nun nach der Predigt Gott bitten wollen: „Was mich dein Geist selbst bitten lehre, das ist nach deinem Willen eingericht' und wird gewiss von dir erhöret, weil es im Namen deines Sohns gescheh, durch welchen ich dein und Erbe bin, und nehme von dir Gnad' um Gnade hin."
Gott will uns damit locken, dass wir glauben sollen, er sei unser rechter Vater und wir seine rechten Kinder, auf dass wir getrost und in aller Zuversicht ihn bitten sollen wie die lieben Kinder ihren lieben Vater.
Amen.

Erntedankfest

4. Oktober 1987 / Stadtkirche Bückeburg / Jesaja 58,7-12

Gnade sei mit euch und Friede von Gott unserem Vater und dem Herrn Jesus Christus.

Liebe Gemeinde,

die Kinder aus unseren beiden Kindergärten haben mit großer innerer Beteiligung zum Ausdruck gebracht, was sie gesungen haben:
„Seht, was wir geerntet haben / Gott hat diese Welt so schön gemacht ..."

Und eben beim Auszug aus der Kirche zum Kindergottesdienst haben sie gesungen „Guter Gott, wir danken dir". Sie haben, wie es Kindern eigen ist, alles fröhlich und positiv erfahren, gläubig hingenommen und uns zugesungen. Nun sehen wir Erwachsenen noch mehr. Wir überdenken an diesem Tag die Ernte dieses Jahres, die in unserem Landesteil nicht ohne große Sorge bei den Landwirten und mit viel Mühe von ihnen eingebracht worden ist. Aber – und das ist nun etwas ganz Merkwürdiges und Bezeichnendes für unsere Generation – nicht der Mangel, sondern der Überfluss ist unser Problem. Es ist eigentlich widersinnig.
Ebenso überdenken wir an diesem Erntedanktag den Ertrag unserer Wirtschaft

Erntedankfest

und unserer eigenen Arbeit. Wir können dabei aber auch nicht davon absehen, in wie vielen Familien durch Arbeitslosigkeit oder befürchtete Entlassungen Sorgen eingekehrt sind. Darüber hinaus sind wir durch zahlreiche Informationen in Presse, Rundfunk und Fernsehen immer wieder mit Bildern und Situationen vertraut gemacht von einer oft unbeschreiblichen wirtschaftlichen Notlage in der Welt, in vielen Teilen der Welt, und wir können es uns eigentlich gar nicht richtig plastisch vorstellen, wenn es heißt: Nur ein Drittel der Weltbevölkerung wird satt – und dazu gehören wir!
Deswegen ist das alttestamentliche Prophetenwort, über das wir nun nachdenken, in Bezug auf unseren Dank, unsere Selbstbesinnung und die Nächstenhilfe ein sehr bezeichnendes Wort der Heiligen Schrift. Dort heißt es:

Brich dem Hungrigen dein Brot, und die im Elend ohne Obdach sind, führe ins Haus! Wenn du einen nackt siehst, so kleide ihn und entziehe dich nicht deinem Fleisch und Blut! Dann wird dein Licht hervorbrechen wie die Morgenröte und deine Heilung wird schneller voranschreiten, und deine Gerechtigkeit wird vor dir hergehen, und die Herrlichkeit des HERRN wird deinen Zug beschließen. Dann wirst du rufen und der HERR wird dir antworten. Wenn du schreist, wird er sagen: Siehe, hier bin ich.

„Brich dem Hungrigen dein Brot, und die im Elend sind, führe ins Haus. Wenn du einen nackt siehst, so kleide ihn ..." Mit diesen klaren, eindeutigen Aufforderungen werden heute die evangelischen Christen in den Erntedankgottesdiensten in unserem Land auf eine urbiblische Verhaltensweise hingewiesen. Sie gehört mit zu dem ganz festen Bestand auch der Predigt Jesu. Sie ist bei den Propheten des Alten Testamentes und der Predigt Jesu und der Apostel zu einem Kennzeichen des Christseins geworden: „Brich dem Hungrigen dein Brot, nimm dich des Notleidenden an, herberge, kleide, kümmere dich um den, der Not leidet, gib von dem ab, was dir Gott gegeben hat."
Wir erinnern uns an jenes Wort aus der Seligpreisung Jesu: „Selig sind die Barmherzigen, denn sie werden Barmherzigkeit erlangen." Und an das Doppelgebot, das Jesus gegeben hat, Gott zu lieben und unseren Nächsten wie uns selbst – dann zeige ich rechte Frömmigkeit. Auf die Frage, wer denn mein Nächster ist, hat Jesus im Gleichnis vom barmherzigen Samariter so geantwortet, dass der der Nächste ist, der in Not gefallen ist, und dass sich der als der Nächste erweist, der barmherzig ist. Schließlich hat er das in einen tiefen Bezug zu Gott gebracht und gesagt: „Seid barmherzig, wie auch euer himmlischer Vater barmherzig ist."

Ich weiß, dass wir als moderne Menschen in einem technischen Zeitalter immer wieder der Illusion verfallen, dass wir sagen: „Wir können alles machen." Aber wer sich heute in der Wissenschaft etwas umsieht, merkt, dass wir zwar fast alles machen können, aber alles, was wir heute machen können, droht umzuschlagen gegen uns. Ich erinnere nur an das Thema der Genmanipulation. Wir können Pflanzen und Tiere und Menschen schaffen, indem wir manipulieren und etwas hervorbringen können, was es so bisher nicht gegeben hat. Die Illusion, dass wir alles in unserer Macht haben, hat einen ganz diabolischen Rückschlageffekt, der sich gegen uns selbst wendet. Man kann eigentlich heute nur Forscher sein in einer tiefen Verantwortung vor Gott und den Menschen. Wir sind an der Grenze, dass wir alles können, aber nicht alles dürfen. Was hat uns Gott an Macht gegeben, die sich teuflisch gegen uns wendet!

Wenn man darüber nachzudenken beginnt, dann kommen so einfache Sätze, wie sie zu unserem christlichen Glaubensverständnis gehören, zu einer tiefen Bedeutung: „Seid barmherzig, wie euer himmlischer Vater barmherzig ist." Oder jener Satz Jesu „Was ihr getan habt einem unter den geringsten Brüdern, das habt ihr mir getan." Da sieh nun dein Leben an, ob du Vater, Mutter, Sohn oder Tochter seist, in welchem Beruf und Stand du stehst – was dir Gott alles gegeben hat und noch erhält, wie einfach ist da der Katechismus:

Kleider und Schuhe, Essen und Trinken, Haus und Hof, Weib, Kind, Acker, Vieh und alle Güter, mit aller Notdurft und Nahrung dieses Leibes und Lebens dich täglich versorget, wider alle Fährlichkeit beschirmt und vor allem Übel behütet und bewahret und das alles aus lauter väterlicher, göttlicher Güte und Barmherzigkeit, ohn' all' dein Verdienst und Würdigkeit. Des alles du und ich ihm zu danken und dafür zu dienen und gehorsam zu sein und fröhlich bin, das ist gewisslich wahr!

Erntedank – liebe Gemeinde, das umfasst alles, was wir haben. Sieh deinen Mantel und dein Kleid, deinen Anzug und was du im Portemonnaie hast. Sieh diesen Tag und die Freude an diesen Kindern, sieh das alles an, das ist Ursache zu danken. Lobe den Herrn, meine Seele, und vergiss nicht, was er dir Gutes getan hat! Und doch können wir davon nicht absehen, uns immer wieder zu besinnen, was um uns herum los ist – und die Aufforderung hören: „Brich dem Hungrigen dein Brot, und die im Elend ohne Obdach sind, führe in dein Haus." Das gehört zu unserem christlichen Ethos. Wir haben oft Fremdwörter dafür: Diakonie/Sozial-Dienst – oder Caritas/Nächstenliebe/Sozialverantwortung, – das alles ist gelebter Glaube. Unsoziales Verhalten macht unser Christsein unglaubwürdig. Wer in Verantwortung vor Gott und angesichts all dessen, was er hat und besitzt, in Dankbarkeit lebt, kann sich des Notleidenden nicht verschließen. Deswegen bedeutet Erntedank auch die dankbare Erkenntnis, dass wir reichlich und täglich haben, was wir brauchen, aber andere es nicht haben, und wir doch in der Lage sind, davon abzugeben und zu teilen. Dann stehen wir oft vor der Frage: Ist das nicht ein Tropfen auf den heißen Stein? Verzicht das nicht alles, selbst wenn ich viel geben würde? Oder mancher denkt dann noch darüber nach, ob es auch wirklich ankommt.

Liebe Gemeinde, wenn wir uns in unserer Christenheit und Kirche für Hilfswerke einsetzen, dann versuchen wir sehr genau darüber zu wachen, dass das, was uns anvertraut wird, auch wirklich den Empfänger erreicht. Am 15. Oktober, jetzt in 10 Tagen, werde ich wieder im Verteilerausschuss von „Brot für die Welt" in Stuttgart sein. Zuvor erhalten die Teilnehmer die Zusammenstellung der Projektliste und die Summe, die wir bei dieser Sitzung zu verteilen haben. Zuvor, obwohl jedes Projekt genau geprüft wurde, wird noch einmal diskutiert. Es ist die dritte Sitzung in diesem Jahr, für Afrika 25 Projekte mit 4,5 Mio., für Asien 33 Projekte mit 7,3 Mio., für Lateinamerika 34 Projekte mit 8,2 Mio., in Europa ein Projekt mit 120.000 Mark und weitere überregionale Projekte für 13,4 Mio. Mark. Insgesamt werden wir an diesem Tag in Stuttgart 33,7 Mio. Mark zu verteilen haben, ja verteilen können. Das ist aus den Gemeinden zusammengekommen für „Brot für die Welt". Im letzten Jahr waren es 90 Mio. DM. Erntedank, das möchte ich als Bischof tun: Ich möchte einmal aufrichtig danken jedem, der sein Scherflein dazugetan hat, damit solche Projekte geprüft und gefördert werden als Hilfe zur Selbsthilfe.

Aus biblischer Erkenntnis wissen wir, dass wir allezeit Arme und Notleidende unter uns haben. Wir sind zum Teilen und Helfen, zum Samariterdienst immer gefordert, zur sozialen Mitverantwortung in einer weltweiten Gemeinschaft. Zugleich sind wir doch sehr nüchtern gegenüber allen sozialen, paradiesischen Utopien. Wenn wir heute dann wieder nach diesem Gottesdienst die Gabe am Ausgang des Gottesdienstes für die Aktion „Brot für die Welt" erbitten, so tun wir das in unserer Landeskirche speziell für ein Projekt in Äthiopien: ein Entwicklungsprojekt in einer Region, die durch vielfältige Schwierigkeiten in großer wirtschaftlicher Not ist.

Man kann sich natürlich die Frage stellen: Nützt das alles denn etwas? Als dem einen, der unter die Mörder gefallen war, im Gleichnis vom barmherzigen Samariter, geholfen wurde, hat der Samariter nicht die Frage gestellt: „Warum sind die anderen alle weggegangen und haben nicht geholfen?" Er fühlte sich verantwortlich und tat es und sagte dem Wirt: „Und wenn du noch was brauchst, will ich dir es auch noch zahlen, wenn ich zurückkomme." Lasst

uns nicht darüber nachdenken, ob unser Kreis zu klein ist, um zu helfen – nein, wir sind schon was. Lasst uns auch nicht darüber Gedanken machen, ob es denn wirklich ankommt – dafür wollen wir sorgen, soweit wir es können, dass es ankommt und sinnvoll verwendet wird. Lasst uns auch nicht resignieren, wer kann denn die ganze Not in der Welt bekämpfen? Müssen das nicht die Politiker machen? Ach, wie hilflos sind oft die Weltorganisationen wie die UNO und andere. Das persönliche Sich-Verantwortlich-Fühlen als Christenheit den Hungrigen und Notleidenden gegenüber, das schafft schon etwas. So wollen wir uns in besonderer Weise für das Äthiopien-Projekt, in dem unser Pastor arbeitet, verantwortlich wissen für dieses Jahr und das kommende.
Und, wenn ihr das recht verstehen wollt, eine weitere besondere Bitte will ich an einen jeden von euch richten: Ihr wisst, dass wir in unserer Landeskirche seit Jahren in besonderer Weise mit der evangelischen Kirche in Siebenbürgen/Rumänien verbunden sind. Die neuesten Nachrichten von dort sind überaus bedrückend. Ein heißer Sommer, anders als bei uns, hat dort die Ernte vertrocknen lassen. Die wirtschaftliche Situation in den Städten und auf dem Lande in Siebenbürgen ist bedrückend. Es fehlt an Grundnahrungsmitteln; die Menschen dort sind in großer Sorge, wie es im bevorstehenden Winter für sie sein wird, wenn Strom und Heizungen abgestellt werden. Hier möchte ich gerne wieder helfen, und ich bitte euch um Jesu Christi willen, helft mit. Ich habe mir vorgenommen, in den nächsten zwei Monaten 10.000 Mark zu sammeln, 10.000 Mark, damit wir Pakete, besonders mit Säuglingsnahrung, an uns bekannte Familien in Siebenbürgen schicken können. Wenn Sie es können, legen Sie in den nächsten Gottesdiensten einen Betrag in einem Briefumschlag in die Opferstöcke, und wenn Sie Ihren Namen und Adresse darauf schreiben, wollen wir gern Ihnen persönlich danken und eine Spendenbescheinigung zukommen lassen. Ich habe selbst in diesem Jahr die Not wieder gesehen, und ich verbürge mich, dass diese Hilfe dort ankommt. „Brich dem Hungrigen dein Brot ..."

Solches Opfern bringt Segen für uns. Das ist das Merkwürdige, dass, wer wirklich opfert, nicht arm wird. Wer teilt, behält den Segen, und Gott wird ihm nahe sein. Der Prophet sagt das hier mit ganz einfachen Worten: „Du wirst rufen und der Herr wird dir antworten. Wenn du schreist, wird er sagen: Hier bin ich." Gott wird uns segnen, wenn wir abgeben, Gott will uns segnen, wenn wir sein Herz für andere haben, die wir gar nicht kennen. Wie war das nach dem Krieg, 1945/46, im Winter? Da kamen die Pakete aus Amerika, die Care-Pakete. Menschen haben für uns ihre Gaben gegeben, für uns, die sie nicht kannten und die wir einmal ihre Feinde waren. Es ist ganz merkwürdig:

Wer hilft, bei dem kehrt Gottes Segen ein, und man hat neuen Grund, Gott zu danken.
Und der Friede Gottes, welcher höher ist als alle Vernunft, bewahre unsere Herzen und Sinne in Christus Jesus. Amen.

Eröffnungsgottesdienst der Generalsynode der VELKD

18. Oktober 1987 / St. Martini-Kirche Stadthagen / Lukas 1,1-4

Liebe Gemeinde!

Wenn wir mit diesem festlichen Gottesdienst die Generalsynode der Vereinigten Evang.-Luth. Kirche Deutschlands beginnen, dann, so denke ich, tun wir recht daran, wenn wir durch den heutigen Gedenktag an den Apostel Lukas das Evangelium dieses Tages, den Prolog seines Evangeliums und seiner Apostelgeschichte miteinander bedenken.
Dort heißt es:

Nachdem schon viele es unternommen haben, Bericht zu geben von den Geschichten, die unter uns geschehen sind, die uns das überliefert haben, die es von Anfang selbst gesehen und Diener des Wortes gewesen sind, habe ich es auch für gut angesehen, nachdem ich alles von Anbeginn mit Fleiß erkundet habe, dass ich's dir, mein edler Theophilus, in guter Ordnung schriebe, auf dass du erfahrest den sicheren Grund der Lehre, in welcher du unterrichtet bist.

Liebe Gemeinde, das theologisch-geistliche Hauptthema dieser Generalsynode „Ein Leib und viele Glieder – Lutherische Kirche zur Gemeinschaft gerufen in Zeugnis und Dienst" – können wir gar nicht besser bedenken, als dass wir uns an den Anfang der Kirche und ihres kirchengründenden Zeugnisses und Dienstes nachdrücklich erinnern lassen.

Für den „Gottlieb" – seinen hochgeehrten Freund Theophilus, übersetzt ins Deutsche – hat Lukas sein Evangelium und die Apostelgeschichte geschrieben mit dem Zweck: Der Freund soll den „gewissen, festen Grund der Lehre" erfahren, in der er „unterrichtet" ist. Lukas, ein Glied der ersten Gemeinde, hat alles sorgfältig erforscht, gesammelt und niedergeschrieben. Er will ein anderes Glied der Gemeinde im Glauben, in der begonnenen Erkenntnis des Evangeliums Jesu und des wirksamen, kräftigen Wirkens des Heiligen Geistes in der Gemeinde fester und gewisser machen. Daraus entsteht ein umfangreiches literarisches Dokument für den „gewissen Grund der Lehre" – gleichsam der erste Erwachsenenkatechismus. Lukas schreibt für Theophilus, den für uns unbekannten, gebildeten Griechen. Und wir und die ganze Kirche leben von diesem „Zeugnis und Dienst" für den „Gottlieb", den wir nicht mehr kennen.

Da sind die Apostel und Evangelisten; Lukas ist einer von ihnen. Aber er und die anderen zeigen uns Jesus, den Christus und Herrn, den Heiland der Welt. Lukas forscht, prüft und sammelt das Zeugnis der apostolischen Augenzeugen und schreibt das Evangelium, die gute Nachricht von der in Jesus erfüllten Zeit. Dieser sein Dienst wird gültiges Zeugnis für die Kirche aus den Heiden, und wir stammen da auch her. Lukas berichtet als Erster, wie in einem wechselvollen Geschehen der Heilige Geist die Kirche „beruft, sammelt, erleuchtet, heiligt und bei Jesus Christus erhält im rechten, einigen Glauben", wie es dann unser Katechismus formuliert.
Und wie wir aus der Epistel dieses Tages erfahren (2. Tim 4,11), ist es Lukas, der als Einziger bei dem im Gefängnis sich auf das Martyrium vorbereitenden Apostel Paulus in Rom weilt: „Lukas ist allein bei mir." Aber er ist da „in Zeugnis und Dienst". Schon hier: angesichts des bevorstehenden Martyriums Gemeinschaft in Zeugnis und Dienst auf dem gewissen Grund der Lehre der Apostel!

Lukas ist an der Geschichte, die er von Jesus und seiner Kirche erzählt, beteiligt. Er ist nicht nur Berichterstatter und Historiograph, sondern er ist Zeuge. Mit dem, was er berichtet, verkündigt und lehrt er selbst – und zwar das, worauf sich der Glaube in Gewissheit gründet. Alles, was er schriftlich niederlegt, will zu solchem gewissen Glauben locken und rufen. Von solchem gewissen Glauben in Zeugnis und Dienst lebt die Kirche. Von Jesus und seinem Wort muss unermüdlich in Zeugnis und Dienst erzählt und bezeugt werden.
Auch wir können und müssen aus unserer eigenen Erfahrung berichten, wie Jesus sein Volk, die Kirche an unserem Ort und in der weiten Welt in der Kraft

des Heiligen Geistes wundersam sammelt und erhält. Und Lukas lehrt uns – so wie er die Bedeutung des Heiligen Geistes malt –, die Kraft und das Wirken des Geistes Gottes zu einem gewissen Glauben auch heute wahrzunehmen.
Weitergabe des Evangeliums in Zeugnis und Dienst zur Gewissheit des Glaubens, das ist der Auftrag der Kirche.
Evangelium und Lehre, was das Evangelium enthält, ist nun geprägte Aussage des Glaubens der Christen. Darum gehören Evangelium, Lehre und Bekenntnis immer zusammen.
Bekennende Kirche, das ist die Gemeinschaft, die eine geprägte Erkenntnis weitergeben kann, die zur Unterrichtung im Glauben imstande ist.
Lehre ist der formulierte, sprachfähig gewordene Glaube: das Evangelium in geprägter Sprache – ausgesagt in Gewissheit des Glaubens. Es ist eine falsche Auffassung und falsche Lehre, dass es immer einen Pluralismus des Glaubens und der Lehre gegeben hat und geben wird. Denn so, wie der Leib Christi ein Leib ist und viele Glieder hat, so sind die Vielen doch gehalten, das eine Zeugnis des einen Glaubensgrundes des einen Evangeliums klar zu bezeugen.
Das Volk Gottes kann und darf nicht den Lehr- und Glaubenspluralismus einfach hinnehmen oder gar noch rechtfertigen, sondern nach apostolischem Zeugnis heißt es: „Seid fleißig zu halten die Einigkeit im Geist durch das Band des Friedens: ein Leib und ein Geist, wie ihr auch berufen seid zu einer Hoffnung eurer Berufung; ein Herr, ein Glaube, eine Taufe, ein Gott und Vater unser aller" (Eph 4,5).
Brüder und Schwestern, gerade als Kirche der Reformation haben wir die theologische und geistliche Verpflichtung, dass der eine Grund der Lehre – das eine Evangelium – erkannt und im gemeinsamen Zeugnis und Dienst weitergegeben wird, auf dass jeder erfahre den „gewissen Grund der Lehre", in der er unterrichtet ist.
Der gewisse Grund der Lehre, der für Lukas so wichtig ist, zielt auf den Glauben des Einzelnen wie auf den Glauben der ganzen Gemeinde. Die einzelnen Glieder des einen Leibes, der Kirche – unterwiesen und befestigt in der Einheit des apostolischen Zeugnisses –, sind so erst rechte Boten ihres Herrn in Zeugnis und Dienst.
Hier ist keine falsche Sicherheit, sondern Gewissheit macht froh und frei. Denn solche Gewissheit des Glaubens hat den Skrupel hinter sich gelassen und die Angst überwunden. Denn wenn der Heilige Geist das Evangelium in uns zum Leuchten bringt, wird unser Herz fröhlich in der Gewissheit des Glaubens. Als frohe Christen treten wir an zum Zeugnis und Dienst in der Gemeinschaft der glaubenden und bekennenden Kirche.
Wie an unzähligen Orten in der weiten Welt heute erfüllt sich auch bei uns

die von Lukas am Anfang seiner Geschichte von Christus und den Taten der Apostel überlieferte Himmelfahrtsverheißung unseres Herrn Christus: „Ihr werdet die Kraft des Heiligen Geistes empfangen und werdet meine Zeugen sein ... bis an das Ende der Erde" (Apg 1,8).

So haben wir in diesem Gottesdienst mit Dankbarkeit an den Evangelisten Lukas gedacht und damit an den Anfang der Kirche und ihres Zeugnisses und Dienstes und an den gewissen Grund der Lehre, in der auch wir unterwiesen sind. Wir verstehen nun, was der Apostel dann nach Ephesus schreibt: „Darum beuge ich meine Knie vor dem Vater, der der rechte Vater ist über alles, was da Kinder heißt im Himmel und auf Erden, dass er euch Kraft gebe nach dem Reichtum seiner Herrlichkeit, stark zu werden durch seinen Geist an dem inwendigen Menschen, dass Christus wohne durch den Glauben in eurem Herzen und ihr in der Liebe eingewurzelt und gegründet werdet, auf dass ihr begreifen möget mit allen Heiligen, welches da sei die Breite und die Länge und die Höhe und die Tiefe. Auch erkennen die Liebe Christi, die doch alle Erkenntnis übertrifft, damit ihr erfüllt werdet mit aller Gottesfülle."
Deswegen wollen wir immer wieder Gott, den Heiligen Geist, herzlich darum bitten:

Du wertes Licht, gib uns deinen Schein, / lehr uns Jesum Christ kennen allein; / dass wir an ihm bleiben, dem treuen Heiland, / der uns bracht hat zum rechten Vaterland, / Kyrieleis. Amen.

Buß- und Bettag

18. November 1987 / Stadtkirche Bückeburg / Psalm 51,12-14

Gnade sei mit uns und Friede von Gott, unserem Vater, und dem Herrn Jesus Christus.
Wir wollen beten: *„Schaffe in mir, Gott, ein reines Herz und gib mir einen neuen, beständigen Geist. Verwirf mich nicht von deinem Angesicht und nimm deinen Heiligen Geist nicht von mir. Erfreue mich wieder mit deiner Hilfe und mit einem willigen Geist rüste mich aus. Amen."*

Buß- und Bettag

Liebe Gemeinde,

auch die Not und tiefe Schuldverstrickung, die wir in unserer Zeit, in unserem Volk und an unzähligen Orten unserer Welt mit Erschrecken und Betroffenheit miterleben, fast täglich miterleben müssen, bewegen uns an diesem Buß- und Bettag auch in unserem Gebet zu Gott für unser Volk und Land und diese ganze Welt.

In diesem Abendmahls- und Beichtgottesdienst wollen wir aber auf uns selbst sehen und uns selbst zu erforschen suchen, damit wir auf's Neue lernen, um was wir Gott vor allem bitten sollen, so dass wir rechte Christen sind und bleiben.

Der Bußtag ist, wenn er denn recht begangen wird, ein sehr persönlicher Tag, ein Seelsorge-Tag. Er ist darin so persönlich, dass er in besonderer Weise jeden, der es mit diesem Tag ernst meint, Gott und sich selbst sieht – Gott und dein Herz. Ich halte Einkehr in meinem Innersten, oder, wie wir sagen: Ich gehe in mich. Lasst uns versuchen, jeder für sich selbst, in diesem Gottesdienst immer wieder in unser Innerstes zu blicken.

Das kann sehr erschreckend sein, wenn man wirklich anfängt, sein Herz zu erkennen, das Geheimste und Innerste. Deswegen haben wir Menschen ja auch die Kunst entwickelt zu verdrängen, uns nicht zu stellen, uns selbst zu rechtfertigen. Oft sind wir deswegen so beschäftigt damit, weil wir es sonst mit uns selbst nicht aushalten würden. Wir kennen jenes andere Gebet aus dem 139. Psalm: „Erforsche mich, Gott, und erkenne mein Herz, prüfe mich und erfahre, wie ich's meine."

Wenn ich mich so stelle und in mich gehe, liefere ich mich Gott aus. Ihr Lieben, das ist Seelsorge, dass ich mich Gott in meinem Innersten stelle und ihn bitte, mich zu erforschen.

Aber bis es dazu kommt, was muss da alles bei uns geschehen! Wir müssen gestoppt, gebremst werden. Oft ist es ein Schicksalsschlag, der uns in uns selbst blicken lässt. Aber, Brüder und Schwestern, muss es erst zur letzten inneren Not in unserem Leben kommen, sogar so weit, dass wir fast verzweifeln?

Bei jedem von uns wird es anders sein. Aber jeder hat jene Region – sein eigenes Herz, sein Innerstes, von dem aus wir gesteuert sind. Oft erschrecken wir vor uns selbst, dass in unseren Herzen nichts Gutes wohnt. Das Herz des Menschen ist ein trotziges Ding. Wer kann es ergründen? „Prüfe mich, Gott, und erfahre, wie ich's meine." Die Erkenntnis meines Innersten, wenn sie

denn wirklich geistlich geschieht, macht mir deutlich, was Gottesfurcht ist. Ach, viele Zeitgenossen wissen das gar nicht mehr zu wägen. Aber es genügt, dass es in der Christenheit Menschen gibt, die es mit der Furcht Gottes ganz ernst nehmen, deren Gewissen sich von hierher bestimmt und die aus solcher Selbsterkenntnis und aus der Tiefe ihres Gewissens Gott zurufen:
„Aus der Tiefe rufe ich, Herr, zu dir. Herr, höre meine Stimme, lass deine Ohren merken auf die Stimme meines Flehens. Wenn du, Herr, Sünde zurechnen willst, wer könnte bestehen."

Es sind aber bei der rechten Selbstbesinnung und Buße zwei Aspekte zu bedenken: die Erkenntnis meines Herzens und die Erkenntnis des Evangeliums, der Gnade und Barmherzigkeit Gottes, jener unbegreiflichen Wunderworte und Wirklichkeiten, die Gott gelten lassen will über meinem Leben. Denn das ist die frohmachende Kunde, die Gott uns mit Jesus bringt, dass es Vergebung, Auslöschen, neuen Anfang, ein neues, reines, gewisses, fröhliches Herz gibt. Das will Gott in mir wirken in der Kraft seines Geistes. Wenn du das wagst, in dein Innerstes zu gehen und vor Gott dich zu prüfen, dann tu es zugleich mit dem Evangelium, sonst werden du und ich verzweifeln. Und höre den Ruf Jesu: „Kommt her zu mir, die ihr mühselig und beladen seid!"
Wagen wir es also an diesem Tage, ein Stück in die Tiefe unseres Herzens zu gehen, dann wollen wir es seelsorgerlich tun, indem wir Gott bitten:
„Schaffe in mir, Gott, ein reines Herz. Und gib du mir einen neuen, gewissen Geist. Rüste mich aus mit einem mutigen, fröhlichen Geist, wirke in mir etwas Neues."

Seht, es ist das, was wir schon als Konfirmanden gelernt haben, dass das täglich in uns geschieht wie ein Kampf: die Erkenntnis des alten Menschen in uns und die Bitte, dass Gott in uns den neuen Menschen wirkt, der durch Gott und nach Gott geschaffen ist in rechtschaffener Gerechtigkeit und Heiligkeit. Luther hat das den fröhlichen Wechsel genannt: Ich gehe in die Tiefe, und Gottes Barmherzigkeit hebt mich hoch voller Ehren durch seine Gnade.
Ich drohe oft zu zweifeln und zu verzweifeln, aber er wirkt in mir durch seinen Geist, um den ich ihn gebeten habe, ein neues, mutiges, zuversichtliches, kräftiges Herz, das sich ganz auf ihn und seine Barmherzigkeit verlässt.
Und wenn du wieder in dich gehst und dich sehr tief empfindest, bete dieses herrliche Gebet:
„Schaffe in mir, Gott, ein reines Herz und gib mir einen neuen, beständigen Geist. Erfreue mich wieder mit deiner Hilfe und mit einem willigen Geist rüste mich aus."

Hier verstehen wir, dass Luther sagt: „Darum darf dies Gebet wegen des wirksamen Schaffens Gottes in uns um ein reines, gewisses Herz niemals aufhören." Gott schafft es in uns ... „Selig sind, die reinen Herzens sind; sie werden Gott schauen."

Wir wollen beten:
Herr, unser Gott. Du allein kennst mich, mein Herz, mein Innerstes. Ich rufe zu Dir; wirke Du in mir die Gewissheit Deiner vergebenden Barmherzigkeit. Lass mich niemals daran zweifeln, dass das wahr ist. Wirke in mir durch Deinen guten Heiligen Geist, dass mein Herz täglich neu wird, stark, fest, geheiligt, ausgerüstet mit einem freudigen Geist.
Wir bitten Dich für unser Volk und Land, für alle, die Verantwortung in unserem Volke tragen. Gib ihnen ein geschärftes Gewissen, ein mutiges Herz, für Gerechtigkeit und Frieden zu wirken. Wehre aller Selbstgerechtigkeit und falschem Urteil über andere. Wir bitten Dich für alle, die in ihrer Not zu Dir rufen. Gib ihnen Menschen, die ihnen helfen können. Das bitten wir Dich, Herr, durch Christus, Deinen Sohn, unseren Heiland.
Und der Friede Gottes, welcher höher ist als alle Vernunft, bewahre unser Herzen und Sinne in Christus Jesus. Amen.

Sonntag Kantate

23. April 1989 / Stadtkirche Bückeburg / Jesaja 12,1-6

Gnade sei mit euch und Friede von Gott, unserem Vater, und dem Herrn Jesus Christus.
Am heutigen Sonntag Kantate wollen wir einen Psalm aus dem Buch Jesaja bedenken. Er steht im 12. Kapitel. Es ist das Danklied der Erlösten und lautet:

Zu der Zeit wirst du sagen: Ich danke dir, HERR, dass du bist zornig gewesen über mich und dein Zorn sich gewendet hat und du mich tröstest. Siehe, Gott ist mein Heil, ich bin sicher und fürchte mich nicht; denn Gott der HERR ist meine Stärke und mein Psalm und ist mein Heil.

Ihr werdet mit Freuden Wasser schöpfen aus den Heilsbrunnen. Und ihr werdet sagen zu der Zeit: Danket dem HERRN, rufet an seinen Namen! Machet kund unter den Völkern sein Tun, verkündiget, wie sein Name so hoch ist! Lobsinget dem HERRN, denn er hat sich herrlich bewiesen. Solches sei kund in allen Landen! Jauchze und rühme, du Tochter Zion; denn der Heilige Israels ist groß bei dir!

Liebe Gemeinde,

es hat in der Geschichte Israels und der Christenheit immer wieder eine solche Zeit, einen solchen Moment gegeben. Israel lebt bis heute in der lebendigen Erinnerung an die Rettung aus Ägypten, aus der Knechtschaft. Und auch die Christenheit erinnert sich immer wieder jener Situation, als es fast schien, alles sei zu Ende.
Zum Beispiel die Verfolgung in der alten Kirche: Christen verkrochen sich in die Katakomben, und über den Katakomben Roms dröhnten die Marschkolonnen der Legionen. Unten im Verborgenen betete man: „Dein Reich komme!" Immer wieder gibt es jenen unwahrscheinlichen wunderbaren Moment, da wendet sich alles. Es schien aussichtslos, und da tritt Gott hervor und öffnet in seiner Macht einen neuen Weg für seine Gemeinde.

Ich habe in der letzten Woche an dem 20. April ganz bewusst darüber nachgedacht, was dieser Mann, Adolf Hitler, der vor 100 Jahren geboren wurde, für mich selbst bedeutet hat. Mit 9 Jahren war ich begeistert; mit 14 Jahren wendete ich mich ab. Und als ich vor der Entscheidung stand: Was soll ich werden? Soll ich meinem Wunsch folgen, Theologie zu studieren? Da sagte mir ein wohlmeinender, hoher Parteifunktionär: „Junge, lass das. Wenn wir gesiegt haben, gibt es keine Kirche mehr." Das war 1940, und wir siegten an allen Fronten.
Es gehört für mein Leben und für das Leben einer ganzen Reihe von uns dazu, dass wir aus dem Zorn und dem Gericht Gottes unverdientermaßen herausgeführt worden sind und das Wunder seiner Gnade erlebt haben. „Zu der Zeit wirst du sagen: Ich danke dir, Herr, dass du bist zornig gewesen über mich und dein Zorn sich gewendet hat und du mich tröstest." Die Älteren unter uns, liebe Gemeinde, sie werden sicher das nicht vergessen können, dass wir das Gericht Gottes in einem ganz klaren und umfassenden Sinn erfahren haben und man sich rückblickend fragte: „Verdient hatten wir das ja nicht, die Gnade des neuen Anfanges!"
Die jüngere Generation unter uns müssen wir darauf hinweisen, dass es nicht

verdient war und wir auch wohl nicht ungestraft in der Gnade Gottes leben können, als sei sie selbstverständlich, und hineintaumeln in einen unbegreiflichen Wertewandel. Es spottet alles der Gebote Gottes! Wie lange wird es so gutgehen? Immer aufwärts – wie hoch eigentlich noch? Bis Gottes Zorn uns einen tiefen Fall beschert?

Das Lob Gottes, zu dem wir an diesem Sonntag in besonderer Weise ermuntert werden, kann man wohl nur nachvollziehen, wenn man die Gnade Gottes erfahren hat. Aber von dieser Erfahrung ist die Christenheit angefüllt. Wenn sich die Gemeinde Jesu in der Erfahrung der Abwesenheit Gottes mit aller Leidenschaft hinwendet zu Gott und zu ihm ruft: „Weise mir, Herr, deinen Weg, dass ich wandle in deiner Wahrheit. Erhalte mein Herz bei dem einen, dass ich deinen Namen fürchte", dann wird es auch in unserer Zeit so sein, dass wir die Erfahrung der Zuwendung Gottes in seiner Barmherzigkeit und Gnade machen werden, so dass der Einzelne von uns und die ganze Kirche sagen können: „Siehe, Gott ist mein Heil. Ich bin sicher und fürchte mich nicht. Gott der Herr ist meine Stärke und mein Psalm und ist mein Heil." Die Christenheit lebt von solcher Erfahrung der Nähe Gottes und Gnade nach seinem Gericht.

Liebe Gemeinde, oft geht es dem einzelnen Christenmenschen so, dass er wenig oder gar nichts von der freundlichen Zuwendung Gottes spürt. Und nicht selten ist es so, dass wir in der Kirche, wenn wir sie nüchtern in unserer Zeit sehen, fast verzweifeln wollen an ihrer Glaubwürdigkeit. Was ist da alles auf dem Markt der religiösen Möglichkeiten zu finden? Wie viele leiden an der Unklarheit des Zeugnisses der Kirche. Wenn man in der Gegenwart die Lage der Christenheit sieht, so ist sie mitten in aller Spannung, in Irrungen und Klarheit allein darauf angewiesen, dass Gott sich vernehmlich macht und in ihr wirkt in der Kraft seines Geistes, und nicht wir darauf sinnen, wie wir effektiver und klarer oder wie wir deutlicher und erkennbarer der Kirche Ansehen verschaffen. „Wenn der Herr nicht das Haus baut, auch das Haus der Kirche, so arbeiten umsonst, die daran bauen." Der Christenheit muss es deutlich bleiben, dass Gott unsere Stärke ist und dass das Erste Gebot Gottes gewiss machende Zusage ist: „Ich bin Dein Gott."

Nun steht hier in der Mitte dieses Psalms ein Wort, das Jesus aufgenommen hat beim Laubhüttenfest in Jerusalem: „Ihr werdet mit Freuden Wasser schöpfen aus dem Heilsbrunnen." Und Jesus sagt nach dem Johannesevangelium: „... wen da dürstet, der komme zu mir und trinke."
Damit ist uns und der Gemeinde Christi ganz deutlich die lebendige Quelle

Predigten

gewiesen, aus der wirklich hilfreiche Schöpfung geschehen kann. „Wen da dürstet, der komme zu mir und trinke." Also nicht irgendwo die Gnade Gottes suchen, sondern wie es auch im Evangelium dieses Sonntages hieß: „Kommt her zu mir alle, die ihr mühselig und beladen seid." Dass wir uns also hinwenden zu ihm, dem Heiland, zu seinem Wort und seiner Zusage, und ihn bitten, dass er uns in der Kraft seines Geistes zu solcher Gewissheit und Erfahrung seiner helfenden Wunder führe. „Ihr werdet mit Freuden Wasser schöpfen aus diesem Heilsbrunnen." Das ist uns zugesagt, und wo Gemeinde Jesu sich aus seinem Wort erneuert, da ist wirklich der Grund gelegt, zu einer solchen Gewissheit zu gelangen. „Siehe, Gott ist mein Heil. Ich bin sicher und fürchte mich nicht." Der Lobpreis, das neue Lied, das Danken, Singen und Jubeln in der Christenheit wird darin recht sein, wenn von hierher, aus der Erfahrung von Gericht und Gnade und der wunderbaren Hilfe Gottes, die Erkenntnis gewachsen ist: „Hier ist die Quelle des Lebens und in seinem Licht sehen wir das Licht."

Noch einmal möchte ich sagen, liebe Gemeinde, dass für mich selbst das zurückliegende Jahr 1988 durch die Erlebnisse und Erfahrungen, die ich in Osteuropa gewonnen habe, aus Begegnungen bestand, aus denen ich die Unbegreiflichkeit der Hilfe Gottes und der Rettung erfahren konnte. Das ist geschehen in Ungarn, im Baltikum und in den Weiten Russlands. Hier haben Menschen in ihrem eigenen Leben, im Warten auf Beistand in über 60 Jahren des Widerstands gegen Glauben, Gemeinde, Heilige Schrift das Wunder der Hilfe Gottes gemacht. „Siehe, Gott ist mein Heil, ich bin sicher und fürchte mich nicht." Aus solcher Erfahrung wächst Gewissheit.

Und der Friede Gottes, der höher ist als alle Vernunft, bewahre unsere Herzen und Sinne in Christus Jesus. Amen.

Tag der Diakonie

10. September 1989 / Sülbeck / Klagelieder 3,22-26. 31-32

Liebe Gemeinde,

am heutigen Tag der Diakonie in unserer Landeskirche haben wir in der Epistellesung von einem gehört, der im Gefängnis sitzt, und in der Evangelienlesung, dass jemand für den Bruder um Hilfe ruft und der Bruder dann doch stirbt, bevor die Hilfe kommt: „Wärest du hier gewesen, mein Bruder wäre nicht gestorben!"
Die Not ist vielfältig, die Not bei uns und um uns. Wir sind zusammen, um als Christen in diesen vielfältigen Nöten der Menschen und auch bei uns selbst die Hilfe der Heiligen Schrift und des Evangeliums neu in den Blick zu bekommen.

Nun ist es von Bedeutung, dass die alttestamentliche Lesung dieses Sonntags aus den Klageliedern Jeremias im 3. Kapitel (22-26.32) fast wie ausgewählt für unseren Tag ist. Dort heißt es:

Die Güte des HERRN ist's, dass wir nicht gar aus sind, seine Barmherzigkeit hat noch kein Ende, sondern sie ist alle Morgen neu, und deine Treue ist groß. Der HERR ist mein Teil, spricht meine Seele; darum will ich auf ihn hoffen. Denn der HERR ist freundlich dem, der auf ihn harrt, und dem Menschen, der nach ihm fragt. Es ist ein köstlich Ding, geduldig sein und auf die Hilfe des HERRN hoffen. ... Denn der HERR verstößt nicht ewig; sondern er betrübt wohl und erbarmt sich wieder nach seiner großen Güte.

Die Heilige Schrift ist jenes Buch, das in großer Nüchternheit von den Schwierigkeiten menschlichen Lebens berichtet. Wer die Heilige Schrift einmal ganz gelesen hat, weiß, was Menschen nicht nur in der Vergangenheit an Bedrängnissen erlebt haben, sondern in den Psalmen oder einem anderen Wort hat man den Eindruck: Das ist geradezu für mich geschrieben! Aber die Heilige Schrift ist auch voll davon, dass Menschen in ihren Schwierigkeiten bis in die Stunde letzter Not bezeugt haben: Gott ist wirklich da. Zu seinem Wesen gehört nicht, dass er uns hängen und durchhängen lässt. Bisweilen verbirgt er sich.

Aber zu seinem immer wieder erfahrenen Wesen gehören Güte, Barmherzigkeit, Treue, Freundlichkeit, Hilfe, Erbarmen, so dass es in der Geschichte des Volkes Gottes, des Alten wie des Neuen Testamentes, immer wieder die Zeugen gegeben hat und bis in die Gegenwart in seiner Kirche solche Erfahrungen bezeugt werden: „Die Güte des Herrn ist es, dass wir nicht gar aus sind, seine Barmherzigkeit hat noch kein Ende, sondern sie ist alle Morgen neu."

Wir wollen zwei Dinge dabei bedenken. Jeder, der in der Diakonie der Kirche mitarbeitet, weiß, wie vielfältig Leid, Not und Einsamkeit sind und wie tief gerade bei psychischen Erkrankungen das Loch ist, in das der Betreffende sich gefallen fühlt. Das Leid ist vielfältig. Die Erfahrung der Einsamkeit von Menschen, der Hilflosigkeit mitten in einer hochtechnisierten Welt, in der es eigentlich nichts mehr gibt, was man nicht machen kann, ist unendlich groß. Künstlich kann man Menschen machen. Man kann bis in die Sternenwelt reisen. Und doch ist ganz elementar – wie zu unserer Vorväter Zeit – die Erfahrung von Leben, das gelingt, und Leben, das misslingt. Es sind keineswegs nur die Umstände, die man ändern müsste, damit die Menschen glücklicher werden. Die Heilige Schrift ist voll davon, dass man sehen kann, was das ist: „Wie der Hirsch schreit nach frischem Wasser, so schreit meine Seele, Gott, zu dir."

Darum, wer in der Diakonie der Gemeinde Jesu mitarbeitet, darf davor nicht erschrecken, dass die Hilflosigkeit von Menschen unsagbar groß und tief ist. Daher ist es notwendig, dass man sich, soweit man das kann, Kenntnisse verschafft, wie verzwickt und verworren die Tiefe der Not ist und ihre Gründe erforscht.

Dabei ist wohl das Schrecklichste in solcher notvollen Situation, dass einer Gott absagt, an Gott irre und gottlos wird. Denn solange er noch den Schrei nach Gott ausstößt, weiß er, auch wenn es nur noch schemenhaft ist: Der Einzige, der Letzte, der mir wirklich helfen könnte, das bist du, mein Gott. Darum schreit meine Seele, Gott, zu dir. Und das gehört zu dem Dabeisein bei Menschen in der Not; wenn wir uns als Christen zu dem stellen, der in der Not ist, welcher auch immer, dass wir ihm helfen – glaubwürdig helfen –, er möchte seinen Schrei und seinen Ruf an Gott nicht aufgeben, so dass er sagen könnte: „Der Herr bleibt mein Teil. Ich will auf ihn hoffen."

Wenn man dann bei einem Menschen steht, der voller Verzweiflung ist, ob er denn noch eine Zukunft hätte, eine Hilfe Gottes, wird der rechte Helfer in der Diakonie der Kirche gar nicht anders können, als dass er selbst für den anderen oder die andere herzlich betet: „Herr, höre meine Stimme, wenn ich rufe. Sei ihm gnädig und erhöre ihn", damit der Verzweifelte zu neuer Erkenntnis kommt und neu gewiss wird. Zwar ist jetzt Nebel und Dunkelheit um mich her, aber auch dieser Tag, an dem ich lebe, ist ein Tag, den Er – Gott – mir gegeben hat. Es möge ein Tag Seiner Güte sein, Seiner Freundlichkeit, Seiner Treue und Hilfe und Seines Erbarmens.

Das bedeutet auch, dass wir selbst, die wir zu helfen und zu trösten versuchen, unser eigenes Leben und unsere Situation täglich neu verstehen. Das merkst du erst, wenn du den Oberschenkel gebrochen hast und nicht mehr aus dem Bett herauskommst: Wie das war, als du morgens frisch und lustig aufstehen konntest. Oder wenn das Rheuma hier oben sitzt und du nicht einmal mehr deine Haare selbst kämmen kannst, im Vergleich zu früher, als es für dich gar kein Problem war, und nicht tief im Loch deines verzweifelten Herzens und deiner hilflosen Seele saßest.
Dass wir auch dann erkennen, auch dieser Tag und dieser Morgen ist ein Morgen der Güte und Treue Gottes. „Es ist ein köstlich Ding, geduldig sein und auf die Hilfe des Herrn hoffen." Diese kostbare Glaubensgewissheit gebe uns allen Gott jeden Morgen neu, dieses köstliche Stück: „Geduldig sein und auf die Hilfe des Herrn hoffen."

Mancher Mitarbeiter in der Diakonie, der nicht dauernd sieht, was er schafft und dass sein Tun Sinn hat und Erfolg bringt, braucht diese hohe geistliche Gabe: „Geduldig sein und auf die Hilfe des Herrn hoffen." Das ist mein Wunsch, dass wir an diesem Tag auch in den verschiedenen Arbeitsgruppen und bei diesem so schwierigen Thema des ganzen Tages uns neu vergewissern lassen: Die Treue Gottes bleibt, wir sind seine Mitarbeiter. „Es ist ein köstlich Ding, geduldig sein und auf die Hilfe des Herrn hoffen. Er erbarmt sich wieder nach seiner großen Güte."

Und der Friede Gottes, welcher höher ist denn alle Vernunft, bewahre unsere Herzen und Sinne in Christus Jesus. Amen.

Bilder aus dem Leben von Joachim Heubach

Bild oben links: J. Heubach als Landesbischof. Oben rechts: Einführung als Landessuperintendent für Lauenburg am 28.2.1970 durch Bischof Friedrich Hübner.
Bild unten: Bewegte Jahre in Kirche und Theologie, in deren Auseinandersetzung Heubach als einer der Referenten am 31.3.1973 in der Dortmunder Westfalenhalle vor 24.000 Teilnehmern klare Position bezog. Thema: „Welch ein Herr – welch ein Auftrag!"

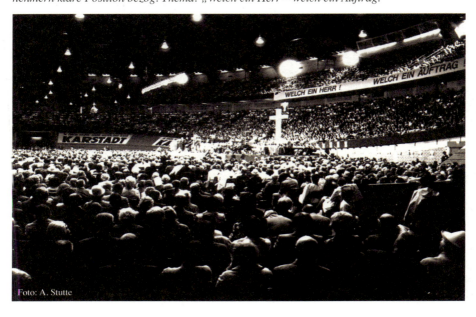

Bild oben: Kuratorium der Luther-Akademie im November 1977, (v. li. n. re.) Prof. H. Rengstorf, Prof. B. Hägglund, Bischof H. Dietzfelbinger, Erbischof M. Simojoki, Prof. J. Heubach, Prof. Gerhard Müller.

Bild Mitte: Einführung als Landesbischof am 7. Oktober 1979. Bild (v. li.): die Bischöfe A. Klein, H. Dietzfelbinger, M. Simojoki, H.-G. Jung, F. Hübner, der Einzuführende J. Heubach, S. Danell und G. Maltusch.

Bild unten: Luther-Akademie Ratzeburg bei einer der ersten Tagungen 1978; J. Heubach, 1. Reihe 2. v. re.

Foto: H.-J. Wohlfahrt

Joachim Heubach, ein Mann des Dialogs: zuhörend, nachdenklich, anregend – nicht selten mit der Pfeife.
Bild oben links: mit Bo Giertz (1905–1998), Bischof von Göteborg und einer der großen christlichen Belletristik-Autoren. – Bild rechts: beim Pfarrkonvent in Hermannsburg.
Bild unten: ... im Gespräch mit dem bayerischen Landesbischof Johannes Hanselmann.

Bild oben: Bischof Heubach war von 1980 bis 1996 Beauftragter der Evangelischen Kirche in Deutschland (EKD) für die evangelische Seelsorge beim Bundesgrenzschutz. Hier oben und rechts unten zu Besuch beim BGS. Immer interessierte sich Heubach für den Alltag der Menschen, ihre Tätigkeit und ihren Glauben. – Bild u. links: Bischof Heubach und Kammandeur im BGS Ulrich Wegener. – Bild u. rechts: Heubach – ein aufmerksamer Zuhörer.

Bild oben von links: der Kommandeur der GSG 9 Uwe Dee, der Kommandeur der Flieger Joachim Mummenbrauer, Bischof Heubach und Grenzschutzdekan Kirchenrat Dr. Rolf Sauerzapf im Standort Hangelar bei Bonn. – Bild unten: 7. Vollversammlung des Lutherischen Weltbundes 1984 in Budapest. Thema der Tagung: „In Christus – Hoffnung für die Welt". Hier Heubach als engagierter Diskussionsteilnehmer.

Bild oben: Wenn der Bischof Konfirmandenunterricht gibt und mit den jungen Leuten auf Konfi-Freizeit ins Jagdschloss Baum fährt ... – der Kleine Katechismus dürfte ihnen bei J. Heubach sicher gewesen sein. – Bild unten: J. Heubach (2. von links) bei der Bischofsweihe von Naim Nassar (1932–2004), Bischof der evang.-luth. Kirche von Jordanien/ Palästina, die am 3. Oktober 1996 in Jerusalem vollzogen und gefeiert wurde.

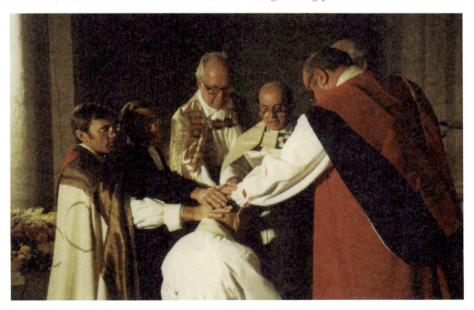

Bild oben: Treffen der Bischöfe H.-G. Jung, Daniel Rapoo (Südafrika), J. Heubach und G. Müller in Kassel im Sommer 1986.

Bild unten: Kirchen-Weihe in Bobuampya (Westdiözese Südafrika), des ersten Kirchbauprojektes der Schaumburg-Lippischen Kirche in Südafrika. Im Bild die Bischöfe D. Rapoo und J. Heubach und Missionar Heinrich Voges im Jahr 1980.

Bild oben links: J. Heubach im Gespräch mit Diakoniepräsident Dr. D. Theodor Schober.
Bild rechts: mit Professor Gottfried Voigt bei einer Tagung des Martin-Luther-Bundes.
Bild unten: Bundesversammlung des Martin-Luther-Bundes in Erlangen im Oktober 1992. Stehend der langjährige Generalsekretär des MLB Peter Schellenberg (1935–1997), i. d. Mitte der MLB-Präsident J. Heubach, rechts Oberlandeskirchenrat J. Kaulitz (Braunschweig).

Oben: Weggefährten Generalsekretär P. Schellenberg, J. Heubach und Oberkirchenrat G. Klapper. – Bild unten li.: Festakt für Prof. Dr. Fairy von Lilienfeld (1917–2009, im Bild re.) im Martin-Luther-Bund anlässlich der Ernennung zum Ehrenmitglied der Moskauer Geistlichen Akademie im Jahr 1985; ihr gegenüber J. Heubach und OKR E. Eberhard. – U. re.: der Bischof mit Ehefrau Hildegard zu Gast bei Fürst Philipp Ernst zu Schaumburg-Lippe.

Bild oben links: Vater und Tochter beim Fahrrad-Flicken.
Bild oben rechts: Im Ruhestand auch einmal zur Ruhe kommen. Heubach im geliebten Domizil über dem Eutiner Keller-See.
Bild unten: Joachim Heubach und seine Frau Hildegard (geb. Wester) mit Enkelkindern am See in Eutin-Fissau.

Sofern nicht anders vermerkt: alle Bilder privat bzw. Martin-Luther-Bund

Trinitatis

10. Juni 1990 / Lauenhagen / 2. Korinther 13,11-13

Gnade sei mit euch und Friede von Gott, unserem Vater, und dem Herrn Jesus Christus.

Liebe Gemeinde!

Am heutigen Trinitatissonntag, dem Sonntag der heiligen Dreieinigkeit, Gott Vater, Sohn und Heiliger Geist, ist es der Schluss des 2. Korintherbriefes (13,11-13), der uns als Wort der Heiligen Schrift in der Predigt leitet.
Der heilige Apostel schreibt:

> *Zuletzt, liebe Brüder, freut euch, lasst euch zurechtbringen, lasst euch mahnen, habt einerlei Sinn, haltet Frieden! So wird der Gott der Liebe und des Friedens mit euch sein. Grüßt euch untereinander mit dem heiligen Kuss. Es grüßen euch alle Heiligen. Die Gnade unseres Herrn Jesus Christus und die Liebe Gottes und die Gemeinschaft des Heiligen Geistes sei mit euch allen!*

Brüder und Schwestern, man muss einmal sehr aufmerksam diesen 2. Korintherbrief des Apostels in Ruhe lesen, und wenn man dann an den Schluss kommt, merkt man: Hier fasst der Apostel alles zusammen. Er hat eine Gemeinde im Auge und schreibt an sie aus seiner Gefangenschaft in Rom. In dieser Gemeinde, an die Paulus schreibt, ist nun wirklich alles voller Probleme. Da sind nicht nur enthusiastische Geister, die wollen das alles noch viel doller haben. Da sind nicht nur interne Zänkereien, so dass der eine sich geistlicher dünkt als der andere. Da sind vor allen Dingen jene öffentlichen Diffamierungen – damals gab's noch keine Zeitung, sondern man machte das so in der Gemeinde ganz einfach durch üble Nachrede. Das dickste Stück ist, dass sie am übelsten mit Paulus umgehen.
Sie werfen ihm vor: 1. Er ist von kleiner Gestalt – was will dieser kleine Mann überhaupt? – Gibt doch nichts her! In der Gemeinde gibt's andere Leute, die sind sehr viel von Statur größer, und, naja, man sagt: Auf den hören wir! Und außerdem, manchmal scheint es so, als wäre er wirklich eine Person, die müsste man im Grund genommen nun völlig, völlig hintenanstellen und verachten. Ich bitte euch, lest mal den 2. Korintherbrief, dann fangen wir gar

nicht mehr so schnell an, an unserer Kirche zu leiden oder in unserer Gemeinde zu sagen: Wäre es doch anders, wäre doch hier mehr Leben oder wär doch unser Pastor besser! Sondern da merkt man, leider, da ist alles voller Schwierigkeiten. Und ich stelle mir den Apostel Paulus nun als einen Mann vor, der kraft des Geistes Gottes gewirkt hat und dem nun sicher nicht, wie etwa im Pfingstereignis, Tausende zugefallen sind in der Predigt, aber der in einer ganz stetigen Treue klar das Evangelium Jesu verkündigt hat.

Ja, wäre Paulus Pastor in Lauenhagen – wie wär's dann? Wären damit alle Probleme gelöst? Oder wäre er sogar Bischof in Schaumburg-Lippe – wären dann alle Probleme weg? Würde man sagen: Nun endlich haben wir den Richtigen gewonnen. Nun, darüber könnte man lange nachdenken, was das bedeuten würde für Schaumburg-Lippe und für Lauenhagen. Aber das kann man bei Paulus dann ja auch nachlesen, was das bedeuten würde. Nun möchte ich das nicht weiter ausführen, sondern hier auf den Schluss hinweisen. Und nun, nachdem er mit dieser Gemeinde in diesem Brief wirklich nicht Süßholz geraspelt hat, sondern ganz klar gesagt hat, was seine Auffassung ist und dass es so nicht geht in der Kirche Jesu Christi, endet er in diesem 2. Korintherbrief, ich lese einige Verse vorweg:

„Prüft euch selbst, ob ihr im Glauben seid. Oder erkennt ihr euch selbst nicht, dass Jesus Christus in euch ist. Es müsste denn sein, dass ihr untüchtig seid, ich hoffe aber, ihr werdet erkennen, dass wir Apostel nicht untüchtig sind. Wir bitten aber Gott, dass ihr nichts Übles tut, nicht, damit wir als tüchtig angesehen werden, sondern damit ihr das Gute tut und wir wie die Untüchtigen sein. Denn wir können nichts gegen die Wahrheit, sondern nur für die Wahrheit. Um dieses beten wir auch um eure Vollkommenheit."

Und so geht es weiter, und ganz zum Schluss sagt er schließlich:
„Freut euch, lasst euch zurechtbringen, lasst euch ermahnen, habt einerlei Sinn, seid friedsam, so wird der Gott der Liebe und des Friedens mit euch sein."

Und dann weist er sie an: „Begrüßt euch untereinander", da kommt eine alte, urchristliche Sitte mit dem heiligen Kuss. Man umarmte sich und gab sich einen Kuss als Zeichen der Versöhnung, dass der Gott der Liebe und des Friedens bei uns ist. Und dann endet Paulus mit den Worten, die fast in jedem Gottesdienst am Schluss einer Predigt als Kanzelsegen gesprochen wird:
„Die Gnade unseres Herrn Jesu Christi und die Liebe Gottes und die Gemeinschaft des Heiligen Geistes sei mit euch allen."

Wir wollen nun aus diesem Schluss für uns selbst und diese Gemeinde und unser Verständnis als Christen drei Folgerungen ziehen:

1. Dass wir überhaupt zum Glauben gekommen sind, das ist das Wunder der Gnade Gottes. Sicher, als ich so alt war wie Ihr als Konfirmanden, da fing ich auch erst an, das, was Glaube der Heiligen Schrift ist oder was das Evangelium ist, so ganz Stück um Stück, langsam zu begreifen.
Wir waren damals 25 Jungs in einem Jugendkreis zusammen, und wir durften keine Geländespiele mehr machen, wir durften kein Volleyball spielen oder so etwas – das machte man in der Hitlerjugend. Wir durften nur die Bibel lesen. Und damit dachten die damaligen Parteispitzen, damit hungern wir diese christliche Jugend aus, die wollen ja doch irgendwas anderes erleben, als nur im Buch der Bibel zu lesen. So kamen wir hinein, Stück für Stück. Und wir taten wirklich nichts anderes, wenn wir zusammenkamen, dann lasen wir einen Abschnitt der Bibel und überlegten uns: Was bedeutet das? So versuchten wir denn auch – wir versuchten! –, als Christen zu leben. Stell dir mal vor, wir waren 5 in einer Klasse von 25 Jungs, die nahmen sich an einem Tag vor, künftig nicht mehr abzuschreiben! Damit war das Risiko klar: eine Fünf zu wagen oder gar eine Sechs! Ich war immer froh, wenn ich nur 'ne Fünf hatte. Aber nun nicht mehr abzuschreiben. Das wollte der Lehrer uns nicht glauben. Wir sprachen mit unseren Klassenkameraden darüber und die sagten: „Ihr spinnt doch! Nein. Einmalige Gelegenheit, willst du die Klasse wiederholen? Nee, wollten wir nicht. Wir hatten einen jungen Vikar, der hatte uns gesagt: Versuch immer so deine Entscheidung zu treffen, dass du fragst: Was würde Jesus dazu sagen. Also sagten wir: Abschreiben kommt nicht in Frage. Das war ein ganz kleiner Schritt. Und da wurden wir in der Konfirmation wie heute von unserem Pastor gefragt: Wollt ihr in diesem Glauben bleiben und wachsen? Da sagten wir: Ja, das wollen wir. So ging es Stück um Stück weiter, und uns wurde immer wieder etwas Neues klar. Wir merkten auch, dass Christsein gar nicht einfach ist. Man kann nicht so handeln wie die anderen. Und allmählich, Schritt für Schritt begriffen wir, was das ist, das Wunder der Gnade Jesu Christi für unser Leben. Was das Evangelium ist, was das bedeutet, dass Gott seinen Sohn in diese Welt gesandt hat aus reiner Liebe zu uns. Wir erkannten, dass die Gnade das Wunder unseres Lebens ist, die Gnade Gottes.
Dann machten wir eine Freizeit. Wir fuhren mit Fahrrädern in die Gegend von Flensburg und wurden untergebracht bei einem alten Schneider. Der empfing uns sitzend auf seinem Schneidertisch, mit gekreuzten Beinen. Wir setzten uns hin und er sagte zu uns: „Jungs, schön, dass ihr hier seid," wir waren drei, die er aufgenommen hatte bei dieser Freizeit. Dann sagte er: „Nun will ich euch

was erzählen" – ich habe das nie vergessen – er sagte: „Ich will euch erzählen, was die Gnade Gottes in meinem Leben ist." Er kannte uns ja gar nicht. Wir waren Jungs, so 14, 15 Jahre alt. Und da saß der Schneider und erzählte, was die Gnade Gottes in seinem Leben gewesen ist. Das ist aus meinem Sinn nicht mehr rausgegangen. Oft habe ich dann an bestimmten Abschnitten auch meines Lebens darüber nachzudenken versucht, was denn die Gnade Gottes in meinem Leben gewesen ist.
Was ist die Gnade Gottes in deinem Leben bisher gewesen? Was du unverdient, ohne dass du es selbst geschaffen hast, voller Wunder von Gott geschenkt bekommen hast. Die Gnade unseres Herrn Jesu Christi.

2. Das Zweite, das erläutert das Wunder der Gnade Jesu, die Liebe Gottes des Vaters. Sicher muss man dafür an Jahren herangereift sein, um zu erkennen, dass die Liebe Gottes etwas anderes ist als das, was wir unter Liebe verstehen, nämlich Sympathie, angezogen werden gegenseitig, so dass man sich gut sein kann. Liebe Gottes? Für mich ist am deutlichsten von allen Gleichnissen Jesu das Gleichnis vom verlorenen Sohn. Das müsste man eigentlich anders nennen, nämlich von dem Vater, der gewartet hat, nämlich dass der Sohn in seinem Selbstbewusstsein gesagt hat: „Nun hau ich ab, den Alten will ich nicht mehr länger ertragen. Gib mir, was mein ist!" Und der tut das auch, der Vater. Und dann zieht er los – wir kennen das Gleichnis – und haut alles auf den Kopf, und landet schließlich beim Schwein. Er kommt nicht nur auf den Hund. Dann erinnert er sich: Er hat einen Vater – und geht zurück. Da steckt nun das Evangelium drin: Als der Vater ihn sah, Brüder und Schwestern, lief er ihm entgegen, schloss ihn in seine Arme und nimmt seinen Ring ab und steckt ihm den an. „Und nun wollen wir ein Fest feiern!"

Das ist die Liebe Gottes. Wenn du ganz fertig bist, vergiss nicht, dass du oft ganz unüberlegt gebetet hast: Vater unser ... Geh zurück, und du kannst sicher sein, dass Gott dir geradezu entgegenläuft wie der Vater im Gleichnis, und nicht sagt: „Was bist du doch für 'ne halbe Portion Mensch. Mensch, Mensch, war ja schlimm!" Nix, das Wunder der Gnade Jesu ist die Liebe Gottes zur Vergebung.
Und die Gemeinschaft des Heiligen Geistes, das ist es nämlich.
Als der Vater den Sohn umarmt, schließt er Gemeinschaft mit ihm neu. Nicht wir schließen Gemeinschaft mit Gott, nicht wir schließen Gemeinschaft mit Jesus, sondern Gott, Jesus selbst in der Kraft des Geistes stiftet in unserem Glauben die Erkenntnis: Ich habe nun das Wunder der Gnade Gottes in der Liebe Jesu erfahren, Gottes Gemeinschaft mit mir. Heute ist ein Wort häufig,

ein Fremdwort „Solidarität mit ..." oder: „Wir müssen eine neue Verbindung untereinander schaffen." Das Wunder der Gnade Gottes in der Liebe Jesu ist, dass Gott Gemeinschaft mit uns immer neu stiftet. Daraus nun sagt der Apostel Paulus, von hier aus, zum Schluss: „Freut euch, freut euch, lasst euch zurechtbringen, lasst euch ermahnen, habt einerlei Sinn, haltet Frieden."
Wenn es irgendwo in der Gemeinde knistert und knackt, muss man eigentlich den Schluss des 2. Korintherbriefes lesen und diesen Kanzelsegen nach den Predigten neu ernstnehmen. Sicher hast du was gegen deinen Bruder oder deine Schwester – so gehe hin und sag ihm das, persönlich, nicht in einem Leserbrief, nicht hinter vorgehaltener Hand. Geh zu ihm hin, sag's ihm selbst. Und kommt ihr nicht zurecht, dann nimm noch jemand aus der Gemeinde, dem du vertraust und dem auch der andere vertrauen könnte, nimm ihn mit und geh' nochmal hin und versuch, die Sache in Ordnung zu bringen. Hört der andere euch beide nicht, dann erst bringt es vor die Gemeinde.

Lasst euch zurechtbringen, Brüder und Schwestern, tatsächlich, das gibt es auch – wenn man meint, man wäre auf rechtem Weg. Es kann gut sein, dass man zurechtgebracht werden muss, wieder auf den rechten Weg gebracht werden muss. Das ist ja der Sinn der Gemeinschaft Gottes mit uns, dass er uns auf den rechten Weg bringen will, dass wir nicht verlorengehen, sondern zum Vater zurückfinden. Darum gehört auch das sich gegenseitige Erinnern und Ermahnen dazu. Nicht nach der Melodie: Lass mal laufen, der wird schon selbst merken, wenn er am Ende ist. Ruhig ermahnen. Und, Jungs und Mädchen, wenn Vater und Mutter euch mal ermahnen, dafür sind sie ja da! Sie meinen es gut ...

„Habt einerlei Sinn." Das ist das Schwerste. Denn es geht ja letztlich um das, was uns Gott allen gegeben hat, seine Gnade, seine Liebe, seine Gemeinschaft. Was dann so an Schwierigkeiten und Problemen dazwischen steht, das muss sich relativieren. Trotzdem: bemüht sein, „einerlei Sinn" zu haben! Und seid friedlich. Damit erinnert der Apostel Paulus an jene Seligpreisung Jesu: Selig sind die Friedfertigen, die vom Frieden Gottes her als das Wunder seiner Gnade zu denken gelernt haben, auf Frieden bedacht zu sein. Das bedeutet nicht faulen Frieden, aber den Frieden Gottes über alles stellen, was wir haben – und darum auch zum Friedensstiften immer wieder bereit sein.

Die Gnade, das Wunder unseres Lebens, die Gnade Jesu, die uns begegnet ist als Liebe Gottes für uns, und die Gemeinschaft des Heiligen Geistes, die da ist und mit der wir immer wieder gesegnet werden. Das erbitte ich auch für euch, hier in Lauenhagen und für die Gemeinden in unserem Land. Und darum, wenn du mal wieder an der Kirche leidest, schlag die letzten Verse des 2. Korintherbriefes auf. Da steht: „Freut euch, lasst euch zurechtbringen, lasst euch mahnen, habt einerlei Sinn, seid friedfertig." Das ist das Leben eines Christenmenschen.

Die Gnade unseres Herrn Jesu Christi und die Liebe Gottes und die Gemeinschaft des Heiligen Geiste sei mit euch allen. Amen.

Landessynode der Evang.-Luth. Landeskirche Schaumburg-Lippe

1. Dezember 1990 / Stadtkirche Bückeburg / Psalm 95,4

Gnade sei mit euch und Friede von Gott, unserem Vater, und dem Herrn Jesus Christus.

Liebe Brüder und Schwestern!

Es wird Ihnen sicher aufgefallen sein, dass wir bisher in den Liedern nur gebetet haben. Die Herrnhuter Losung des heutigen Tages ist dazu das rechte Leitwort:

Herr, zeige mir deine Wege und lehre mich deine Steige.

Es geht um das nötige und hilfreiche Gebet. Denn das ist Gottes heiliger Wille, dass wir auf den rechten Weg kommen und auf dem rechten Weg bleiben und das Ziel dieses Weges erreichen. Wir haben Gottes Wort gehört, gelernt, oftmals gelesen und darüber nachgedacht. Uns ist bekannt, dass Jesus auf die Frage des Thomas im Abschiedsgespräch vor der Feier des Abendmahls auf die Frage: „Wie können wir den Weg wissen?" geantwortet hat: „Ich bin der Weg, die Wahrheit und das Leben. Niemand kommt zum Vater denn durch mich." Wir wissen also, dass es um den Weg mit Jesus zum Vater geht. Das ist der Sinn und das Ziel der Nachfolge, des Christseins, aller Verkündigung und

Seelsorge, aller Mission und Diakonie, dass wir den rechten Weg, den Jesus uns führen will, kennen und ihn treu und beharrlich gehen.

Aber vom rechten Weg zum ewigen Leben wissen bedeutet noch nicht, ihn auch täglich zu kennen und zu gehen, immer wieder so zu entscheiden, dass bei unseren Entscheidungen Jesu Wort mitgehört wird: „Komm mit, folge mir nach!"
Auch diese Einsicht und Erfahrung gehört zu unserem Leben und zum Leben in der Nachfolge Jesu und seiner Gemeinde, dass wir unsere eigenen Wünsche, Pläne und Vorstellungen haben. Ich denke hier zunächst nicht daran, dass wir oft überhaupt nicht an Gottes Weg mit uns denken, uns diese Frage am Morgen wie am Abend und in den Entscheidungen des Tages nicht beschäftigt. Erst in den Stunden der Enge und Anfechtung und wo wir vor der Frage stehen, wie wir entscheiden sollen, werden wir gezwungen innezuhalten. Fast immer müssen wir dann umkehren und uns hinkehren zum Worte Gottes. Darum ist das Gebet „Herr, zeige mir deine Wege und lehre mich deine Steige" das Elementargebet im Leben des Christen. Es ist das Gebet, sein Wort neu und klar zu hören, allein darauf zu setzen und dann auch den Weg zuversichtlich zu gehen. Es ist fast immer Umkehr von uns und unseren Plänen und vertrauensvolle Hinkehr, dass Gott uns annimmt und mitnimmt.

Das zu erkennen, ist nicht einfach. Denn „Gottes Weg ist heilig", heißt es im 77. Psalm. Dazu sagt Luther: „Denn unser Herrgott geht sehr leise." Darum ist das wohl eine Kunst des Heiligen Geistes: „Hören wie ein Jünger". Im 119. Psalm hat es Luther in der Auslegung so formuliert:
„Nicht verstehen musst du, sondern wollen, nicht wissen, sondern tun, was gehört wird. Und du wirst nicht irren, wenn du glaubst und wandelst, auch wenn du nichts siehst. Folge nur ruhig dem Gehörten, denn sein Wort wird deinen Füßen eine Leuchte und ein Licht auf deinen Wegen sein ... Darum ist das Wort Gottes ein wunderlich Ding ... Darum sind die Glaubenspraktiker erleuchteter als die Glaubensspekulierer."
Zum anderen: Beim inständigen Fragen im Gebet nach Gottes Weg für uns jetzt und seine Kirche heute werden wir zum Glauben und Vertrauen gelockt. Es ist wohl oft so, dass man jenes fromme Lied still für sich betet: „Weiß ich den Weg doch nicht, du weißt ihn wohl."
Darum heißt es im 37. Psalm: „Befiehl Gott deinen Weg und hoffe auf ihn", und dieses ist nicht leicht. Oft steht dann für uns der Zweifel auf: Will das Gott so? Soll ich so leben und durchhalten? Es widerspricht doch aller Vernunft und vor allem meinem Wünschen. Wie soll ich entscheiden? Wie soll ich jetzt

Vertrauen fassen? Dieses gilt für dein und mein Leben, und es ist auch wichtig für Synoden, für den Weg der Kirche. Und da geht es einfach nicht darum, dass sich dieser und jener zusammentut und sagt: So wollen wir es machen! Sondern hören, vertrauen. „Herr, weise mir deine Wege und lehre mich deine Steige."

Auch bei allem Verhandeln, Beraten und Entscheiden einer Synode geht es um diese Bitte; sie ist nicht anderes als die Bitte im Vaterunser: „Dein Wille geschehe." Das griechische Wort „Synode" bedeutet genau dieses: einen gemeinsamen Weg. Und zwar nicht nur unseren gemeinsamen Weg, sondern jenen gemeinsamen Weg Gottes mit uns, und darauf die Schritte nach vorne tun. Deswegen werden wir in der Kirche immer missverstanden, wenn man eine Synode mit einer parlamentarischen Demokratie vergleicht. Es gibt bei uns in der Kirche wirklich ein „Oben", das „Haupt" ist Christus, wir, die Gemeinschaft, folgen ihm nach.

Wir leben in einem Jahrhundert, liebe Brüder und Schwestern, in dem wir nicht nur erlebt haben, wie man an einem falschen Weg der Kirche leiden kann, sondern auch dieses erlebt haben, wie den Christen alles, was an Institution da war, zerschlagen wurde und sie nur noch betend und hörend im Leiden beim Glauben blieben und hindurch kamen. So ist es die große Kunst der Nachfolge Jesu auch für eine Synode: gemeinsam allein nach dem Willen Gottes und Seinem Weg für uns und Seine Gemeinde zu fragen. Seitdem ich in einer der sieben Bußpsalmen Luthers diese Stelle zu unserem Thema fand, trage ich die Fotokopie immer bei mir und schlage sie oft auf und lese sie nach. Luther sagt in der Auslegung zum 32. Psalm:

„Nun antwortet Gott. Ich will dir Verstand geben und dich unterweisen in dem Weg, darin du wandeln sollst, darin ich dich haben will. Du bittest, ich soll dich erlösen. So lass dir's nicht leid sein: lehre du mich nicht, lehre auch dich selber nicht, überlass dich mir, ich will dir Meister genug sein, ich will dich den Weg führen, darin du mir gefällig wandelst. Dich dünkt, es sei verdorben, wenn es nicht geht, wie du denkst. Dies Denken ist dir schädlich und hindert deinen Verstand. Senk dich in Unverstand, so geb ich dir meinen Verstand. Unverstand ist der rechte Verstand; nicht wissen, wohin du gehst, ist recht wissen, wohin du gehst. Mein Verstand macht dich ganz unverständig. So ging auch Abraham aus seinem Vaterland und wusste nicht wohin. Er ergab sich in mein Wissen und ließ sein Wissen fahren und ist auf den rechten Weg an das rechte Ende gekommen. Sieh, das ist der Weg des Kreuzes. Den kannst du nicht

finden, sondern ich muss dich wie einen Blinden führen. Darum, nicht du, nicht ein Mensch, nicht eine Kreatur, sondern ich, ich selber will dich unterweisen den Weg, darin du wandeln sollst. Nicht das Werk, das du erwählst, nicht das Leiden, das du erdenkst, sondern das dir wider dein Erwählen Denken und Begehren kommt, dem folge, da rufe ich, da sei Schüler, da ist es Zeit, da ist dein Meister gekommen."

„Herr, weise mir deine Wege und lehre mich deine Steige." – „Dein Wille geschehe."

Und der Friede Gottes, der höher ist als alle Vernunft, bewahre unsere Herzen und Sinne in Christus Jesus. Amen.

Altjahresabend

31. Dezember 1990 / Stadtkirche Bückeburg / Psalm 121

Liebe Gemeinde,

auch an diesem Altjahresabend, in den letzten Stunden des zu Ende gehenden Jahres, wollen wir als Christen sowohl das zurückliegende Jahr bedenken als auch unsere Gedanken nach vorne lenken. Wir wollen es nicht tun, indem wir die vielfältigen politischen Ereignisse bedenken – dazu sind andere berufener. Sondern wir wollen es tun, indem wir selbst unser eigenes Leben in den zurückliegenden Tagen des Jahres und alles, was vor uns ungewiss steht, zusammen überdenken.
Wir wollen das tun anhand des 121. Psalms. Er ist ein Wallfahrtslied von Menschen, die sich aufmachen, um wieder in Gottes Haus zu gehen. Aus ihrem Alltag hinauf nach Jerusalem, in die Stadt Gottes. Schon von hierher liegt ein tiefer Sinn darin. Denn eigentlich ist jeder Schritt unseres Lebens ein Schritt auf der Wallfahrt zur Stadt Gottes, sei es hin in die Gemeinde Jesu Christi im Gottesdienst, als auch einmal – Gott schenke das uns allen – vor Gottes Thron. So spricht der Psalmist:

Altjahresabend

Ich hebe meine Augen auf zu den Bergen. Woher kommt mir Hilfe?
Meine Hilfe kommt vom HERRN, der Himmel und Erde gemacht hat.
Er wird deinen Fuß nicht gleiten lassen, und der dich behütet, schläft nicht.
Siehe, der Hüter Israels schläft und schlummert nicht.
Der HERR behütet dich; der HERR ist dein Schatten über deiner rechten Hand,
dass dich des Tages die Sonne nicht steche noch der Mond des Nachts.
Der HERR behüte dich vor allem Übel, er behüte deine Seele.
Der HERR behüte deinen Ausgang und Eingang von nun an bis in Ewigkeit!

So also – wie der Psalmist – soll jeder und jede sein bzw. ihr eigenes Leben überdenken. Ich und du, spricht der Psalmist: „Ich hebe meine Augen auf zu den Bergen. Meine Hilfe kommt von dem Herrn." Dann wendet er sich den anderen zu, die mit auf dem Wege sind, und sagt: „Er wird deinen Fuß nicht gleiten lassen. Der dich behütet, schläft und schlummert nicht."
Ich und du. Wir sind ein ganzes Jahr zusammen gegangen. Sicher auch jeder privat, und doch auch wir als Gemeinde – ich und du, wir Pastoren und die Gemeinde auf dem Wege mit Gott. Ich und du.

Was die Erfahrung meines Lebens gewesen ist, ist meine Erfahrung. Die Erfahrung deines Lebens im zu Ende gegangenen Jahr, das ist deine Lebenserfahrung. Würden wir in einem kleineren Kreis zusammen sein, dann könnten wir uns gegenseitig ermuntern und sagen: „Nun erzähl mal. Erzähle, was dich beschäftigt, wenn du zurückblickst, was du mit Gott erfahren hast." Ich denke, es werden unterschiedliche Erfahrungen sein und doch überall das Gleiche; denn wir leben alle unter seiner Hilfe. Es kann gut sein, dass du das, was dich im zurückliegenden Jahr bedrückt hat, noch nicht überwunden hast und doch sagst: Trotzdem hebe ich meine Augen zu den Bergen, von welchen mir Hilfe kommt. Es mag aber auch sein, dass du dankbar zurückblicken kannst und sagst: Da waren Stunden in diesem Jahr, da habe ich ganz neu Gottes helfende Nähe erfahren. Es ist für mich wie ein Wunder, und das hat mein Leben geprägt.

Wenn ich von mir sprechen würde, so ist dieses zu Ende gehende Jahr ein Jahr der sichtbaren Barmherzigkeit Gottes für mich gewesen. Krankheit und Wiedergesundung, Dienst, und zwar so, dass man eigentlich sagen konnte, man wird nicht nur gebraucht, sondern es bringt Freude, tätig zu sein. Sicher waren da auch manche menschlichen Enttäuschungen. Doch dieses alles wiegt das weit auf, dass ich erfahren habe: „Seine Hand ist wie der Schatten über mir und lässt mich nicht los." Am Ende dieses Jahres kann ich auch wieder danken, bis hin: Herr, ich danke dir, dass du mir das Amt gegeben hast, lass mich nie aufhören, dir dafür zu danken. Ich habe erfahren, dass Menschen um mich waren, die haben für mich gebetet, und Menschen haben mir ihre Freundlichkeit und Nähe gezeigt und mich ermuntert weiterzugehen, und darin, in allem: Der Herr hat mich vor allem Übel bewahrt, auch meine Seele.

Und du? Wenn du kannst, nutze noch die letzten Stunden dieses Tages und denke darüber nach, was er dir Gutes getan hat, und das, was in deinem Leben dir noch Rätsel ist und unklar, wo du keine Erklärung hast und fragst: Herr, warum? Wende dich mit den Worten dieses Psalms wieder neu zu Gott und sage: Herr, zu dir hebe ich meine Augen. Woher soll mir sonst Hilfe kommen? Das ist der Inhalt des Wortes Gottes für ein ganzes Jahr, für jeden Tag neu, für unser ganzes Leben, dass er unseren Fuß nicht gleiten lässt und der, der nicht schläft noch schlummert, uns behütet; dass er bei uns ist und uns bewahren will vor allem Übel und unsere Seele behütet; dass er der ist, der uns beschützt, unseren Ausgang und Eingang, und unseren Blick in die Zukunft weit macht bis in Ewigkeit.

Liebe Gemeinde, Leib und Seele in der Hut Gottes, das ist eine so unglaubliche Aussage und Glaubenszuversicht, dass, was uns auch geschehen mag, wir alles unter dem Schutze Gottes durchleben wollen, im Aufblick zu ihm bis in Ewigkeit, über alle Zeit hinweg, auch über die Strecke unseres Lebens hinweg bis vor Gottes Thron. Darum ist dieses der Dienst, der in Gottes Haus geschieht, für dich und mich, dass wir immer wieder neu hingewiesen werden auf ihn, Gott den Herrn, den Hüter und Beschützer unseres Lebens, und dass wir in seiner Hand sind, geborgen, gewiss bis in Ewigkeit. Seht, du und ich, dir und mir gilt diese Zusage Gottes und die Glaubensgewissheit seit eh und je, seitdem es diese Zusage Gottes gibt in seinem Heiligen Wort. Darum ist das, was wir in der Gemeinde im Gottesdienst erleben und erfahren und was wir beim Studium der Heiligen Schrift aus Gottes Wort entnehmen, zutiefst Zuspruch für uns. Damit wir uns gegenseitig darauf hinweisen und letztlich an uns gegenseitig Seelsorge üben, dass wir immer wieder herausgeholt werden aus dem, was wir das tiefe Tal nennen, und unser Blick gewendet wird hinauf zu den Bergen, von welchen uns Hilfe kommt.

So lasst uns in dieses Jahr hineingehen, nehmen, was es bringt, aus Gottes Hand, alle unsere Sorgen Gott anbefehlen, ihm hinlegen, Liebes und Leides, Frohes und Schweres, alles nehmen und niemals daran irre werden.

Der Herr behütet deinen Ausgang und Eingang von nun an bis in Ewigkeit. Amen.

Ostermontag

1. April 1991 / Stadtkirche Bückeburg / Lukas 24,13-35

Gnade sei mit euch und Friede von Gott, unserem Vater, und dem Herrn Jesus Christus.

Und siehe, zwei von ihnen gingen an demselben Tage in ein Dorf, das war von Jerusalem etwa zwei Wegstunden entfernt; dessen Name ist Emmaus. Und sie redeten miteinander von allen diesen Geschichten. Und es geschah, als sie so redeten und sich miteinander besprachen, da nahte sich Jesus selbst und ging mit ihnen. Aber ihre Augen wurden gehalten, dass sie ihn nicht erkannten. Er sprach aber zu ihnen: Was sind das für Dinge, die ihr miteinander verhandelt unterwegs? Da blieben sie traurig stehen. Und der eine, mit Namen Kleopas, antwortete und sprach zu ihm: Bist du der Einzige unter den Fremden in Jerusalem, der nicht weiß, was in diesen Tagen dort geschehen ist? Und er sprach zu ihnen: Was denn? Sie aber sprachen zu ihm: Das mit Jesus von Nazareth, der ein Prophet war, mächtig in Taten und Worten vor Gott und allem Volk; wie ihn unsre Hohenpriester und Oberen zur Todesstrafe überantwortet und gekreuzigt haben. Wir aber hofften, er sei es, der Israel erlösen werde. Und über das alles ist heute der dritte Tag, dass dies geschehen ist. Auch haben uns erschreckt einige Frauen aus unserer Mitte, die sind früh bei dem Grab gewesen, haben seinen Leib nicht gefunden, kommen und sagen, sie haben eine Erscheinung von Engeln gesehen, die sagen, er lebe. Und einige von uns gingen hin zum Grab und fanden's so, wie die Frauen sagten; aber ihn sahen sie nicht. Und er sprach zu ihnen: O ihr Toren, zu trägen Herzens, all dem zu glauben, was die Propheten geredet haben! Musste nicht Christus dies erleiden und in seine Herrlichkeit eingehen? Und er fing an bei Mose und allen Propheten und legte ihnen aus, was in der ganzen Schrift von ihm gesagt war. Und sie kamen nahe an das Dorf, wo sie hingingen. Und er stellte sich, als wollte er weitergehen. Und sie nötigten ihn und sprachen: Bleibe bei uns; denn es will Abend werden und der Tag hat sich geneigt. Und er ging hinein, bei ihnen zu bleiben. Und es geschah, als er mit ihnen zu Tisch saß, nahm er das Brot, dankte, brach's und gab's ihnen. Da wurden ihre Augen geöffnet und sie erkannten ihn. Und er verschwand vor ihnen. Und sie sprachen untereinander: Brannte nicht unser Herz in uns, als er mit uns redete auf dem Wege und uns die Schrift öffnete? Und sie standen auf zu derselben Stunde, kehrten zurück nach Jerusalem und fanden die Elf versammelt und die bei ihnen waren; die sprachen: Der Herr ist wahrhaftig auferstanden und Simon erschienen. Und sie erzählten ihnen, was auf dem Wege geschehen war und wie er von ihnen erkannt wurde, als er das Brot brach.

Liebe Gemeinde,

diese ungemein anschauliche Geschichte von den beiden Jüngern, die nach Emmaus gehen, voller innerer Bedrängnis über das, was in den voraufgegangen Tagen geschehen ist, wodurch ihre ganze Hoffnung zerbrochen war und denen, ohne dass sie ihn erkennen, der auferstandene Christus begegnet – dies ist für die Christenheit immer wieder zum Evangelium geworden, dass Jesus der Auferstandene lebendig ist und in seiner Gemeinde wirksam ist. Man könnte diese Geschichte fast überschreiben mit dem Satz: Die bedrängten Jünger – ihnen begegnet der Auferstandene. Er ist ihnen näher, als sie denken.

Das Osterevangelium hat als Inhalt, dass dem Tode die Macht genommen ist und das Leben und ein unvergängliches Wesen ans Licht gebracht ist durch Jesus, den Auferstandenen. Aber zugleich auch die Botschaft, dass der auferstandene Herr Christus seinen Jüngern und Jüngerinnen nahe ist.
Oft meinen wir, allein zu sein, aber er ist längst bei uns, mit auf unserem Weg. Unsere Augen sind in dem, was uns bedrängt, geradezu blind, um zu erkennen, wie nahe er, der auferstandene Herr, bei uns ist. Unsere Herzen sind dann müde und kraftlos, aber erst, wenn wir erkennen, dass er bei uns ist, kommt wieder Feuer in unser Inneres. Die Frage bei den Emmaus-Jüngern ist: Was haben sie von Jesus, den sie kennenlernten, erwartet? Auch sie hatten Erwartungen, die auf einen politischen Messias hinzielten; die waren zusammengebrochen. Keineswegs durch die Besatzung der Römer allein, sondern

vor allem durch die, die es eigentlich hätten wissen müssen, wer Christus, der Messias, ist. Eine entscheidende Hoffnung ihres Lebens – ist vorbei. Man hat den Evangelisten Lukas oft mit einem Maler verglichen, der anschaulich und mit ganz feinen Strichen etwas Lebendiges darstellt. Wir vermögen nachzuempfinden, wie sie diese vermutlich 12 km nach Süden gehen und ganz bedrückt sind. Immerhin, sie reden über ihre Probleme und Fragen.
Ihr Lieben, das ist schrecklich, wenn ein Mensch in innerer Bedrängnis aufhört, mit einem anderen, dem er vertraut, zu sprechen. Wenn er stumm wird. Die beiden reden noch. Sie sprechen über alles, was geschehen ist und was ihre Hoffnung nun zunichte gemacht hat. Aber sie sprechen darüber. Und dann begegnet ihnen jener Fremde und stellt ganz einfach die Frage: Was sind das für Dinge, die ihr miteinander verhandelt unterwegs? Sie werden gefragt und sind voller Entsetzen, dass dieser eine überhaupt nicht Bescheid weiß, was da nun los war zwei Tage vorher. Sie erzählen ihm alles, was bisher ihr Glaube war. Und wiederum mit ganz feinen Strichen schildert dann Lukas, wie er, der Fremde, sagt: O ihr Toren, zu trägen Herzen. Habt ihr nicht verstanden, was die Propheten geredet haben? Dann fängt er an, ihnen die Schrift auszulegen, und da merken sie, dass er ein Wissender ist. Stückweise erkennen sie ihn und in ihrem Herzen fängt es wieder an zu leuchten. Es kommt Bewegung in ihr Inneres und sie bitten ihn zu bleiben. Dann sitzen sie zu Tisch und nicht, wie man vermuten könnte, Kleopas als Hausherr fängt an, das Brot zu brechen, sondern der Fremde. Und wiederum mit ganz feinen Strichen vom Evangelisten Lukas gemalt – da gehen ihre Augen auf, es ist der Herr, und sie erkannten ihn und er weicht von ihnen.

Liebe Gemeinde, für mich ist die Geschichte der Jünger von Emmaus die Geschichte, dass unser auferstandener Herr Jesus Christus unser rechter Seelsorger ist. Du musst dich nicht schämen, wenn du noch nicht alles von der Bedeutung von Ostern verstanden hast. Aber wenn es dir wirklich darum geht, dahinterzukommen und das zu verstehen, was das ist:
– Auferstehung Jesu?
– dem Tode die Macht genommen?
– Ist er denn wirklich gegenwärtig?
– Bedeutet er wirklich etwas Unmittelbares für mein Leben? ...
Wenn das deine Fragen sind, dann bring alles, was dir unklar ist, dein Zweifeln, dein Nicht-glauben-Können, dein Nichtverstehen, was wirklich dieser große Schatz des Evangeliums ist, bring das alles ein in ein Gespräch mit einem vertrauten Menschen. Man darf über die Dinge des Glaubens und Zweifels nicht bei sich selbst bleiben.

Ihr Lieben, es ist schrecklich, dass das fast normal ist, dass z.B. Eheleute über alles andere sprechen, nur nicht über den Glauben oder auch über den Zweifel. Dass wir mit unseren Kindern über alles Mögliche sprechen, aber kaum über unseren Glauben und auch unsere Zweifel.
Dass man fast sagen kann, wir haben in unserem Leben viel gesprochen, geredet, aber meist waren es ganz unwesentliche Dinge.
Wir müssen den Mut haben, ja geradezu auch das Bedürfnis, uns mitzuteilen; auch das, was uns am christlichen Glauben so schwerfällt, in unser Denken und Leben und in unser Herz hineinzunehmen, das teilen. – Das ist das Zeugnis dieser Emmausgeschichte: Wenn du so um deinen Glauben besorgt bist, dass doch er, Jesus, schon mit dir auf dem Weg ist.

Das Zweite, was diese Geschichte die Christenheit immer wieder gelehrt hat, ist: Man muss in der Heiligen Schrift suchen und sich in sie hineinversenken, um zu verstehen, ja zu erkennen, was der wahre Schatz des Evangeliums, was Karfreitag und Ostern bedeuten. Denn das ist es, was Jesus, der Auferstandene, hier den Jüngern zeigt. Er fängt an auszulegen. Wir wissen nicht, welche Stellen Jesus hier mit den Emmaus-Jüngern besprochen hat, aber auf jeden Fall zeichnet wohl Jesus die ganze Heilsgeschichte Gottes nach. Da werden Stellen wie Jesaja 53 sicher eine Rolle gespielt haben oder der 22. Psalm oder der 118., der Osterpsalm, wo deutlich wird, dass das, was uns als Gericht Gottes erscheint, von Gott am Ostermorgen zu seiner unwahrscheinlich wundervollen Gnade eines neuen Lebens geführt wird. Die Schrift studieren, das wünsche ich dir immer wieder neu, dass du dir Stunden frei machst, um das zu erkennen, was der Grund solchen Glaubens ist. Man kann sich gar nicht genug hineinversenken in die ganze Geschichte dieser wundersamen Handlung Gottes im Gericht, die Gnade und aus dem Tode das Leben zu bringen vermag – durch Jesus allein. Und wenn du Einsicht in die Zusammenhänge von Gottes Verheißung und Erfüllung gewinnst, dann wird es auch in deinem oft angefochtenen Inneren wieder lebendig und frisch und du bekommst Freude am Evangelium Christi.
Brannte nicht unser Herz, als er mit uns redete? Erst im Nachhinein erkennt man die gnadenvollen Stunden, wo Erkenntnis des Evangeliums in uns aufgeleuchtet hat. Das Wort der Heiligen Schrift, dieses Wort, öffnet der auferstandene Herr Christus uns in der Kraft seines Heiliges Geistes.

Schließlich das Dritte, das hat die Christenheit seit Ostern und der Begegnung Jesu mit den Emmaus-Jüngern und später auch im Kreis der anderen Jünger nie vergessen, die Nähe Jesu, wenn er sich ihnen schenkte unter den Gaben, mit denen er zuletzt mit ihnen gefeiert hat: Brot und Wein, seinem Leib und Blut. Das Heilige Mahl, das feiert er mit ihnen. Ihr Lieben, er feiert es immer mit uns – er mit uns. Es ist der Ort, an dem wir ihn erkennen können; an dem wir erfahren, was seine große Gabe ist: sein Leib und sein Blut, welche er für uns gegeben hat. Das – so wird es uns in jeder Feier gesagt – uns „bewahrt zum ewigen Leben". Darum bedeutet das so viel, wenn wir zum Tisch des Herrn kommen und uns gesagt wird: Nimm hin und iss, Christi Leib für dich gegeben; Christi Blut für dich vergossen. Das stärke und bewahre dich im Glauben zum ewigen Leben. Beides bewahrt uns zum ewigen Leben. Christus erkennen, das heißt seine Gaben für uns erkennen – und seht, immer wieder habe ich von dieser Kanzel erinnert an jene großartige Erklärung Luthers, wie er den Glauben uns erklärt:

Der mich verlorenen und verdammten Menschen erlöst hat, erworben, gewonnen, von allen Sünden, vom Tode und von der Gewalt des Teufels – nicht mit Gold oder Silber, sondern mit seinem heiligen teuren Blut und mit seinem unschuldigen Leiden und Sterben, auf dass ich sein eigen sei und in seinem Reich unter ihm lebe und ihm diene in ewiger Gerechtigkeit, Unschuld und Seligkeit, gleich wie er ist auferstanden vom Tode, lebt und regieret in Ewigkeit.

Wird dann dein Inneres wieder voll Zweifel sein und du kannst es nicht mehr klar sehen, was denn Christi Gabe für dich ist, besprich dich über deine Zweifel mit einem Vertrauten und wende dich auch an Jesus selbst, den Auferstandenen. Bitte ihn doch: „Herr, lass mich dein Evangelium erkennen!" Und suche in der Schrift, in ihr hast du die Botschaft, was Christus dir schenkt. Und freu dich, wenn du geladen wirst an seinen Tisch. Christi Leib und Blut, seine Gaben bewahren uns zum ewigen Leben. Beten wir wie die Emmaus-Jünger: „Herr, bleibe bei uns." – Sein Wort, sein Mahl und die Gabe des Heiligen Geistes, sie sind die Mittel, mit denen uns Jesus gewiss macht und uns im rechten Glauben erhält zum ewigen Leben.

Und der Friede Gottes, der höher ist als alle Vernunft, bewahre eure Herzen und Sinne in Christus Jesus. Amen.

Pfingstsonntag

19. Mai 1991 / Stadtkirche Bückeburg / Johannes 14,23-27

Jesus antwortete und sprach zu ihm: Wer mich liebt, der wird mein Wort halten; und mein Vater wird ihn lieben, und wir werden zu ihm kommen und Wohnung bei ihm nehmen. Wer aber mich nicht liebt, der hält meine Worte nicht. Und das Wort, das ihr hört, ist nicht mein Wort, sondern das des Vaters, der mich gesandt hat. Das habe ich zu euch geredet, solange ich bei euch gewesen bin. Aber der Tröster, der Heilige Geist, den mein Vater senden wird in meinem Namen, der wird euch alles lehren und euch an alles erinnern, was ich euch gesagt habe. Den Frieden lasse ich euch, meinen Frieden gebe ich euch. Nicht gebe ich euch, wie die Welt gibt. Euer Herz erschrecke nicht und fürchte sich nicht.

Komm, Heiliger Geist, erfüll die Herzen deiner Gläubigen und entzünd' in ihnen das Feuer deiner göttlichen Liebe. Amen.

Liebe Gemeinde,

der Heilige Geist, die Gabe des Pfingstfestes, ist nicht nur verheißen, sondern die wirkende Wirklichkeit in der Gemeinde Jesu Christi. Möchte es so werden, dass wir in diesem Gottesdienst auch durch die Predigt ein neues, lebendiges Verständnis von dem Wirken des Heiligen Geistes gewinnen.

Jesus hat in diesem Wort der Abschiedsreden das Wirken des Geistes so beschrieben, dass er in den Jüngern und allen, die sein Wort hören und annehmen, einen lebendigen Glauben wirkt und in diesem Glauben seine Jünger bleiben und wachsen lässt. Mit Recht kann man sagen: Der Heilige Geist in uns ist die wichtigste Gabe Gottes für unser Leben. Ohne dieses Wirken Gottes in der Kraft seines Geistes sind wir buchstäblich geistlos, ohne innere Erkenntnis und Lebendigkeit des Glaubens. Wir wissen, dass es „toten Glauben" gibt, der nichts an Leben in sich hat. Und es genügt nicht, dass wir irgendwelche Glaubensinhalte nur wissen, sondern es ist notwendig, wie es einmal in der Geschichte des Pietismus am Anfang geheißen hat: „Der Kopf muss ins Herz." Das, was ich erkenne an Gaben des Evangeliums und an seinen Inhalten, das muss hinein in mein Innerstes. Und zwar so, dass es mich ganz erfüllt, mich immer wieder neu durchdringt und von mir wieder ausgeht.

Hier hat Jesus es mit dem Wort beschrieben: Wenn der Heilige Geist in uns wirkt, dann wirkt er Glauben, und das bedeutet, dass wir Jesus zu lieben beginnen. Das kann man so erklären, wie wenn wir einem Menschen mehrfach begegnet sind und plötzlich entsteht in uns Liebe zu ihm. Wenn wir das einem anderen erklären müssten, dann würden wir zu stammeln anfangen und würden sagen: „Ja, ich liebe ihn, er ist für mich der Schönste, der Beste, eigentlich alles an ihm ist für mich Freude, macht mich reich, erfüllt mein Leben – ich liebe ihn." Das könnte man als die kürzeste Beschreibung christlichen Glaubens so formulieren: „Ja, Herr, ich liebe dich. Herr Jesus, mein Heiland."

Dieses ist im Innersten eines Christenmenschen ein unerklärlicher Vorgang. Das kann plötzlich eine Erkenntnis sein, das kann eine immer wieder sich bestätigende Erfahrung werden: Ich liebe dich, Herr Jesus. Darum geschieht eigentlich nur sinnvoll Verkündigung des Evangeliums, wenn der Heilige Geist in uns durch das Wort Gottes Liebe zu Jesus entzündet, so dass er für dich und mich die Kostbarkeit unseres Lebens geworden ist. Man könnte es jetzt mit allen Äußerungen von Liebe beschreiben. Ich sehne mich nach ihm, nach seinem Wort; ich wünsche seine Nähe, dass ich ihn erfahre und er mir aufhilft, bei mir ist, mich erfahren lässt, dass seine Nähe mir Ruhe, Gewissheit, Zuversicht gibt. Wenn man unsere Gesangbuchlieder durchschaut unter dem Stichwort „Liebe zu Jesus", dann sind darin überall Verse wie:

„Bei dir Jesu will ich bleiben / stets in deinem Dienste steh'n.
Nichts soll mich von dir vertreiben / will auf deinen Wegen geh'n.
Du bist meines Lebens Leben / meiner Seele Trost und Kraft.
Wie der Weinstock seinen Reben / zuströmt Kraft und Lebenssaft."

Das wünsche ich dir, dass du immer mehr Jesus lieben lernst durch die Kraft des Heiligen Geistes. Wer Jesus liebt und liebgewinnt, der liebt sein Wort, also – was er gesagt hat. Aber keineswegs so, dass es ein Wort ist, das mich zwingt und in Schranken hält, sondern das mir den Weg meines Lebens zeigt, mich erfüllt und gewiss macht. Wer Jesus nicht liebt, der hält sein Wort nicht, der hält von seinem Wort nichts. Aber wer ihn liebgewinnt, für den wird Jesu Wort das, was er sucht.

Das ist das Unaufgebbare im christlichen Glauben, und das ist dann auch die Wirkung des Pfingstereignisses, dass wir als Prediger das, was Jesus gesagt und getan hat, einer Gemeinde immer wieder neu deutlich zu machen versuchen. Denn darin besteht unsere Aufgabe als Prediger, dass es uns durch Gottes Heiligen Geist gelingen möchte, dass wir den Menschen, die uns zuhören, das Wort Jesu zu erschließen. Der Heilige Geist nämlich „wird euch alles lehren und euch an alles erinnern, was ich euch gesagt habe".

Es ist ja das Merkwürdige unseres Berufes als Pastoren und Prediger, dass wir uns mühen müssen, das Wort Gottes richtig zu verstehen und wieder deutlich zu machen in der Verkündigung, in der Lehre, in der Unterweisung und in der Seelsorge. Letztlich wissen wir es – oder müssen es lernen –, dass wir, selbst wenn wir alle Kunstgriffe anwenden würden, es doch nicht vermögen, dass es nicht nur verstanden wird, sondern dass es in das Herz eines Menschen hineinkommt, so dass er selbstständig anfängt, den Glauben zu fassen und im Glauben zu wachsen. Wo das bei uns geschieht und wir Menschen begegnet sind, die so versucht haben, uns Gottes Wort und Jesu Lehre deutlich zu machen, und wir an sie dankbar denken, dass sie für unser Leben wichtig geworden sind, da sollten wir von ihnen wieder absehen und das erkennen: Es war Gottes Heiliger Geist, der das an uns, bei uns und in uns getan hat. Der nämlich hat in uns neue Erkenntnis des Glaubens gewirkt.

Nun wird von Jesus in einem schönen Bild beschrieben, wie das ist, wenn so die Liebe zu Jesus wächst. Er sagt: „Wir werden (der Vater und er) zu ihm kommen und Wohnung bei ihm nehmen." Bei dir und bei mir. Man wird erinnert an jene Choralstrophe: „Herr, öffne mir die Herzenstür" oder das Kindergebet, dass wir fromm sein wollen und Jesus in unser Herz kommen soll: „Soll niemand drin wohnen als Jesus allein." Man sollte einmal ganz lange diesem Bilde nachdenken, dass Gott und der Sohn in der Wirkung des Geistes in uns wohnen wollen.
Einerseits möchte man sagen: Das ist zu schön, um wahr zu sein! Aber das ist ja doch Lieben, dass jemand in unserem Herzen Wohnung genommen hat, und das in der Weise, dass wir diese Bitte an Gott und Christus aussprechen, dass er zu uns kommen möchte; wirklich in die Mitte unseres Lebens, in unser Herz, in unseren Sinn, in unseren Verstand; und dass er immer bei uns sei, dass wir alles, was wir denken, planen, auch an Erschütterungen und Beschwernissen haben, mit dem, der in uns wohnt, alles ausmachen: mit Gott und Jesus. „Wir werden kommen und bei dir Wohnung nehmen." Das ist die Zusage Jesu. So denkt Jesus sich den Glauben seiner Christen, dass der Vater und der Sohn in der Kraft des Geistes in uns Wohnung nehmen.
Der Apostel Paulus hat dieses Bild aufgenommen und von dem Leib des Christen gesprochen, dass er ein Tempel des Heiligen Geistes sei. Aber, wenn wir uns selbstkritisch betrachten, werden wir sehr nüchtern sagen müssen: Das ist gewöhnlich nicht unser Denken. Der Apostel Paulus weiß es auch:

„In mir", sagt er, „wohnt nichts Gutes" (Röm 7,18). Aber darum heißt das im Glauben neue Erkenntnis gewinnen und im Glauben bleiben und wachsen, dass das Alte aus uns heraus und jenes geistliche Einwohnen Gottes sich in uns vollziehen möchte. Deswegen ist das Morgengebet so wichtig, dass Gott in uns auch heute Wohnung nehmen möchte, und das Abendgebet so wichtig, dass der böse Feind keine Macht an uns finde.
Seht, in dieser Spannung von „altem" und „neuem" Menschen, von „fleischlich" gesinnt sein, wie Paulus das sagt, oder „geistlich gesinnt sein", vollzieht sich das Leben eines Christenmenschen. Das ist einerseits ein ständiger Kampf. Doch auf der anderen Seite gibt es immer wieder die neue Erfahrung des Wunders, dass Gottes Geist in uns ist.

Zum Schluss sagt Jesus: „Den Frieden lasse ich euch", den irdischen Frieden, den Frieden, der auf Kompromissen beruht, lasse ich euch. Aber: „Meinen Frieden gebe ich euch. Nicht gebe ich euch, wie die Welt gibt. Euer Herz erschrecke nicht und fürchte sich nicht."
Was ist denn Jesu Friede in unserem Herzen? Dass mir das, was Jesus mir gegeben hat in der Heiligen Taufe, in seinem Wort und Sakrament, die kostbarste Gabe meines Lebens ist und mit nichts zu vergleichen, so dass unser Reformator sagen konnte: „Nehmen sie den Leib, Gut, Ehr', Kind und Weib, lass fahren dahin ... Das Reich (Jesu Christi) muss uns doch bleiben." „Meinen Frieden gebe ich euch."
Liebe Gemeinde, deswegen sollten wir auch unseren Gang zum Gottesdienst von hier aus sehen, dass wir je neu Erkenntnis und Erfüllung unseres Glaubens gewinnen; aber vor allem, dass wir diesen Segen des Friedens Jesu Christi wieder neu zugesprochen bekommen und darin festgemacht werden. Denn eine ganze Woche über ist immer wieder neu Ursache gewesen zu zweifeln, betrübt zu sein, so sehr, dass unser Herz erschrickt, wir manchmal sogar über uns selbst erschrecken, und dass wir keinen festen Grund mehr unter den Füßen haben, sondern dass es schwankend wird und wir uns zu fürchten beginnen, wodurch auch immer. Dass wir dann seinen Frieden empfangen, der höher ist als alle Vernunft, und darin wieder neu festgemacht werden, darum geht es Sonntag für Sonntag.

Liebe Gemeinde, dieses ist mein Gebet für mich selbst gewesen, und ebenso auch immer wieder das Gebet für euch, dass ihr einen solchen Glauben gewinnen möchtet, der Liebe zu Jesus ist. Dass ihr in seinem Wort wachst und immer tiefer Erkenntnis gewinnt und dass ihr in diesem Frieden Christi fest gegründet seid. Ja, dass Gott im Heiligen Geist in uns allen – bis in unsere letzte Stunde – kräftig wirkt. Das hat Paulus an die Epheser geschrieben, und dies soll es sein, womit ich als Pastor in dieser Gemeinde mit euch verbunden bleiben möchte:

„Deshalb beuge ich meine Knie vor dem Vater, der der rechte Vater ist über alles, was da Kinder heißt im Himmel und auf Erden, dass er euch Kraft gebe nach dem Reichtum seiner Herrlichkeit, stark zu werden durch seinen Geist an dem inwendigen Menschen, dass Christus durch den Glauben in euren Herzen wohne und ihr in der Liebe eingewurzelt und gegründet seid. So könnt ihr mit allen Heiligen begreifen, welches die Breite und die Länge und die Höhe und die Tiefe ist, auch die Liebe Christi erkennen, die alle Erkenntnis übertrifft, damit ihr erfüllt werdet mit der ganzen Gottesfülle." (Eph 3,14-19)

Und der Friede Gottes, der höher ist als alle Vernunft, bewahre eure Herzen und Sinne in Christus Jesus. Amen.

Abschiedsgottesdienst

22. Mai 1991 / Stadtkirche Bückeburg / 1. Korinther 2,12-16

Einer der Abschnitte der Heiligen Schrift, über die am Pfingsttag gepredigt wird, ist das Wort, das uns vom Apostel Paulus überliefert ist, aus dem 1. Korintherbrief im 2. Kapitel die Verse 12-16. Der Apostel schreibt:

Wir aber haben nicht empfangen den Geist der Welt, sondern den Geist aus Gott, dass wir wissen können, was uns von Gott geschenkt ist. Und davon reden wir auch nicht mit Worten, wie sie menschliche Weisheit lehren kann, sondern mit Worten, die der Geist lehrt, und deuten geistliche Dinge für geistliche Menschen. Der natürliche Mensch aber vernimmt nichts vom Geist Gottes; es ist ihm eine Torheit und er kann es nicht erkennen; denn es muss geistlich beurteilt werden. Der geistliche Mensch aber beurteilt alles und wird doch selber von niemandem beurteilt. Denn, „wer hat des Herrn Sinn erkannt oder wer will ihn unterweisen"? (Jes 40,13) Wir aber haben Christi Sinn.

Liebe Gemeinde!

Dieser wichtige Abschnitt aus dem 1. Korintherbrief wäre vollkommen missverstanden, wenn wir aus ihm eine geistliche Überheblichkeit heraushören würden. Gewiss, es gibt auch fromme, geistliche Überheblichkeit. Was aber Paulus den entzweiten, in Parteiungen zerfallenen Gemeindegruppen in Korinth eindeutig mit diesen klaren Aussagen entgegenhält, ist: Geistliche Dinge müssen geistlich beurteilt werden. Denn immer wieder rutschen wir blitzschnell in menschliches Denken und Urteilen hinein. Das geht schneller, als wir denken.

Hört man aber die Worte des Apostels recht, dann ist da zunächst große Freude und Ursache zum Dank, dass in der Gemeinde Gottes Wirken in der Kraft seines Heiligen Geistes vorhanden ist. Gottes Heiliger Geist ist in seiner Kirche wirksam, so auch bei uns in den Gemeinden:
da ist vom Geist Gottes gewirkter Glaube,
da ist geistgewirkte Liebe und gewisse Hoffnung,
da sind Christen und Pfarrer geistlich geprägt, die den Angefochtenen nahe sind und sie durch das Evangelium zu trösten vermögen.

Dafür haben wir Gott immer wieder zu danken und um das Beständig-Bleiben im Glauben und um den Dienst in der Kraft des Geistes Gottes herzlich zu bitten. Gleichzeitig aber müssen wir erkennen, dass bei manchen Mitchristen ein bedrückender Mangel an geistlichem Verstehen und Urteilen vorhanden ist, bis hinein in kirchenleitende Organe und Synoden.
Wir haben – auch wenn wir darüber oft bedrückt sind – aber keineswegs zu lamentieren oder gar zu resignieren. Denn jeder von uns pflegt immer wieder als „natürlicher Mensch" mit seinem „alten Adam" nichts vom Geiste Gottes zu spüren und aus menschlicher Überlegung und Weisheit heraus zu urteilen und eben dann nicht geistlich zu urteilen. Die Kirche ist hierin immer – wie es lateinisch in unseren Bekenntnisschriften heißt – ein „corpus permixtum", ein sehr „gemischter Haufe". Daher bedarf die Kirche beständig der sie zur klaren Einsicht führenden Wirkung des Geistes Gottes. Denn Paulus sagt: Geistliche Dinge müssen geistlich beurteilt werden.

Wir leben, liebe Brüder und Schwestern, ständig in großen, unüberbrückbaren Gegensätzen – also auch in unserem Handeln als Kirche und in unserem Dienst in den Gemeinden:

– Geist Gottes / Geist der Welt,
– geistlicher Mensch / natürlicher Mensch oder „alter Adam",
– Worte, vom Geist Gottes gelehrt / Worte aus menschlicher Weisheit.

Das müssen wir in allen Bereichen kirchlichen Lebens und Handelns beständig im Auge behalten, gerade wenn man uns heute immer wieder weismachen will, wir hätten uns z. B. dem Pluralismus auch in der Kirche und in ihrem Denken und Handeln weit zu öffnen. Wenn es hier in der Kirche Christi und in den Gemeinden zu Spaltungen und Gruppenbildungen kommt, so ist unter uns nicht „Christi Sinn", nicht die Gabe und Leitung des einen Geistes Gottes. Das ist ja keineswegs ein europäisches oder deutsches oder gar schaumburglippisches Problem, sondern das weiß jeder der ausländischen Bischöfe unter uns aus Südafrika oder aus den Gemeinden aus den Weiten Russlands zu bestätigen.

Darum ist nach Luther die größte Kunst eines Theologen – und durch seine Verkündigung und Seelsorge ebenso auch das notwendige Vermögen eines Christen – die Kunst des Unterscheidens. Nicht nur in einem kirchenleitenden Amt, sondern ebenso als verantwortungsbewusster Pastor und engagiertes Gemeindeglied weiß man, wie notwendig, aber zugleich auch wie schwierig „geistliche Urteilskraft" ist. Wie schnell kann man da nach rechts oder zur linken Seite umfallen.

Nur um eine Frage aus unseren Tagen anzusprechen: Die einen sind überzeugte Charismatiker und stellen uns vor den Erfolgszwang charismatischer, geistgewirkter Bewegtheit. Auf der anderen Seite wird man verführt zum Synkretismus, zur Religionsvermischung, nämlich den Geist Gottes in allen religiösen Erscheinungsformen doch endlich zu erkennen. Das sind für die Kirche und die Christenheit immer wieder gewaltige Zerreißproben. Was ist hier Gottes Geist und Wille, was der Geist der Welt? Geistlich urteilen? Und wie schnell wird gesagt: Da muss doch der Bischof endlich aufstehen und ein klares Wort sagen! Als ob der Geist nur bei den Bischöfen wäre!

Wo und wie werden wir vom Geiste Gottes gelehrt und gewiesen, das Rechte für die Gemeinde zu tun, und was sind Worte und Ideen menschlicher Weisheit?

Erstens: Wenn wir niemals vergessen, dass jeder von uns allein von Gottes eigener und freier Zuwendung und Gabe abhängt. Darum wollen wir nicht müde werden, Gott um sein Wirken in uns täglich inständig zu bitten: „Weise Du uns den rechten Weg für Deine Kirche. Gib uns Klarheit und geistliche Kraft."

Zweitens: Wir gewinnen die Kunst des Unterscheidens, wenn wir uns entschlossen und bewusst auf die Mitte des christlichen Glaubens und aller Theologie konzentrieren und uns nicht an die aktuelle Peripherie verschlagen lassen, das heißt, wenn wir uns unsere Orientierung allein aus der Heiligen Schrift holen und uns an Christus und seinem allein unser Heil schaffenden Werk des Kreuzes und seiner Auferstehung ausrichten.

„Dass wir wissen, was uns von Gott geschenkt ist." Denn „der rechte, wahre Schatz der Kirche ist das allerheiligste Evangelium von der Herrlichkeit und Gnade Gottes" (62. These der 95 Thesen Luthers). Das hat uns die Reformation gelehrt. Denn durch den Heiligen Geist leben wir aus dem, was wir nicht selbst ersonnen haben und was nicht von uns stammt. Vielmehr lernen wir immer wieder neu entdecken, was uns mit Christus von Gott geschenkt worden ist. „Fleisch und Blut", so sagt Jesus zu Petrus, „haben dir das nicht offenbart, sondern mein Vater im Himmel" (Mt 16,17). Und Paulus sagt: „Der natürliche Mensch vernimmt davon nichts."
So bringt der sich auf Christi Werk konzentrierende Glaube zur Gewissheit und treibt uns zum Tun geistlicher Werke des Glaubens, wie wenn der Wind in die Segel fährt (Röm 8,14). Der Heilige Geist lehrt uns gewiss werden und bleiben, der Liebe Gottes und Seinem Erbarmen gegen uns ganz gewiss zu sein, so wie es die erste Frage im Heidelberger Katechismus beantwortet: „Was ist dein einziger Trost im Leben und Sterben? Dass ich mit Leib und Seele, beides, im Leben und im Sterben, nicht mein, sondern meines getreuen Heilandes Jesu Christi eigen bin."
Das ist kein geistlicher Hochmut, das ist geistliche Erkenntnis!

Wer Anfechtung und diabolische Mächte der Verwirrung kennengelernt hat – und sie gehen uns oft täglich an –, der hat bei Paulus gelernt:
Ich versage, aber Gottes Geist, wenn er bei mir ist, versagt nie.
Mir entfällt oft der Mut, aber Sein Geist hilft meiner Schwachheit auf.
Wo ich auch als Bischof und Pfarrer versage, da nimmt Er mir die Dinge aus der Hand und führt sie nach Seinem Plan hinaus. „Seine Kraft ist in den Schwachen mächtig" (2. Kor 12,9). Gerade in solcher Situation will Jesu Wort bei uns zur Gewissheit werden: „Meinen Frieden gebe ich euch, nicht gebe ich euch, wie die Welt gibt." Und den Angefochtenen sagt er: „Euer Herz erschrecke nicht und fürchte sich nicht" (Joh 14,27).

Das Unterscheiden von geistlich und weltlich und das immer wieder neue Entdecken des Evangeliums führt uns zur Gewissheit des Glaubens. Denn, so sagt es Paulus: „Wir haben nicht empfangen den Geist der Welt, sondern den Geist aus Gott, dass wir wissen können, was uns von Gott geschenkt ist" (1. Kor 2,12). – Das zu verkündigen war und bleibt das Zeugnis und der Dienst der Kirche Jesu Christi.

So schließe ich meinen Dienst an diesem Ort mit dem kurzen Dankgebet Luthers: „O Herr Gott, wie ein fein' Ding ist es um eine Kirche, wo die Unterscheidung zwischen gottloser und wahrer Lehre in Kraft ist" (WA 49, 227, 9-11).

Und der Friede Gottes, der höher ist als alle Vernunft, bewahre eure Herzen und Sinne in Christus Jesus. Amen.

I.

Beiträge über das Wirken

von Joachim Heubach

Das Leben von Joachim Heubach[1]

von Ralph Meier

Kindheit und Jugend (1925–1943)

Joachim Friedrich Albert Heubach wurde am 20. November 1925 als Sohn des Apothekers Hans Heubach und seiner Ehefrau Charlotte in Berlin-Friedenau geboren. Er verlebte seine Kindheit zusammen mit seiner Zwillingsschwester in Wetzlar/Lahn. Am 5. April 1926 empfing er in Wetzlar die Taufe. H. schreibt dazu im Rückblick: „Ich ... bin im Salon meiner Großeltern von einem reformierten Pastor, der Logenbruder meines Großvaters war, getauft worden. Die Taufe war hier ein gesellschaftliches Ereignis. Es war vermutlich nur gut, dass ich selbst nichts von der Predigt gehört und verstanden habe!"[2] Er besuchte dort die Volksschule und das erste Jahr (Sexta) des Goethe-Gymnasiums. Nach dem Umzug der Eltern nach Hamburg-Altona, wo der Vater eine Apotheke kaufte, besuchte Heubach von Quinta bis Prima das staatliche Christianeum in Hamburg-Othmarschen. Am 6. April 1941 wurde Heubach in der Kirche von Hamburg-Flottbek konfirmiert. In seiner Jugendzeit gehörte Heubach einer lebendigen evangelischen Jugendgruppe an, einem Schülerbibelkreis in Altona, der von Otto von Stockhausen geleitet wurde. Durch Stockhausen, der zur Bekennenden Kirche gehörte, erhielt Heubach wesentliche Impulse für seinen weiteren Lebensweg, und dieser hatte auch maßgeblichen Anteil an der Entscheidung Heubachs für das Theologiestudium.

Schon sehr früh hatte Heubach den Wunsch, Missionar zu werden. Seine Großmutter, die zur Brüdergemeinde gehörte, nahm ihn oft in Gottesdienste und zu Missionsfesten mit, die Heubach sehr beeindruckten. Als Jugendlicher war er einmal mit seinem Vater beim Großvater in Graudenz an der Weichsel in Westpreußen (heute Polen) zu Besuch, und dieser fragte ihn nach seinem Berufswunsch. Heubach sagte ihm, er wolle Missionar werden. Der Großvater dagegen, ein Arzt, versprach ihm, er könne einmal in der dortigen Klinik

---

[1] Der Lebenslauf basiert vor allem auf Lebensläufen aus den Jahren 1948, 1955, 1968 und 1979, die Heubach verfasst hat, und auf einem Gespräch mit der Witwe Hildegard Heubach vom 7. September 2002.

[2] Joachim Heubach, Taufe und Bekehrung in der evangelistischen Predigt, in: Gerhard Maier/Gerhard Rost (Hg.), Taufe – Wiedergeburt – Bekehrung in evangelistischer Perspektive, Bielefeld und Lahr-Dinglingen 1980, 71-86, 82.

arbeiten, wenn er Medizin studiert habe. Über dieses Erlebnis und das darauf folgende Gespräch mit Stockhausen schreibt Heubach:
„Ich war sechzehneinhalb Jahre alt. Meine Eltern wollten, dass ich Arzt wurde. Ich aber wollte Missionar werden. Man sagte zu mir: ‚Wenn wir gesiegt haben, kannst du niemals ausreisen, und es wird keinen Zweck haben, Pastor zu werden. Es gibt dann keine Kirche mehr.' So ging ich damals zu dem Vikar, der unseren Jugendkreis leitete und trug meine Zweifel vor. Ich sagte: ‚Ich weiß ja nicht, ob ich predigen kann und ob ich mal in richtiger Weise Seelsorge üben kann; ich weiß nicht, ob ich fähig bin, einen ordentlichen Unterricht zu geben und vor allem, ob es noch Kirche gibt, wenn wir gesiegt haben' – und damals – 1941 – siegten wir noch an allen Fronten. Der Vikar lächelte mich an und sagte nach einer Weile zu mir: ‚Das weiß ich auch nicht, ob du predigen kannst, ob du mal ein guter Seelsorger wirst, ob du eine guten Unterricht erteilen wirst und ob es noch Kirche gibt, wenn wir gesiegt haben. Aber eines weiß ich: Du sollst Pastor werden und tue es, weil ich dich darum gebeten habe.'"
Heubach später: „In diesem Moment war für mich alles klar. Ich hatte keinen Zweifel mehr. Ich habe bis zu dieser Stunde keinen Zweifel, dass ich den rechten Weg gegangen bin."[3]
Die Entscheidung für das Theologiestudium fiel Heubach dennoch nicht leicht; die zweite Berufswahl wäre das Medizinstudium gewesen mit dem Wunsch, Chirurg zu werden. In die Zeit der Reise nach Westpreußen fällt ein Unfall, der Heubach möglicherweise vor dem Kriegseinsatz bewahrt hat. Er fiel bei einem Sturz so unglücklich auf seine Hand, dass ein Knochen gebrochen wurde. Bei der Musterung zur Wehrmacht stellte der zuständige Militärarzt ihn aufgrund seiner Handgelenksverletzung mit barschen Worten für eineinhalb Jahre vom Dienst bei der Kriegsmarine zurück. Vorher hatte er von Heubach erfahren, dass dieser Pastor werden wollte.
Nach dem Krieg traf Heubach diesen Arzt wieder und erfuhr dann, dass dieser sich zum Ziel gesetzt hatte, so viele Jungen wie möglich vor einem sinnlos gewordenen Kriegseinsatz zu bewahren und er deshalb Heubach zurückgestellt hatte. Der Krieg mit den zunehmenden Luftangriffen auf Hamburg erschwerte den Schulabschluss für Heubach in besonderer Weise. Im Juli 1943 wurden die Schulen Hamburgs geschlossen, und so erhielt Heubach nach einer kurzen Zeit beim Reichsarbeitsdienst ein Abgangszeugnis ohne Abitur. Im März 1944 legte er nach einem vierwöchigen Kurs die Reifeprüfung ab, die aber nach der Kapitulation nicht anerkannt wurde, so dass er im Wintersemester 1945/46 nach einem weiteren Sonderkurs das endlich gültige Reifezeugnis erhielt.

---
3 A.a.O., 79f.

Studienzeit und Promotion (1943–1951)

Während des Krieges (1943/44) hörte Heubach als Gasthörer Vorlesungen in der philosophischen Fakultät der Hansischen Universität Hamburg. Im Sommersemester 1944 begann er mit dem Studium der evangelischen Theologie an der Universität Erlangen, wo er bis zur Kapitulation zwei Semester studieren konnte und u.a. Vorlesungen bei Paul Althaus und Hermann Sasse belegte. Da Heubach nach der Kapitulation nicht gleich die Möglichkeit hatte, an einer Universität der westlichen Zonen immatrikuliert zu werden, setzte er sein Studium 1945/46 am Hauptpastorenkolleg in Hamburg fort, bevor er vom Sommersemester 1946 an vier Semester Theologie, Philosophie und Pädagogik in Göttingen studierte, hier u.a. bei Gerhard von Rad, Joachim Jeremias, Günter Bornkamm, Ernst Wolf und Hans Joachim Iwand.
Wichtigster Lehrer in Göttingen wurde für den Studenten der praktische Theologe Wolfgang Trillhaas, bei dem er mehrere Vorlesungen und Seminare belegte. Ab Sommersemester 1948 studierte Heubach in Kiel, wo er Ostern 1949 das erste theologische Examen ablegte. Durch Heinrich Rendtorff erhielt er die Anregung zu einer Dissertation in Praktischer Theologie. Nach einem halben Jahr Vikariat in Schleswig-Friedrichsberg wurde Heubach von Oktober 1949 bis November 1950 zur Promotion beurlaubt und war wissenschaftliche Hilfskraft am Praktisch-theologischen Seminar der Christian-Albrechts-Universität in Kiel, wo er am 17. Februar 1951 mit „magna cum laude" zum Dr. theol. promoviert wurde. Seine Arbeit trug den Titel „Die christliche Unterweisung bei Joh. Amos Comenius und bei den Böhmischen Brüdern", sein Doktorvater war Heinrich Rendtorff. Von November 1950 bis April 1951 war Heubach Vikar im Landesjugendpfarramt mit dem Spezialauftrag für Höhere-Schüler-Arbeit. Nach bestandenem zweiten theologischen Examen und der Ordination am 22. April 1951 in der St. Ansgar-Kirche in Kiel durch Bischof D. Halfmann war er bis September 1951 Hilfsgeistlicher im Landesjugendpfarramt am Koppelsberg und Landespastor der Schülerarbeit.

Habilitation und Pfarramt (1951–1962)

Von Oktober 1951 bis März 1953 war Heubach als Studieninspektor am Ev.-Luth. Predigerseminar Preetz tätig. Als Inspektor hatte er dort an jedem Morgen – auf die Tage der Woche verteilt – eine Stunde kursorische Lektüre des AT (auf Hebräisch), des NT (auf Griechisch) und der lutherischen Bekenntnisschriften (auf Lateinisch) zu leiten. Zudem unterrichtete er vier Stunden

Katechetik und begann mit Unterrichtsbesuchen in der Preetzer Grundschule.[4] Im Sommersemester 1951 und Wintersemester 1951/52 war Heubach auch als wissenschaftlicher Assistent bei Wilhelm Flitner am Erziehungswissenschaftlichen Seminar der Universität Hamburg angestellt und arbeitete in dieser Zeit an seiner Habilitationsschrift. Seit dem Wintersemester 1951/52 hielt Heubach liturgiewissenschaftliche Übungen an der Theologischen Fakultät Kiel ab. Nach einer kurzen Zeit als Hilfsgeistlicher an St. Nikolai in Flensburg wurde er schließlich am 21. Juni 1953 als Pastor der Kirchengemeinde Krusendorf (Kreis Eckernförde) eingeführt. Am 30. April 1953 hatte er Hildegard Wester, Tochter des Bischofs Reinhard Wester und seiner Ehefrau Anna, geheiratet. Aus ihrer Ehe gingen fünf Kinder, drei Töchter und zwei Söhne, hervor. Am 16. Juli 1955 habilitierte Heubach sich an der Theologischen Fakultät Kiel für das Gebiet der Praktischen Theologie mit einer Arbeit über „Die Ordination zum Amt der Kirche"[5], gewidmet seinem theologischen Lehrer und Doktorvater Heinrich Rendtorff. In seiner Abhandlung ist ihm daran gelegen, die Ordination aus der rein kirchenregimentlich-rechtlichen Betrachtung zu befreien und diese in ihrer theologischen Bedeutung zu erkennen. Bei der Ordination geht es „um zentrale Anliegen des Glaubens, die ihrem letzten Wesen nach nur von der Christologie, der Pneumatologie und der Ekklesiologie her recht verstanden und aus dem Glauben heraus bezeugt werden können"[6]. Heubach versteht die Ordination als ein Handeln Christi selbst, die eine „indelebile Inpflichtnahme zum katholischen Hirten-Weideamt mit allen munera pascendi in bewusster Apostolizität"[7] darstellt. Die Ordination ist eine Verpflichtung zur Verkündigung des Evangeliums und der Sakramentsverwaltung, die auch mit dem Ruhestand nicht aufhört, sondern lebenslang Gültigkeit besitzt. Unter Beibehaltung des kirchlichen Dienstauftrages für die Pfarrstelle in Krusendorf wurde Heubach am 1. April 1958 zum „Diätendozent" (beamteter Dozent) an der Theologischen Fakultät Kiel ernannt. Die Verbindung des Gemeindepfarramtes mit theologischer Forschung, die hier im Leben Heubachs sichtbar wird, war für ihn charakteristisch und ist ihm zeitlebens ein wichtiges und von ihm praktiziertes Anliegen gewesen. Ende 1960 wurde er auf eigenen Antrag aus dem Dienstauftrag für die Pfarrstelle Krusendorf entlassen und am 7. Mai 1961 als Pastor der ersten Pfarrstelle der Kirchengemeinde St.

---

4 Vgl. Heubachs Darstellung „Meine Preetzer Zeit als Studieninspektor (1951–1953) und Studiendirektor (1963–1970)", geschrieben nach der Emeritierung, 5 Seiten.
5 Joachim Heubach, Die Ordination zum Amt der Kirche. Arbeiten zur Geschichte und Theologie des Luthertums, Bd. 2, Hamburg 1956.
6 Heubach, a.a.O., 169.
7 Ebd.

Nicolai in Kiel eingeführt. Im darauf folgenden Jahr, am 27. Oktober 1962, wurde Heubach zum außerplanmäßigen Professor an der Christian-Albrechts-Universität Kiel ernannt.

Leitung des Predigerseminars Preetz (1963–1970)

Ende 1962 berief die Kirchenleitung Joachim Heubach auf eine siebenjährige Zeit zum Studiendirektor des Predigerseminars in Preetz, wo er ja schon einige Jahre vorher als Inspektor gewesen war.[8] Vom 1. April 1963 bis Ende Februar 1970 hatte Heubach die Leitung des Seminars inne. Mit Blick auf die Anbindung der zukünftigen Pastoren an die Gemeinde führte er – gegen manche Schwierigkeiten mit der damaligen Kirchenleitung – bestimmte Veränderungen in der praktisch-theologischen Ausbildung durch. Die bislang einjährige Seminarausbildung wurde dergestalt neu aufgeteilt, dass sich an einen halbjährigen Einführungskurs in Preetz ein einjähriges Gemeindevikariat anschloss.

Danach fand ein halbjähriger Auswertungskursus im Predigerseminar statt, der mit dem zweiten theologischen Examen abgeschlossen wurde. Auch die homiletisch-liturgische Ausbildung, die bisher vornehmlich in der Klosterkirche oder dem Altenheim des Klosters stattgefunden hatte, wurde in die Kirchengemeinden verlegt. Dabei wurden an drei Wochenenden pro Monat verschiedene Gemeinden in einer Propstei besucht und Gottesdienste mit jeweils zwei Kandidaten, einem als Prediger und einem als Liturgen, gehalten. Diese Kandidaten beurteilten sich dann gegenseitig und besprachen den gehaltenen Gottesdienst im Seminar mit dem Direktor und Inspektor und bekamen so eine ausführliche Rückmeldung. Am Sonntagnachmittag nach den Gottesdiensten kamen alle Kandidaten mit dem jeweiligen Propst, Mitgliedern des Vorstandes und Pastoren der besuchten Gemeinden zusammen und erhielten so wichtige Einblicke in die unterschiedlichen Propsteien. Eine weitere Neuerung, die Heubach einführte, war die Zusammenarbeit mit der Verkehrspolizei. Die Kandidaten nahmen an Einsatzfahrten der Polizei teil, um Einblicke in die Arbeit der Polizei zu bekommen, und es wurden Impulse zur Polizei- und Unfallseelsorge entwickelt.

Auch wurden Studienfahrten nach Hamburg (Besuch von Veranstaltungen von Freikirchen und Sekten) und in lutherische Kirchen des europäischen Auslands, vor allem nach Skandinavien und Osteuropa, durchgeführt. Darü-

---

8 Vgl. zum Folgenden Heubachs Darstellung „Meine Preetzer Zeit als Studieninspektor (1951–1953) und Studiendirektor (1963–1970)".

ber hinaus führte Heubach die praktisch-theologische Ausbildung von akademisch vorgebildeten Kandidaten und solchen mit anderen Berufserfahrungen zusammen, was trotz mancher Vorbehalte als gegenseitige Bereicherung erfahren wurde.

Kirchliche Sammlung um Bibel und Bekenntnis und Theologischer Konvent

In der Preetzer Zeit wurde Joachim Heubach durch die Auseinandersetzungen um die damals sogenannten „moderne Theologie" herausgefordert und bemühte sich um eine Stärkung der an Bibel und lutherisches Bekenntnis gebundenen Theologie. Dazu zählt die Gründung der bundesweiten „Kirchlichen Sammlung um Bibel und Bekenntnis" anlässlich der ersten deutsch-skandinavischen Theologentagung in Sittensen 1968, an der Heubach beteiligt war. Diese Tagung setzte sich vom konfessionellen Standpunkt aus mit Auffassungen modernistischer theologischer Schulen auseinander, und Heubach hielt ein Referat über die „Geschichtlichkeit und Geistgewirktheit der Heiligen Schrift". 1970 wurde er zum Bundesvorsitzenden der kirchlichen Sammlung gewählt.

Heubach gehörte 1969 zu den Mitbegründern des Theologischen Konvents Bekennender Gemeinschaften, zu dessen stellvertretendem Präsident er 1972 berufen wurde und dessen Ehrenpräsident er ab Ende 1998 war. In das Jahr 1969 fällt auch seine Teilnahme beim Stuttgarter Kirchentag, wo Heubach bei einer Veranstaltung „Streit um Jesus" ein Plädoyer für die jungfräuliche Geburt Jesu hielt.

Landessuperintendent für Lauenburg (1970–1979)

Am 28. Februar 1970 wurde Heubach als Landessuperintendent für Lauenburg eingeführt und war damit zugleich Inhaber der ersten Pfarrstelle der St. Petri-Gemeinde in Ratzeburg.

Luther-Akademie Ratzeburg[9]

Bereits seit den fünfziger Jahren und dann insbesondere in der Zeit als Leiter des Preetzer Predigerseminars hatte er Kontakte zu lutherischen Kirchen in

---

9 Zur Entstehungsgeschichte der Luther-Akademie Ratzeburg siehe auch den Beitrag von Friedrich-Otto Scharbau, Seite 148. Vgl. auch Rudolf Keller, Luthers Theologie im deutsch-nordischen Dialog. Entstehung und Aufgabe der Luther-Akademie Ratzeburg, VLAR 31, 2000, 30-45.

Skandinavien geknüpft. Unbelastet durch deutsche theologische Besonderheiten entwickelte sich vor allem in Finnland und Schweden eine eigene lutherische Theologie und Frömmigkeit, die Heubach als bereichernd erfuhr. Bei der ersten deutsch-skandinavischen Theologentagung 1968 war er als Teilnehmer anwesend, die folgenden Tagungen 1972 und 1974 in Ratzeburg wurden von ihm mit initiiert und geleitet. Während der Tagung 1974 wurde die Gründung der Luther-Akademie Ratzeburg beschlossen und 1975 vollzogen. Von ihrer Gründung 1975 bis zum Herbst 2000 war Heubach Präsident der Luther-Akademie und wurde am 9. Oktober 2000 zu deren Ehrenpräsident ernannt.

Ihm war mit der Gründung der Luther-Akademie Ratzeburg daran gelegen, für die wissenschaftliche Arbeit an der Theologie Luthers im Dialog von nordischen und deutschen Forschern eine feste Einrichtung zu schaffen. Neben der wissenschaftlichen Arbeit waren Gottesdienste, Stundengebete und ein Abendmahlsgottesdienst im Ratzeburger Dom wichtiger Bestandteil der Tagungen, wodurch die Verbindung von wissenschaftlicher Theologie und gelebtem Glauben im Raum der Kirche sichtbar wurde. In Anerkennung seiner Arbeit als Präsident der Luther-Akademie Ratzeburg und seiner Verdienste für die Lutherforschung wurde Heubach 1990 die Ehrendoktorwürde der Universität Helsinki verliehen.

Lutherische Liturgische Konferenz Deutschlands

Die Feier des Gottesdienstes als Mittelpunkt der Gemeinde war Heubach zeitlebens wichtig. Er lebte in der Liturgie und vermittelte den Teilnehmern des Gottesdienstes die Lebendigkeit der Liturgie. In verschiedenen Artikeln und Gemeindevorträgen erklärte er die unterschiedlichen Elemente des Gottesdienstes und deren Bedeutung. Sein Ziel war ein vertieftes Verständnis der Liturgie, und er vermochte dieses durch die Art seiner Vorträge zu vermitteln. So war seine leitende Mitarbeit in der Lutherischen Liturgischen Konferenz Deutschlands, deren Vorsitzender er von 1970 bis 1990 war, eine natürliche Folge seines Engagements in der Gestaltung des Gottesdienstes. Heubachs Liebe zur Liturgie und seine Hochachtung der Sakramente macht verständlich, dass er eine größere Nähe zur Selbständig Evangelisch-Lutherischen Kirche (SELK) und – in dieser Hinsicht – zur römisch-katholischen Kirche als zur evangelisch-reformierten Kirche empfand.

Landesbischof der Evang.-Luth. Landeskirche Schaumburg-Lippe (1979–1991)

Im Sommer 1979 wurde Joachim Heubach von der Synode der Evang.-Luth. Landeskirche Schaumburg-Lippe zum Landesbischof gewählt und am 7. Oktober 1979 in Bückeburg ins Bischofsamt eingeführt, das er bis zu seiner Emeritierung am 3. Mai 1991 ausübte. Mit dem Bischofsamt übernahm er zugleich die erste Pfarrstelle der Kirchengemeinde in Bückeburg.
Bekannt über die Grenzen der Schaumburg-Lippischen Landeskirche – und teilweise umstritten – war Heubach vor allem durch seine Ablehnung der Frauenordination, an der er zeitlebens festhielt. Entgegen mancher Erwartungen erwies sich Heubach als ausgesprochen volksnaher Bischof, der sich oft um einzelne Gemeindeglieder, Mitarbeiter und Pastoren kümmerte und darin sein Hirtenamt als Seelsorger ausübte. Wenn er nicht selber Gottesdienst hielt, nahm er häufig an Gottesdiensten in verschiedenen Gemeinden der Landeskirche teil und pflegte so den Kontakt zu den Gemeinden und Pastoren. Auch hielt er regelmäßig Gemeindevorträge, in denen er in allgemeinverständlicher Weise Grundthemen des christlichen Glaubens und der Bibel behandelte.

Vikarsausbildung

Seine Erfahrungen aus dem Predigerseminar Preetz machte Heubach auch für die Vikarsausbildung in Schaumburg-Lippe fruchtbar. So führte er Polizeipraktika, mehrwöchige Aufenthalte in Gemeinden der DDR und Auslandsaufenthalte in lutherischen Partnerkirchen ein, die der Erweiterung des Horizontes über den Bereich der kleinen Landeskirche hinaus dienten. Hier reichten die Kontakte von Südafrika über Nordeuropa bis nach Osteuropa zu lutherischen Diasporakirchen. Heubach kümmerte sich persönlich um die praktisch-theologische Ausbildung der Vikare und führte z.B. liturgische Übungen für das Verhalten im Gottesdienst durch. Eine Voraussetzung für die Übernahme ins Vikariat war u.a., dass der Kandidat den Kleinen Katechismus Luthers auswendig konnte, was Heubach damit begründete, dass ein Pastor wenigstens so viel Wissen wie ein (damaliger!) Konfirmand haben sollte.

Diasporaarbeit und Bundesgrenzschutzseelsorge

Über die Grenzen der Schaumburg-Lippischen Landeskirche hinaus war Heubach in vielfältiger Weise aktiv. Hervorzuheben ist sein Engagement für die lutherischen Kirchen in Osteuropa, besonders in Siebenbürgen. Schon vor Öffnung des Ostens hatte Heubach zahlreiche Kontakte geknüpft und Reisen dorthin unternommen. Von 1982 bis 1995 war er Präsident des Martin-Luther-Bundes, dem Diasporawerk der VELKD.[10] Von 1980 bis 1996 war er Beauftragter der EKD für die Evangelische Seelsorge beim Bundesgrenzschutz.[11]

Aktiver Ruhestand (1991–2000)

Auch nach seiner Emeritierung 1991 war Heubach aktiv an der Hilfe für die lutherischen Kirchen in Osteuropa beteiligt. Die neuen Möglichkeiten nach der Öffnung des Ostens bedeuteten auch vermehrte Anforderungen. Heubach half beispielsweise entscheidend mit, das Predigerseminar der Evangelisch-Lutherischen Kirche Russlands aufzubauen und predigte anlässlich der Einweihung des Seminars in St. Petersburg-Novosaradovska.
Überhaupt: Predigt und Auslegung in der mündlichen Rede – das war das Element von Bischof Heubach: Den Teilnehmern einer Internationalen Konsulation („Rechtfertigung und Weltverantwortung"), im Jahr 1991 veranstaltet von der Gesellschaft für Innere und Äußere Mission i.S. der lutherischen Kirche, predigte er Christus ungemein anschaulich – und mit einer unvergessenen Werbung für Christus. Pfarrfamilien, die sich im Jahr 1994 zu „Urlaub & Theologie" – eingeladen von o.g. Gesellschaft – in einem Feriendorf in Mirow/Ganzow in Mecklenburg trafen, führt Heubach 10 Tage lang vormittags je zwei Sunden in „Luthers großer Galaterbriefvorlesung" ein. 1995 erschien zu Heubachs 70. Geburtstag eine Festschrift mit dem für das Leben Heubachs programmatischen Titel „Kirche in der Schule Luthers"[12]. Der Band enthält 33 Beiträge lutherischer Theologen, vor allem aus Deutschland, Skandinavien und Osteuropa, die Heubach gegenüber ein „Zeichen der Dankbarkeit und Hochschätzung"[13] darstellen. Im letzten Beitrag von Sven-O. Berglund wird Joachim Heubach zutreffend als ein „lutherischer Katholik"[14] charakterisiert.
Die letzten Lebensjahre Heubachs waren von einem Krebsleiden und mehreren Operationen überschattet. Am 29. Oktober 2000 starb er in seinem Haus in Eutin-Fissau und wurde am 6. November beerdigt. Während der Trauerfeier wurde Heubachs Lieblingslied „O Lebensbrünnlein tief und groß" gesungen. Es war ein feierlicher Abendmahlgottesdienst unter Leitung von Bischof Knuth.

---

10 Zu Heubachs Engagement im Martin-Luther-Bund siehe auch Gerhard Müller, Seite 166.
11 Siehe dazu den Beitrag von Rolf Sauerzapf, Seite 157.
12 Kirche in der Schule Luthers. Festschrift für D. Joachim Heubach, hg. von Bengt Hägglund und Gerhard Müller, Erlangen 1995.
13 A.a.O., 9.
14 Sven-O. Berglund, Ein lutherischer Katholik, a.a.O., 455-460.

Joachim Heubach als Mann der Kirche

von Werner Führer

Joachim Heubach hatte sich der Praxis der Kirche verschrieben, aber er war kein Pragmatiker. Praxis der Kirche war für ihn die Praxis des Wortes Gottes Heiliger Schrift. Daher war er kein Funktionär und noch weniger ein Apparatschik. Für solche hatte er nur Verachtung übrig. Aber er war auch kein abgehobener Akademiker, der sich hinter Bücherwänden verschanzt hielt. Der akademische Elfenbeinturm war ihm suspekt.

Heubach suchte die Theorie-Praxis-Spaltung zu vermeiden. Er praktizierte Kirchenleitung durch Lehre. Die Lehre umfasste alle Arbeitsfelder der Kirche, zuerst den Gottesdienst und die Verkündigung, sodann Unterweisung, Seelsorge, Diakonie, schließlich die vielfältige Gremienarbeit, die zur Leitung der Kirche in der Gemeinde, auf landeskirchlicher Ebene, in Deutschland und in der weltweiten Ökumene notwendig war.

Grundlage der Lehre sowie Entscheidungsinstanz und kritische Norm war für Heubach allein die Heilige Schrift. Diese wandte er nun freilich nicht als eine Art Gesetzbuch an, sondern vielmehr auf der Basis der Unterscheidung zwischen Gesetz und Evangelium gemäß dem Artikel von der Rechtfertigung. Den Artikel von der Rechtfertigung fand er in Martin Luthers Erklärung des zweiten Glaubensartikels im Kleinen Katechismus zusammenfassend dargestellt. Er hatte den Wortlaut dieser Erklärung immer parat, konnte aber nicht nur sie auswendig, sondern den ganzen Kleinen Katechismus. Das erwartete er auch von Pfarrern und Pfarramtskandidaten. Diejenigen Theologiestudenten und Vikare, die den Katechismus nicht beherrschten, mussten mit Nachhilfe und Nacharbeit rechnen.

Die Bedeutung, die Heubach Luthers Kleinem Katechismus beimaß, war Ausdruck der Schriftbindung seines kirchlichen Handelns. Sie behinderte ihn nicht, am ökumenischen Gespräch teilzunehmen, sondern ermächtigte ihn vielmehr dazu. Durch den Katechismus und die übrigen lutherischen Bekenntnisschriften ließ er sich aber auch die Grenze gezogen sein, die zu überschreiten er keineswegs gewillt war. Er handelte darin so konsequent, dass er die Mitgliedschaft der von ihm geleiteten Landeskirche im Ökumenischen Rat der Kirchen ruhen lassen konnte. Gleichwohl wusste er sich in die Gemeinschaft der weltweiten Christenheit eingebunden. In kirchenleitenden Gremien hatte er die Gemeinden im Blick, in der Gemeinde wiederum die Belange der ganzen Christenheit auf Erden und insbesondere die Nöte der Diasporakirchen.

Exemplarisch wird Heubachs Ansatz, Kirche durch Bibel und Bekenntnis zu leiten, an der Vikarsausbildung deutlich. Von Predigerseminaren, die dem Trend zur Selbstsäkularisierung des kirchlichen Handelns, insbesondere in der Seelsorge und Unterweisung, verfallen waren, hielt er nichts. Heubach distanzierte sich von ihnen und praktizierte in der kleinen Landeskirche Schaumburg-Lippe ein Gegenmodell. Dies kann hier nicht dargestellt werden. Es muss genügen herauszustellen, worauf es ankam: Heubach wollte Pastoren, die in der Heiligen Schrift gegründet sind und die die Ermächtigung zum Handeln in allen Arbeitsbereichen der Kirche aus dem täglichen Umgang mit dem Wort der Heiligen Schrift gewinnen. Daher begann der Arbeitstag von Bischof und Vikar mit der gemeinsamen Lektüre eines Kapitels des griechischen Neuen Testaments. Darauf folgte ein kurzes Gespräch über das Kapitel. Im unmittelbaren Anschluss daran wurden die am Tag anstehenden Dienste besprochen. Bevor man auseinanderging, sprach Heubach ein Gebet, in welchem derer gedacht wurde, die im Dienst der Kirche standen, krank oder in Not waren. Entscheidend ist der Vorrang des Hörens auf Gottes Wort in Bibellese und Gebet vor allem Tun, ist dieses Tun in der Kirche doch primär die Ausrichtung des Wortes Gottes an die Gemeinde. Dass zur Predigt Kenntnisse in Rhetorik gehören, zur Seelsorge psychologische Kenntnisse, zur Unterweisung Pädagogik, das ist selbstverständlich. Das war dem habilitierten Praktischen Theologen Heubach bewusst, er hat die diesbezügliche Kompetenzerweiterung seiner Vikare und Pastoren – das ist meine eigene Erfahrung – gezielt gefördert. Doch geradezu lächerlich fand er die quasireligiöse Inbrunst, mit der sich Vikare den säkularen Gesprächs- und Seelsorgemodellen zuwandten, als hätten sie nun endlich etwas gefunden, das sie vor dem Hineinwachsen in die geistliche Existenz des kirchlichen Amtes noch eine Weile bewahren könnte. Dem hat Heubach unter allen Umständen einen Riegel vorschieben wollen. Die geistliche Existenz, wenn sie schon nicht während des Theologiestudiums beginnt, hat ohne Aufschub im Vikariat zu beginnen. Heubach wollte keine Dorf- und Kleinstadtgelehrten, die mit ihren angelernten psychologischen und gesprächstherapeutischen Kenntnissen Eindruck zu erwecken suchten. Er wollte vielmehr Geistliche, die aus Gottes Wort leben und zur Ausrichtung dieses Wortes keine Weiterbildung scheuen.

Heubach war klar: Die aus dem Vorrang des Wortes Gottes erwachsende geistliche Existenz ist die Voraussetzung von allem Dienst in der Kirche. Wenn sie fehlt, kann dies durch nichts ersetzt werden. Die evangelische Kirche besteht heute zu einem Teil aus Geistlichen, die nicht mehr wissen, worin die theologische und geistliche Existenz zu sehen ist, und die dieses eklatante Nichtwissen durch angelernte humanwissenschaftliche Kenntnisse und humanitäre Haltung zu kompensieren suchen. Heubach sah darin ein Ausweichmanöver, das der Kirche schadete.

Was Heubach wollte und wofür er stand, ist heute weitgehend unbekannt. Man weiß kaum mehr, als dass er die Frauenordination abgelehnt hat. Das hat er – aber in der Bindung an die Heilige Schrift und die lutherischen Bekenntnisschriften, ferner mit Blick auf die weltweite Christenheit, in welcher die Ablehnung der Ordination von Frauen zum Amt der Kirche bis heute bei weitem überwiegt. Dass sich die Rolle der Frau in der hochtechnisierten Gesellschaft verändert hat, war Heubach sehr wohl bewusst. Aber daraus folgte für ihn keineswegs, dass Frauen im Gegensatz zu einer zweitausendjährigen Praxis zum Amt der Kirche ordiniert werden. Daraus sei vielmehr zu folgern, dass Frauen ihre Gaben in ihnen angemessenen Formen und Berufen in der Kirche einbringen. Das ist im Protestantismus nicht ernsthaft bedacht worden. Man zog es vielmehr vor, sich gesellschaftlichen Trends anzupassen. Heubach hat darin einen Irrweg gesehen.

Heute würde Heubach von keiner landeskirchlichen Synode mehr zum Bischof gewählt. Möglicherweise würde er auch nicht auf die Liste der Theologiestudierenden oder in den Klerus einer evangelischen Landeskirche aufgenommen. Das jedoch nicht, weil er kein Amtsverständnis gehabt hätte, sondern vielmehr deshalb, weil er sich ein dezidiertes Amtsverständnis erarbeitet hatte. Das wirft ein Schlaglicht auf den Wandel, in welchem der Protestantismus in Deutschland begriffen ist. Es ist jedoch kein Wandel, welcher der Reformation entspräche, nämlich die Apostolizität der Kirche durch die Rückwendung zur Heiligen Schrift und durch das Beharren auf deren Alleingeltung in der Kirche wiederzugewinnen. Es ist ein offenes Geheimnis, dass inzwischen alle evangelischen Landeskirchen in einem Prozess der Auflösung der überkommenen Formen des kirchlichen Handelns und Lebens stehen. In dem erschreckenden Schwund der Gottesdienstbeteiligung und der Verselbstständigung aller Lebensbereiche gegenüber der Kirche hat Heubach keine Signale des Umbruchs und Aufbruchs sehen können. Er hat es sich versagt, Abbruch als Aufbruch auszugeben. Dadurch trägt er noch heute dazu bei, die Kirche vor Selbsttäuschungen zu bewahren. Will die Kirche wirklich zu neuen Ufern aufbrechen, dann muss sie umkehren und die Christus bezeugende Schrift wieder über alles andere stellen.

Als Vikar bei Joachim Heubach

von Burkhard Peter

Unvergesslich, bereichernd und prägend war meine Zeit, als junger Vikar vom Landesbischof in die Aufgaben der Gemeindearbeit eingeführt zu werden. Täglich trafen wir uns im Amtszimmer zur morgendlichen Bibellese. Die Pfeife, die zur Aura des Landesbischofs gehörte, lag schon gestopft auf dem Schreibtisch. Mit meinem Vikarskollegen saßen wir zu dritt am kleinen runden Tisch, den Text der Bibel in der griechischen Sprache vor uns. Mit der Tageslese, einem kurzen Bibelgespräch und Gebetsgemeinschaft begannen wir den Tag. So erlebte ich eine biblisch verwurzelte Frömmigkeit, die einen arbeitsreichen Tag eröffnete. Mit kurzen Absprachen ging es an die Aufgaben.

Die Zeit des Vikariats, das für mich vor 25 Jahren begann, ist ein bunter Strauß vielfältiger Aufgaben und Erfahrungen mit einem Landesbischof, der in der Gemeinde seine Heimat hatte und im Horizont der Weltkirche arbeitete. Seine begleitende Führung meines Vikariates erlebte ich getragen von großem Vertrauen und Zutrauen gegenüber dem erst 24-jährigen Bruder. Die Beerdigung eines Obdachlosen, Besuche bei Jubilaren und Aussegnungen im Altenheim überließ er mir ebenso wie die Vorbereitung einer Weihnachtsfeier für Alleinlebende am Heiligabend oder die Kinderbibelwoche.
Neben einer eigenständigen Arbeit gab es auch Teamarbeit, z.B. in der Vorbereitung der Osternacht mit Taufe einiger Konfirmanden, in liturgischen Vollzügen und Reflexion der von uns arbeitsteilig gestalteten Gemeindearbeit. Im gemeinsam vorbereiteten Gottesdienst blieb der Bischof gelegentlich unter der Kanzel seines Vikars. Für ihn war es jedoch keine Frage, dass der Gebrauch der Sakramente der Ordination vorbehalten blieb.

Seine lutherisch geprägte Theologie vermittelte er mir als ein Fundament, das manche Freiheiten und Spielarten ermöglichte: „Sie können vieles tun, wenn Sie wissen, warum Sie es tun." So lud er ein, eigene Erfahrungen zu sammeln, zu prüfen und dabei den eigenen Weg zu finden. Es lag ihm sehr daran, nicht eine Kopie seines Stils und seiner eigenen Arbeit zu prägen.

Gelegentlich erforderte sein Terminkalender schnelles, flexibles Handeln. Schon der Beginn meines Vikariates gestaltete sich etwas ungewöhnlich.

Vormittags saß ich ihm als Prüfling im 1. theologischen Examen gegenüber, das er am Missionsseminar in Hermannsburg abnahm. Nach Abschluss der Prüfungen – mit einem kleinen Bläserkreis hatten wir zum gelungenen Abschluss der Prüfung ein Ständchen geblasen – kam er auf mich zu und sagte: „Sie werden mein Vikar in Bückeburg." Bereits eine Woche später bezog ich wie andere Vikare vor und nach mir mein Zimmer im Landeskirchenamt, direkt dem Amtszimmer des Bischofs gegenüber. Auf manchen Autofahrten zu Tagungen und Konferenzen, zu denen ich ihn begleitete, nutzte er die Zeit, in gesamtkirchliche Zusammenhänge der Arbeit der kleinen Landeskirche Schaumburg-Lippe einzuführen. Die Weiterentwicklung liturgischer Vollzüge in der Lutherisch Liturgischen Konferenz, Diskussionen in der Kirchenkonferenz, die ruhende Mitgliedschaft der Landeskirche im Ökumenischen Rat der Kirchen boten Themen, die er mir geduldig erklärte. Als Vikar in der Ortsgemeinde habe ich diese kirchenleitende Perspektive als große Bereicherung erlebt.

Auf diese Weise gestaltete Landesbischof Dr. Joachim Heubach die Ausbildung seines angehenden Pastors in großer menschlicher Zuneigung und Offenheit, mit brüderlichem Austausch, in dem auch Krisen ihren Platz hatten, und in der Erwartung, dass der Heilige Geist Einübung und Praxis des Dienstes in der Gemeinde mit Frucht segnet. Ich verdanke ihm einen neuen Zugang zur Verfassten Kirche, in der ein klares Bekenntnis, persönliche Frömmigkeit, weltweite Mission und engagierte Gemeindearbeit ihren Platz haben. Wer – wie ich – seinen ausgeprägten Humor erlebt hat, wird manches starr wirkende Bekenntnis dieses Landesbischofs zu würdigen wissen.

Joachim Heubach und die Luther-Akademie

von Friedrich-Otto Scharbau

Als am 27. August 1974 am Rande der 3. Deutsch-Skandinavischen Theologentagung in Ratzeburg über das Thema „Kirche-Sakrament-Amt"[1] dreiundzwanzig kirchliche Amtsträger und Vertreter der wissenschaftlichen Theologie der Gründung einer „Ratzeburger Luther-Akademie" auf der Basis eines eingetragenen Vereins zustimmten, war das durchaus ein mutiges Unterfangen.
Es war ja eine Zeit, in der die Entwicklung eigentlich mehr in die Richtung der Integration bis dahin noch privatrechtlich organisierter Arbeit in die kirchlichen Strukturen ging, etwa bei der Mission, der Diakonie, der kirchlichen Erwachsenenbildung und anderen freien Werken. Hier dagegen schickte sich eine neue Initiative an, sich auf der Basis eines eingetragenen Vereins, also formal neben der Kirche und unabhängig von ihr, zu etablieren. Es kam hinzu, dass schon die Bezeichnung „Luther-Akademie" wie auch die Gruppe der zu ihrer Gründung entschlossenen Persönlichkeiten eher eine konservative, womöglich sogar restaurative Ausrichtung der Arbeit erwarten ließen. Der Beschluss zur Errichtung der Luther-Akademie im Zusammenhang einer von der „Kirchlichen Sammlung um Bibel und Bekenntnis" veranstalteten Deutsch-Skandinavischen Theologentagung ließ für andere Erwartungen kaum Raum. Gerade auch an der Person von Joachim Heubach mit seiner starken Bindung an die Kirchliche Sammlungsbewegung als deren Bundesvorsitzender, mit seiner Stellung zur Frauenordination und seinem für viele „steilen" Amtsverständnis machten sich solche Erwartungen und Befürchtungen gern fest. Sie wurden freilich auch nicht selten enttäuscht, wie es sich auch in der Arbeit der Luther-Akademie noch zeigen sollte.
Heubach war konservativ, wenn man so will, aber er war nicht ideologisch fixiert. Das gab ihm die Freiheit, auch andere Positionen aufzugreifen und sich zu eigen zu machen oder zumindest gelten zu lassen. Schließlich aber trug die Initiative zur Gründung der Luther-Akademie auch unverkennbar konfessionalistische Züge, was in den Jahren der Arbeit an einer Reform der EKD mit

---

[1] Kirche-Sakrament-Amt. Deutsch-skandinavische Theologentagung vom 25.-28. August 1974 in Ratzeburg. Texte und Gottesdienst. Hg. von Ulrich Asendorf, mit einem Vorwort von Joachim Heubach. Hamburg 1976.

dem Ziel einer stärkeren Zentralisierung und der Folge einer Relativierung konfessioneller Profile in der Kirche nur auf wenig Gegenliebe stoßen konnte. So konnte es auch nicht überraschen, dass erst „nach anfänglichem Zögern" die von der Luther-Akademie ausgegangenen Initiativen innerhalb der EKD und auch der VELKD positiv aufgenommen wurden, wie Heubach, nunmehr als Präsident der Luther-Akademie, am 11. August 1977 auf einer Vorstandssitzung berichtete. Die Protokollbände von den Tagungen der Generalsynode der VELKD in den Anfangsjahren der Akademie enthalten keinen Hinweis auf deren Existenz, weder in den Tätigkeitsberichten der Kirchenleitung noch auch etwa in den Berichten des Leitenden Bischofs. Und das, obwohl Heubach zunächst Mitglied der Generalsynode und später der Bischofskonferenz der VELKD war. Es war sicher klug von ihm, dass er selbst die Gründung der Akademie nicht zum Gegenstand öffentlichen kirchlichen Interesses, etwa in der Generalsynode, gemacht hat, aber sie wurde offenbar auch von anderen nicht ausdrücklich wahrgenommen. Es ist allerdings davon auszugehen, dass Kirchenleitung und Bischofskonferenz sich über die Luther-Akademie informiert haben. Aber auch darüber ist der Synode nicht berichtet worden. Sie war Gegenstand nachgeordneten Interesses, was freilich auch bedeutete, dass ihre Gründung sich mehr oder weniger ungestört und ohne kirchliche Einreden vollziehen konnte. Immerhin konnte Heubach auf der bereits erwähnten Vorstandssitzung 1977 berichten, dass die Mitarbeit des früheren bayerischen Landesbischofs Hermann Dietzfelbinger und des Militärbischofs Hermann Kunst im Kuratorium der Akademie so verstanden wurde, dass „die Arbeit der Luther-Akademie nicht als Konkurrenzunternehmen zur theologischen und ökumenischen Arbeit der VELKD geplant ist". Andererseits bedeute die Tatsache, „dass bisher keine finanzielle Unterstützung für die Arbeit der Luther-Akademie aus dem Raum der VELKD erbeten worden ist und auch in Zukunft nicht erbeten werden soll, dass man sich innerhalb der Luther-Akademie darum bemüht, sich für die hier zu leistende Studienarbeit die notwendige Freiheit in der Planung und Durchführung zu erhalten"[2].
So versöhnlich diese Mitteilungen Heubachs auch klingen, machen sie andererseits doch auch deutlich, wie stark die gegenseitigen Vorbehalte in dieser Anfangsphase gewesen sein müssen und wie sehr es der Luther-Akademie darum ging, sich bei aller personellen Verzahnung eine von den Kirchen unabhängige Position zu erarbeiten und zu bewahren. Die Luther-Akademie befand sich von ihrem Gründungsimpuls her in der Spannung zwischen einem bewussten Engagement für die Kirche einerseits und einer in diesem Engage-

---

2 Protokoll der Vorstandssitzung in Lund vom 11.-13. August 1977. Akten der Luther-Akademie Ratzeburg.

ment begründeten Kritik an der Kirche andererseits. Nicht neben der Kirche und schon gar nicht gegen sie wollte man arbeiten, aber man kritisierte ihren Kurs, wie sich exemplarisch an den von der 2. Deutsch-Skandinavischen Theologentagung 1972 beschlossenen „Ratzeburger Thesen" zum Entwurf der Leuenberger Konkordie zeigte.[3] Diese Spannung entsprach auch der persönlichen Einstellung Heubachs, der sich nie anders denn als Amtsträger seiner Kirche im bischöflichen Amt verstanden hat. Aber er verstand sein Amt stets auch als ein primär nicht an institutionelle Vorgaben, sondern an Bibel und Bekenntnis gebundenes, und es war für ihn eine bischöfliche Aufgabe, diesen Ausgangspunkt allen kirchlichen Handelns zur Zeit oder Unzeit bewusst zu machen und zu wahren. Das tat er nicht gesetzlich, sondern im Grunde als zentralen Gehalt des ihm durch die Ordination aufgetragenen Predigtamtes, durch das sein Amtsbewusstsein durch und durch geprägt war.
Die kritischen Positionen, die zur Gründung der Luther-Akademie geführt haben, sind in schöner Übersichtlichkeit im Protokoll einer Vorstandssitzung in Lund vom 11.-13. August 1977 zusammengefasst. Sie betreffen die dort so bezeichnete „Krisis" des LWB nach der 5. Vollversammlung 1970 in Evian, hervorgerufen durch die dort erfolgte Gleichschaltung der Aktivitäten des LWB mit denen des Weltkirchenrats; weiter ging es um das Engagement von VELKD und Arnoldshainer Konferenz für die Zustimmung der deutschen Kirchen zur Leuenberger Konkordie, die in Kreisen der Akademie theologisch und kirchenpolitisch schärfstens abgelehnt wurde.[4] Es ging um die Aufnahme „berechtigter Anliegen der Sammlungsbewegung um Bibel und Bekenntnis in ihrem Bemühen um die biblische Grundlegung aller theologischer Arbeit und kirchlichen Erneuerungsbewegungen innerhalb der EKD" wie darum, die stark intellektualistische Färbung vieler theologischer Bemühungen jener Zeit „auf das rechte Maß zurückzudrängen und in gottesdienstlicher Gemeinschaft und durch Entfaltung gegenwartsbezogener lutherischer Theologie Theologen und Laien dessen gewiss zu machen, warum es sich lohnt, heute Lutheraner zu sein". Schließlich ging es darum, das Ende der dialektischen Theologie zur Kenntnis zu nehmen und theologisch aufzuarbeiten.[5]
Das alles sind keine Allgemeinplätze, so unbestimmt die beiden letzten Punkte auch bleiben. Ob die Luther-Akademie freilich mit diesem Programm, das sich ja in Wahrheit in einer solchen Zusammenstellung kritischer Anmerkungen

---

3 Um die Einheit der Kirche. Dokumente von der Deutsch-Skandinavischen Theologentagung in Ratzeburg, Mai 1972, hg. von Joachim Heubach. Bremen 1973.
4 Ratzeburger Thesen von 1972; vgl. Anm. 3.
5 Protokoll der Vorstandssitzung in Lund vom 11.-13. August 1977. Akten der Luther-Akademie Ratzeburg.

ankündigte, ihren Ort in der kirchlichen und akademischen Landschaft jener Jahre finden würde, musste sich zeigen. Manches, wie z.B. die Leuenberg-Resistenz, basierte auf damals schon überholten und theologisch kaum noch zu begründenden ökumenischen Positionen, über die die Entwicklung schlicht hinweggegangen ist. Im Grunde war das schon damals keine lutherische, sondern eine lutherisch vorgetragene römisch-katholische Position. Auch war es, wie die weitere Entwicklung zeigen sollte, sicher überspitzt, von einer „Krisis des LWB nach Evian" zu sprechen und das mit einer Annäherung des LWB an den ÖRK zu begründen. Dahinter stand womöglich noch das alte Verständnis von der lutherischen Kirche als der eigentlich wahren Kirche, so wie es auch in der Anfangsphase der VELKD noch ziemlich pathetisch gepflegt wurde. In diesem Verständnis wurde dem Bekenntnis kirchegründende Bedeutung zugemessen, während man später angemessener von der kirchebildenden Kraft des Bekenntnisses sprach, was zwangsläufig auch die Korrektur bisheriger ökumenischer Positionen zur Folge hatte. Es waren aus heutiger Sicht im Grunde sachlich bereits überholte Vorstellungen, die in der Luther-Akademie zu neuer Institutionalität gebracht werden sollten – und auf Dauer ihr Programm nicht bestimmen konnten. Es war ja gerade nicht die Fixierung auf dieses kritische Raster, was die Arbeit der Luther-Akademie prägen sollte, sondern eine zunehmend differenzierte Auseinandersetzung – mit dem Ziel, einen konstruktiven Beitrag zu einem Diskurs in Kirche und Gesellschaft zu leisten. In diesem Sinne hatte die Satzung den Vereinszweck 1975 auch formuliert, und so wirkt der Katalog von 1977 auf den heutigen Leser fast schon ein wenig nachgetragen. Mit einer nur kritischen Position verschafft man sich kein Gehör. Und die Luther-Akademie wollte sich Gehör verschaffen!

Bibel und Bekenntnis als Ausgangspunkt allen kirchlichen Handelns bewusst zu machen und zu wahren – das wollten andere natürlich auch, u. a. auch jene, die sich in EKD und VELKD auf Distanz zu Heubachs Gründung hielten. Immerhin hatte sich die Bischofskonferenz der VELKD 1967, 1968 und 1971 in drei theologischen Erklärungen zur Auseinandersetzung um die Bibel[6], zur Auseinandersetzung um das Bekenntnis[7] und zum Reden von Gott[8] positionell eindeutig und zugleich um Vermittlung bemüht zu jenen Fragen geäußert, die

---

6 Kranzbacher Gespräch der Lutherischen Bischofskonferenz zur Auseinandersetzung um die Bibel. Im Auftrage der Bischofskonferenz herausgegeben von Hugo Schnell. Berlin und Hamburg 1967.
7 Reichenauer Gespräch der Lutherischen Bischofskonferenz zur Auseinandersetzung um das Bekenntnis. Im Auftrage der Bischofskonferenz herausgegeben von Hugo Schnell. Berlin und Hamburg 1969.
8 Gasteiner Gespräch der Lutherischen Bischofskonferenz Reden von Gott. Im Auftrage der Bischofskonferenz herausgegeben von Hugo Schnell. Hamburg 1971.

die Bekenntnisbewegung besonders beschwerten. Die anfängliche Distanz zur Luther-Akademie musste überdies, jedenfalls soweit es die VELKD betrifft, insoweit besonders überraschen, als man dort schon von der Zeit des Rates der Evangelisch-Lutherischen Kirche Deutschlands (Lutherrat) her die Bedeutung einer Luther-Akademie grundsätzlich durchaus erkannt und anerkannt hatte. Schwierigkeiten hatte man allerdings mit der 1932 gegründeten und in ihrer Arbeit von ihrem Leiter Carl Stange geprägten Luther-Akademie Sondershausen.[9] Das hing wahrscheinlich mit Stanges unklarer Position gegenüber dem Nationalsozialismus zusammen; darauf lässt ein bei Hans Mikosch referierter Brief Stanges an Wolfgang Trillhaas vom 11. März 1955 schließen, wo er darlegt, dass er der Forderung evangelischer deutscher Bischöfe (u.a. auch Hans Meiser, später Vorsitzender des Lutherrats) nach einer die Deutschen Christen widerlegenden Theologie in der Zeit des sog. Dritten Reiches genauso wenig habe nachkommen können wie dem bischöflicherseits vorgetragenen Wunsch, den ausländischen Gästen der Akademie die kirchenpolitische Situation in Deutschland erläutern zu dürfen.[10] Meiser hielt 1946 eine „Heilung des Risses" zwischen Stange und dem Lutherrat für „kaum möglich", und der hannoversche Landesbischof Marahrens schlug vor, dass die Engere Konferenz (der Allgem. Ev.-Luth. Konferenz) den Auftrag an Stange zurückziehen möge.[11] Das kommt dem heutigen Leser solcher Protokolle deshalb etwas merkwürdig vor, weil Stange damals bereits 76 Jahre alt war, man im Grunde also schon aus Altersgründen einen Neuanfang mit ihm nicht ernsthaft in Betracht ziehen konnte. Aber es ging damals eben vor allem um eine Aufarbeitung der Vergangenheit – oder jedenfalls um die Markierung von Grenzen, die sich aus der Vergangenheit ergaben.
Wenn Heubach sich auf der Mitgliederversammlung im August 1976 mit der Ratzeburger Gründung zwar unterscheidend, aber nicht grundsätzlich distanzierend in die Nähe der Luther-Akademie Sondershausen stellte[12], lag

---

9 Verantwortung für die Kirche. Stenographische Aufzeichnungen und Mitschriften von Landesbischof Hans Meiser 1933-1955. Band 2: Herbst 1935 bis Frühjahr 1937. Bearbeitet von Hannelore Braun und Carsten Nicolaisen. Göttingen 1993, 303; Die Protokolle des Rates der Evangelisch-Lutherischen Kirche Deutschlands 1945-1948, bearbeitet von Thomas Martin Schneider (Bearbeitungsstand Januar 2003). Unveröffentlichtes Manuskript, 55 und 71.
10 Jens Holger Schjørring (Hg.), Vom Weltbund zur Gemeinschaft. Geschichte des Lutherischen Weltbundes 1947-1997, Hannover 1997, 32 ff. Vgl. zum Ganzen auch Hans Mikosch, Trotz Hakenkreuz und Ährenkranz. Der Weg der Luther-Akademie Sonderhausen in den Jahren 1932-1962, Neuendettelsau 2005. Zum Brief Stanges an Trillhaas s. S. 78.
11 Schneider, Protokolle (s. Anm. 6), 71.
12 Protokoll der Mitgliederversammlung anlässlich der 2. Arbeitstagung der Luther-Akademie e.V. Ratzeburg am Mittwoch, dem 25. 8. 1976, um 15.00 Uhr in Ratzeburg, Rokokosaal des

auch darin angesichts dieser zurückliegenden Auseinandersetzungen um den Kurs der Sondershäuser Luther-Akademie ein gewisses Risiko hinsichtlich der Akzeptanz der Ratzeburger Unternehmung – wenn denn die Entwicklungen der dreißiger und vierziger Jahre und die Diskussion im Lutherrat im September 1946 überhaupt noch in Erinnerung waren. Heubach wollte eine Konkurrenz Ratzeburgs zu Sondershausen ausschließen. Etwas anderes wird ihn kaum veranlasst haben, Sondershausen überhaupt zum Thema zu machen. Möglicherweise hatte es Anfragen in dieser Richtung gegeben. Möglicherweise lag ihm aber auch persönlich an dieser Klarstellung, denn er war ausgesprochen sensibel für alles, was die Kirchen und ihre Arbeit in der DDR betraf. Es mag auch sein, dass eine solche Klarstellung gegenüber den nordischen Kirchen erforderlich war, die ja traditionell ebenfalls Beziehungen nach Sondershausen hatten. Auf jeden Fall war das Verhältnis Ratzeburgs zu Sondershausen für den Vorstand von so grundsätzlicher Bedeutung, dass er in seiner Sitzung vom 11.-13. August 1977 in Lund beschloss, „die Verbindung zur Luther-Akademie in Sondershausen in der DDR aufzunehmen". Er wies diese Aufgabe dem Sekretär zu.[13]

Hervorgegangen aus den Deutsch-Skandinavischen Theologentagungen war die Luther-Akademie Ratzeburg ein gemeinsames Unternehmen deutscher und skandinavischer bzw. nordischer Theologen. Der Gründungsbeschluss vom 27. August 1974 trägt etwa zu gleichen Teilen die Namen von Theologen aus Deutschland und den nordischen Ländern, dazu kommen noch Bo Reicke aus Basel und als letzte Unterschrift hinter der von Joachim Heubach die von Hermann Sasse aus Australien.[14] Insgesamt also dreiundzwanzig Persönlichkeiten, die mit ihrem Namen und mit ihrem Ruf für die Luther-Akademie zu stehen bereit waren, fast alles bekannte Namen in der damaligen Zeit, Männer, die für die Seriosität und Solidität des Unternehmens standen und die sich wohlüberlegt daran beteiligten. Es gehörte zu den besonderen Gaben Heubachs, auf solche Menschen zuzugehen und sie zur Mitarbeit an einem Projekt zu gewinnen, das ihm wichtig war und für das er selbst Verantwortung übernehmen wollte.

Die erste Mitgliederversammlung in Wilsede in der Lüneburger Heide am 3. Mai 1975 beschloss einstimmig die inzwischen erarbeitete Satzung, die Ein-

---

Herrenhauses. Akten der Luther-Akademie Ratzeburg.
13 Protokoll in den Akten der Luther-Akademie Ratzeburg.
14 Die Namen sind im Einzelnen aufgeführt und erläutert bei Rudolf Keller, Luthers Theologie im deutsch-nordischen Dialog. Entstehung und Aufgabe der Luther-Akademie Ratzeburg. In: Aufbruch und Orientierung, Zur Gegenwart der Theologie Luthers. In: Veröffentlichungen der Luther-Akademie Ratzeburg, Band 31, hg. von Joachim Heubach, 31 ff.

tragung beim Amtsgericht Ratzeburg erfolgte am 4. November. Diese enthält auch die Namen des Präsidenten und des Vizepräsidenten, Joachim Heubach und Bengt Hägglund, Professor in Lund. Diese gemeinsame Wahrnehmung der beiden wichtigsten Funktionen im Vorstand durch einen Vertreter aus dem deutschen und einen aus dem Bereich der nordischen Kirchen entsprach ganz dem Selbstverständnis der Luther-Akademie als einer Gemeinschaftsaufgabe deutscher und nordischer Persönlichkeiten, primär nicht Institutionen, aus Kirche und Wissenschaft und blieb für die Zukunft prägend: Als Hägglund 1996 aus dem Vorstand ausschied, wurde in seiner Nachfolge Torleiv Austad aus Norwegen zum Vizepräsidenten gewählt, der bereits seit 1977 dem Vorstand angehörte.[15] In Wilsede wurden auch die weiteren Vorstandsmitglieder gewählt: Heinrich Kraft, Ulrich Asendorf, Toumo Mannermaa und Jørgen Glenthøj, der aber alsbald schon wieder aus dem Vorstand ausschied.

Das Kuratorium fing klein an und bestand zunächst aus dem bayerischen Landesbischof Hermann Dietzfelbinger als Vorsitzendem, Bischof Hermann Kunst und Erzbischof Simojoki aus Helsinki. Der nach der Satzung ebenfalls zu bildende Wissenschaftliche Senat ist nie zustande gekommen[16] und hatte als ausschließlich repräsentative Versammlung von Gelehrten im Grunde auch gar keine erkennbare Funktion für die Arbeit der Luther-Akademie, so dass es wahrscheinlich auch schwer gewesen wäre, bedeutende Persönlichkeiten für dieses Gremium zu gewinnen. Dietzfelbinger war Vorsitzender des Kuratoriums bis 1984, interimistisch nahm Karl Heinrich Rengstorff als ältestes Mitglied dieses Amt wahr, in das dann ein Jahr später Gerhard Ebeling berufen wurde.

Das war eine Entscheidung von herausragender Bedeutung, die typisch war für Joachim Heubach. Er konnte eben auch das Ungewöhnliche und Überraschende denken und umsetzen. In einem Brief an Dietzfelbinger vom 26. Oktober 1984, den Rudolf Keller verdienstvollerweise in seinem bereits genannten Beitrag veröffentlicht hat, teilt er mit, ihm sei inzwischen (nach anderweitigen vergeblichen Bemühungen) der Gedanke gekommen, „ob man eventuell Professor Ebeling mindestens für die Zeit von fünf Jahren bitten sollte, den Vorsitz zu übernehmen". Er sei „ein gründlicher außerordentlicher Fachmann". Und dann kommt eine Wendung, die typisch ist für Heubach: „Auch wenn man zu manchen seiner theologischen Auffassungen anders

---

15 Protokoll der Sitzung der Mitgliederversammlung vom 2. Dezember 1977. Akten der Luther-Akademie Ratzeburg.
16 In den Akten der Luther-Akademie findet sich allerdings eine nicht datierte Liste mit 19 Namen, die wahrscheinlich als Vorschlag zur Berufung des Wissenschaftlichen Senats anzusehen ist. Mehrere der dort Genannten nahmen Plätze in Vorstand und Kuratorium ein.

steht, so ist er doch ein über die Maßen ausgezeichneter Luther-Forscher."[17] Selbst nie um eine klare Position verlegen, ließ er andere Positionen nicht nur gelten, sondern suchte die Auseinandersetzung mit ihnen. Und in der Tat: Gerhard Ebeling verkörperte eine andere Forschungsrichtung als die in der Luther-Akademie sonst vertretene. Das musste er selbst auch wissen. Umso sympathischer ist seine Antwort auf Heubachs Anfrage, wenn er sagt: „Die Arbeit dieser Institution bietet durch ihre Aufgabenstellung und durch die Verbindung mit den skandinavischen Kirchen eine kirchen- und theologiegeschichtliche Gelegenheit, welche mit wahrzunehmen ich mich verpflichte fühle, nachdem ich so nachdrücklich darum gebeten worden bin."[18]

Nach seiner Wahl in der Gemeinsamen Sitzung von Vorstand und Kuratorium am 9. Oktober 1985 sagte Ebeling, er sehe seine Aufgabe darin, „Luther von seiner Wirkungsgeschichte zu befreien". Dahinter steckte ganz sicher nicht die Absicht, der Luther-Akademie ein anderes Gesicht zu geben, aber es war schon eine Richtungsanzeige, und er hat in den folgenden zwölf Jahren bis 1997 die Arbeit der Luther-Akademie thematisch entscheidend und nachhaltig geprägt. Sein Nachfolger im Vorsitz des Kuratoriums wurde Oswald Bayer.

Die Übernahme des Vorsitzes im Kuratorium durch Gerhard Ebeling war kein „kluger Schachzug Heubachs", wie manche unterstellten. So, als hätte es sich um ein taktisches Manöver gehandelt, um die Akademie in einer breiteren akademischen Öffentlichkeit zu etablieren. Heubach konnte durchaus auch taktisch denken und handeln, aber eine taktische Instrumentalisierung von Menschen lag ihm völlig fern. Für ein taktisches Manöver war ihm auch die Sache, um die es ging, viel zu wichtig, und er wusste wahrscheinlich, dass die Wahl Ebelings nicht ohne Risiko sein würde. Rudolf Keller hat einen Brief des Vorsitzenden der „Kirchlichen Sammlung um Bibel und Bekenntnis in Braunschweig" vom 3.10.1988 „An die Brüder und Schwestern der norwegischen Kirchl. Sammlung" veröffentlicht, in dem dieser „die andere Richtung" in Ratzeburg beklagt, die mit der Hereinnahme von Gerhard Ebeling und dem Braunschweiger Landesbischof Gerhard Müller in das Kuratorium dokumentiert werde. Darum seien er und ein weiteres Mitglied der Sammlung in Braunschweig aus der Ratzeburger Mitgliedschaft ausgeschieden, und es scheint, als habe er im nordischen Raum für diese Haltung geworben.[19] Aber auch sonst gab es z.T. heftige Kritik an dem Kurs der Akademie durch die Hereinnahme der „Ebeling-Schule", die sich allerdings kaum dokumentiert hat und die sich gegen eine in jeder Hinsicht so überragende Persönlichkeit

---

17 Rudolf Keller, a.a.O., 36, Anm. 38.
18 Ebd., 36 f., Anm. 39.
19 Ebd., 37, Anm. 40.

wie Ebeling auch nicht artikulieren konnte. Heubach ahnte mindestens, dass es solche Kritik gab, und er hat es tapfer ertragen.

Mit der Person Heubachs als Initiator der Luther-Akademie war natürlich verbunden, dass diese ihren Sitz in Ratzeburg nahm und hier auch ihren regelmäßigen Tagungsort hatte. Hier hatte er das Amt des Landessuperintendenten inne und auch, als er 1979 als Landesbischof nach Bückeburg ging, blieb Ratzeburg Sitz und Tagungsort. Es gelang Heubach, der neuen Einrichtung eine Heimat auf der Dominsel zu verschaffen, was für das Klima und die Atmosphäre von herausragender Bedeutung wurde. Die Luther-Akademie war nicht nur ein Programm, sondern sie hatte auch einen Ort, der Tradition und Kontinuität vermittelte. So entwickelte sich unter den Mitgliedern schnell das Bewusstsein, eine ortsgebundene Gemeinschaft zu sein, in die man einmal im Jahr einkehren konnte und in der man zu Hause war als in einer Lern- und Gottesdienstgemeinschaft. Das unterschied Ratzeburg vom späteren Sondershausen, und dass das erhalten blieb, war den Ratzeburgern bei den Verhandlungen zur Zusammenführung beider Akademien wichtig.

Heubach hat der Luther-Akademie 25 Jahre als Präsident gedient. Das war neben den geistigen Impulsen seiner Gabe der Integration ganz unterschiedlicher Denkrichtungen und Bestrebungen wahrscheinlich sein wichtigster Beitrag zur Fortentwicklung und zum Bestand der Einrichtung. Er verstand es, Menschen an Ratzeburg zu binden, ebenso, wie die nötigen Finanzen für ein breit angelegtes Arbeitsprogramm zu beschaffen: Das Land Schleswig-Holstein, die Nordelbische Kirche, die Schaumburg-Lippische Kirche, eine Reihe von Kirchenkreisen und Kirchengemeinden – sie alle haben einen Beitrag geleistet und tun es teilweise bis heute. Aber Ende der neunziger Jahre und danach kam dann doch auch ein erheblicher Einbruch. Die Zuwendungen gingen rapide zurück, die Luther-Akademie konnte vieles nicht mehr bezahlen bis hin zu Auslagenersatz für die Gremienmitglieder, Honoraren, Druckkostenzuschüssen usw. Eine zuverlässige Finanzplanung war nur noch sehr bedingt möglich, weil es neben den Mitgliedsbeiträgen nur noch wenige planbare Einnahmen gab, dagegen aber die wachsende Notwendigkeit, aufgabenbezogen Mittel einzuwerben. Dieses Umschalten hat Heubach in seinen letzten Jahren als Präsident noch eingeleitet. Dabei ist insbesondere die Errichtung einer Luther-Akademie-Ratzeburg-Stiftung zu nennen, als deren Grundstock eine größere Zuwendung genommen wurde und die durch Zustiftungen zu bescheidener Größe ausgebaut werden konnte.

Zur Mitgliederversammlung 2000 legte Joachim Heubach, von Krankheit gezeichnet, die Präsidentschaft nieder. Die Mitgliederversammlung hat ihn zum Ehrenpräsidenten gewählt.

Beauftragter für die Evangelische Seelsorge im Bundesgrenzschutz (BGS)

von Rolf Sauerzapf

Im Jahr 1979 lernte ich als Evangelischer Grenzschutzdekan in Ratzeburg den damaligen Landessuperintendenten von Lauenburg, Joachim Heubach, kennen. Er hatte gute Beziehungen zu der Ratzeburger BGS-Abteilung. Als er 1979 zum Bischof der Evangelisch-Lutherischen Landeskirche Schaumburg-Lippe gewählt wurde, konnte ich ihn in einem Gespräch in Bückeburg für das (ehrenamtliche) Amt des Beauftragten für die Evangelische Seelsorge im Bundesgrenzschutz gewinnen. Sein Vorgänger, der Kasseler Prälat und Stellvertreter des kurhessischen Bischofs, Walther Roth, schlug ihn daraufhin erfreut der Konferenz der an der Vereinbarung von 1965 über die Seelsorge im Bundesgrenzschutz beteiligten Landeskirchen vor. Von 1980 an nahm Joachim Heubach dann dieses Amt mit großem Engagement und in guter ökumenischer Gemeinschaft mit der Katholischen Seelsorge wahr. Er hinterließ viele Spuren unter BGS-Angehörigen aller Dienstgrade und ihrer Familien, aber auch im Bundesministerium des Innern in Bonn und Berlin.

Heubach war Bischof der kleinsten Gliedkirche der Evangelischen Kirche in Deutschland (EKD) und war damit besonders geeignet zur Übernahme besonderer Nebenämter. Der Evangelische Militärbischof war damals der Superintendent von Pinneberg, da sich alle leitenden Geistlichen der EKD diesem Amt gegenüber verschlossen gezeigt hatten. Mit Uniformierten ließ man sich damals – es waren die Jahre, als die „Friedensbewegung" auch in der Evangelischen Kirche viele Anhänger hatte – nicht gerne ein. Die römisch-katholische Kirche konnte beim Amt des Beauftragten auf einen ihrer zahlreichen Weihbischöfe zurückgreifen. Jetzt war der evangelische BGS-Beauftragte ein richtiger Bischof und war für die Beamten auch eine „Exzellenz"…

An einer Nahtstelle von Kirche und Staat

Als Bischof Heubach sein neues Amt antrat, war die Geiselbefreiung von Mogadischu durch die BGS-Spezialeinheit GSG 9 noch nicht lange her: Sie fand im Oktober 1977 statt. Der Bundesgrenzschutz war in großer personeller Stärke an der innerdeutschen Grenze von Ratzeburg bis Deggendorf in Bayern in

kasernierten Abteilungen stationiert. Der Passkontrolldienst als Einzeldienst umfasste gerade 10 Prozent der ca. 30.000 BGS-Beamten. Im Raum Bonn nahm der BGS wichtige Aufgaben der inneren Sicherheit, vor allem des Personen- und Objektschutzes, wahr. Die BGS-Beamten kamen als Freiwillige zu dieser „Polizeitruppe des Bundes".
Weite Kreise der evangelischen Kirche standen einer zu engen Partnerschaft von Kirche und Staat skeptisch bis ablehnend gegenüber. Dies galt besonders für die Pfarrerschaft, die Militär-, aber auch Grenzschutz-Seelsorge für falsch hielt. Für sie war bestenfalls eine kirchliche Polizeiseelsorge denkbar. Gorleben und Wackersdorf als Standorte für Atommüll wurden von „umwelt- und friedensbewegten" Pfarrern mit Demonstrationen bedacht. Grenzschutzpfarrer, die ihre Beamten seelsorgerlich begleiteten, standen gelegentlich sogar demonstrierenden Pfarrern im Talar gegenüber. Auch an der Frankfurter Startbahn West demonstrierten evangelische Pfarrer. Grenzschutz- und Polizeibeamte der Länder wurden als „Bullen" abqualifiziert. Mit den schwersten „Job" verrichteten Grenzschutzbeamte, die abgelehnte Asylbewerber im Flugzeug zurückführen mussten und dabei oft in missliche Lagen kamen.
Da gab es für den lutherischen Theologen Joachim Heubach vieles zu tun, um auf dem Hintergrund von Martin Luthers „Zwei-Regimente-Lehre" und seiner Unterscheidung von Gesetz und Evangelium aufklärend und zugleich versöhnend zu wirken. Dabei musste immer wieder betont werden, dass sich für den BGS-Beamten der „Friedensdienst mit der Waffe" täglich ereignete.
Hier hat Bischof Heubach „aufrecht zwischen allen Stühlen" seinen Auftrag wahrgenommen und konnte in der EKD-Synode und Bischofskonferenz die Anliegen und Probleme der Grenzschützer laut werden lassen.

Der ständige Kontakt mit dem Alltag der Beamten

Der neue Beauftragte für die Seelsorge im Bundesgrenzschutz wollte nun diesen auf allen Ebenen kennenlernen. Dies bedeutete, dass der Dekan die Routen für den Besuch mit den zuständigen Dienststellen und BGS-Pfarrern abstimmte und organisierte. So kam es, dass ich sehr häufig mit dem Beauftragten unterwegs war, im Dienstwagen, per Hubschrauber oder mit einem Patrouillenboot auf der Ost- oder Nordsee. Es gab kaum einen Standort an der Zonengrenze, der nicht besucht wurde. Dazu kam der Einzeldienst in den Grenzschutzämtern und -stellen von Aachen bis Weil am Rhein. Besonders interessierten den Bischof die Spezialeinheiten: die GSG 9 zur Terrorbekämpfung, die BGS-Flieger (Hubschrauber), die auch im Rettungsdienst eingesetzt waren, und der BGS See, der in Neustadt/Holstein lag.

Beauftragter für die Evangelische Seelsorge im Bundesgrenzschutz

In diesen Begegnungen stellte er sich den Fragen der BGS-Beamten aller Dienstgrade, besonders auch in Einzelgesprächen. Ehe- und Versetzungsprobleme kamen dabei zur Sprache. Auch der Frust an der Kirche wurde besprochen. Der Bischof konnte zuhören und wusste Antworten zu geben. Und er hat diese Fragen aus dem beruflichen Alltag mit den Pfarrern weiter erörtert und – wo notwendig – an die betreffenden Stellen weitergegeben.
1987 begleitete der Beauftragte ein Projekt „Berufsethik heute", das von Professor Dr. Werner Jentsch mit dem Ministerium, den Grenzschutzpfarrern und v.a. jungen Dienstanfängern durchgeführt wurde. Neben kirchlichen Tagungen, an denen oft auch die Ehefrauen der BGS-Beamten teilnahmen, waren ihm die zahlreichen Familienfreizeiten wichtig. Die Grenzschutz-Seelsorge wollte den oft unbehausten und schnell wieder versetzten BGS-Beamten deutlich machen, dass ihre Kirche für sie da sei. Dies wurde meist auch dankbar angenommen.

In großer Unbefangenheit und mit ansteckender Freude feierte Bischof Heubach, der lange Zeit Vorsitzender der Lutherischen Liturgischen Konferenz war, bei den verschiedensten Gelegenheiten Gottesdienste: bei Pfarrerkonferenzen, in den Standorten, bei berufsethischen Lehrgängen und kirchlichen Tagungen. Dabei gelang es ihm, auch durch die „normale" Gottesdienstform mit Liturgie, kirchlich Engagierte und Distanzierte zu gewinnen. Für mich bedeutete die ungetrübte Gemeinschaft mit dem Bischof sehr viel.

Der „neue" BGS nach der Einheit

Mit der Wiedervereinigung stellte sich die Frage, ob der Bundesgrenzschutz in seiner bisherigen Form noch erforderlich sei und welche Aufgaben er in Zukunft zu übernehmen habe. Nachdem er durch ein „Strukturgesetz" neben dem Grenzkontrolldienst an den neuen Außengrenzen zur polnischen und tschechischen Republik neue Aufgaben als Bahnpolizei und bei der Sicherung der Flughäfen bekam, musste die „Polizei des Bundes" auch personell aufgestockt werden. Dazu wurden Anfang der Neunzigerjahre ehemalige Angehörige der „Nationalen Volksarmee" (NVA) und „Volkspolizei" der DDR übernommen. Auch viele Dienstanfänger aus den neuen Bundesländern stellten sich zur Verfügung. Beide Kreise waren zu 90 Prozent unkirchlich und wussten von christlichen Inhalten nichts.
Gerade deshalb wurden sie vor der Vereidigung mit ihren Angehörigen zu einem Gottesdienst eingeladen. Und sie kamen in Scharen, und sei es bloß aus Neugier! Viele waren vorher noch nie in einer Kirche gewesen. Hier gab

es viele Gelegenheiten, vor und nach dem Gottesdienst im persönlichen Gespräch den christlichen Glauben zu bezeugen.

Ein besonderes Problem stellte sich für die Landeskirchen in den neuen Bundesländern. Sie hatten von den „West-Errungenschaften" nur den staatlichen Kirchensteuereinzug akzeptiert, den Religionsunterricht an staatlichen Schulen und die Militärseelsorge aber abgelehnt. Hier stellte sich nun die Frage, ob diese Ablehnung auch für die Bundesgrenzschutz-Seelsorge gelte. In zahlreichen Gesprächen mit fast allen Bischöfen in den neuen Ländern gelang es Bischof Heubach und mir, die Zustimmung zu einer seelsorgerlichen Betreuung zu erlangen. Ein berufsethischer Unterricht konnte sowieso nur von BGS-Pfarrern aus der alten Bundesrepublik erteilt werden. Durch die meist jahrelangen guten Beziehungen zu den DDR-Kirchen gelang es dem Bischof, Brücken zu schlagen, bevor eine eigenständige „Polizei-Seelsorge" ähnlich der „Soldatenseelsorge" eingerichtet wurde.

Der Beauftragte und die Pfarrerschaft im BGS

Zwölf hauptamtliche, von ihren Landeskirchen beurlaubte Pfarrer und sechs nebenamtliche Gemeindepfarrer verrichteten in den Neunzigerjahren ihren Dienst in der Seelsorge im Bundesgrenzschutz.

Hier konnte Bischof Heubach als Professor der Praktischen Theologie eine hervorragende Weiterbildungsarbeit einbringen. So wirkten er und seine Frau regelmäßig bei den Pfarrerkonferenzen mit. Lutherische Theologie wurden von ihm als Präsident der Luther-Akademie Ratzeburg und dem hannoverschen Pastor Dr. Ulrich Asendorf vermittelt. Als Präsident des Martin-Luther-Bundes, dem Diasporawerk evangelisch-lutherischer Kirchen und langjährigem Siebenbürgen-Beauftragter der EKD gelang es ihm immer wieder, das Interesse der Pfarrer und BGS-Beamten auf die Lage der Kirche in Rumänien, Ungarn und Russland zu richten. Zahlreiche Kollekten von BGS-Gottesdiensten und Veranstaltungen gingen nach Siebenbürgen und St. Petersburg. Hier erfuhren BGS-Pfarrer eine Horizonterweiterung, wie sie unter Gemeindepfarrern normalerweise nicht stattfinden konnte.

Landesbischof Dr. Joachim Heubach stand in all seinen Ämtern, so auch besonders im BGS, für Bibel und Bekenntnis, auch gegen die Versuchungen durch den Zeitgeist. Dies galt nicht nur für seine Ablehnung der Frauenordination: Nach den Aussagen der Bibel, um der Ökumenizität und Katholizität willen konnte es keine Übertragung des geistlichen Amtes auf Frauen geben. So gab es auch unter meiner Leitung als Dekan im BGS dort keine Pfarrerin.

Natürlich hat diese Überzeugung auch Ablehnung, ja Feindschaft mit sich gebracht. Wir galten beide als „konservativ", was eine Beschreibung für bibel- und bekenntnistreu sein kann.

Bischof Heubach hat sein Amt als Beauftragter für die Seelsorge im Bundesgrenzschutz auch nach seiner Emeritierung in Schaumburg-Lippe 1991 bis zum 30. September 1996 beibehalten. Auf 16 Jahre guter gemeinsamer Arbeit konnten Beauftragter und Dekan im BGS zurückblicken. Es war ein brüderliches und zugleich respektvolles Verhältnis. Viele Menschen im öffentlichen Dienst haben Bischof Heubach in dieser Zeit kennen und schätzen gelernt und danken ihm für alle Ermutigung und Begleitung in Seelsorge und Weggemeinschaft.

Was gerade eine kleine Landeskirche zur Weltmission beitragen kann

von Wolfgang Kubik

Man schrieb das Jahr 1980! In der Hannoverschen Landessynode sollte es dem Hermannsburger Missionsseminar wieder einmal „an den Kragen" gehen. Auf der Suche nach Verbündeten fuhr mein Seminarleiter mit mir nach Bückeburg. Zum ersten Mal saß ich dem Mann gegenüber, der später für 10 Jahre mein Chef werden sollte.
Der Seminarleiter hatte unser Studienreformpapier mitgebracht. Es sollte das Missionsseminar vor synodalem Ungemach schützen helfen. Ängstlich fragt er den Bischof, ob er damit rechnen dürfte, dass die Schaumburg-Lippische Landeskirche dies Papier unterstützen würde. Heubach war in seinem Element: „Warten Sie nicht, bis die Kirche eine Reform genehmigt! Schaffen Sie Fakten, wenn nötig auch außerhalb der kirchlichen Legalität. Die Hermannsburger Erweckung war auch nicht von der Landeskirche genehmigt!"
Doch dies kühne Wort schien die Angst des Seminarleiters eher zu steigern. Wie schön wäre es doch, wenn der Bischof uns Missionslehrern die Erweckung abnehmen würde! Nach weiteren Sorgen befragt, erwähnt der Seminarleiter noch die Verdrossenheit unter den Studenten über die täglichen Andachten. Nun erteilt der Bischof Bescheid, wie „den Brüdern Blähungen beim Beten" ausgetrieben werden können. Was war das für ein Mensch!

Mit meiner Berufung zum Schaumburg-Lippischen Landeskirchenrat (1982) war wie selbstverständlich der Auftrag verbunden, das Missionsreferat zu versehen. Wie kann eine sehr kleine Landeskirche etwas Spezifisches ausgerechnet zum weltweiten Missionsauftrag der Christenheit leisten? Antwort: Indem sie missionarische Lücken bzw. Nischen erkennt, die große ökumenische Organisationen oft offen lassen müssen.
So hatte Pastor Hans Redenius bereits 1979 bei einer Informationsreise nach Südafrika blitzartig die „Kirchbaustrategie" der lutherischen Westdiözese begriffen. Tausende von Christen wurden durch Wanderarbeit und Zwangsumsiedlung von ihren Gemeinden entwurzelt. Bischof Rapoo von der Westdiözese, ihr Schatzmeister Jan Fischer und der Hermannsburger Missionar und Bischofsvertreter Dieter Mascher verfolgten das Ziel, in den neuen Siedlungen sofort einfachste Kirchen zu bauen. Stand erst einmal in kurzer Zeit

eine solche Kirche, so sammelte sich lutherische Gemeinde. Nicht nur das, sondern auch versprengte andere Christen, um die sich oft niemand kümmerte, schlossen sich der Gemeinde an. Die Kirche wuchs. Redenius berichtete dies Bischof Heubach. Dieser fing Feuer und erkannte sofort, dass dies eine Aufgabe sei, die ohne lange Instanzenwege besonders eine kleine Landeskirche anpacken kann. Innerhalb eines halben Jahres hatte Redenius mit Rückenwind vom Bischof die Mittel für einen Kirchenbau in der Westdiözese zusammen, den fertigen Bauplan eines Architekten im Gepäck und eine bauwillige Gruppe von 44 jungen Schaumburg-Lippern in Marsch gesetzt. Bischof Heubach kam zur Einweihung der stattlichen ersten Schaumburg-Lippischen Kirche in Bobuampya (d.h. „wo der Hund begraben ist"). Sie ist heute Sitz des Superintendenten des Partnerkirchenkreises Kgetleng.
Weitere Schaumburg-Lippische Kirchenbau- bzw. Jugendzentrumsprojekte in der lutherischen Westdiözese Südafrikas folgten 1984 mit Pastor Hartmut Ahrens, einst ein Schüler von Redenius, 1987 in Hebron unter meiner Leitung und 1991 in Obakeng unter Leitung von Oberprediger Dr. Pönnighaus. Bischof Heubach ging in den Ruhestand. Bei seinem Abschiedsgottesdienst am 23.5.1991 entschied Heubach die Verwendung der Kollekte: Für das Kirchbauprojekt Obakeng. Das war ein Zeichen. Aber diese Form von Missionseinsatz hörte nun auf.

Eine andere Form war ein ökumenisches Kleinprojekt: Die kleine „weiße", ursprünglich deutschstämmige lutherische Kirche in Südafrika wurde in der Endphase der Apartheidsära wegen ihrer mangelhaften „political correctness" zunehmend ökumenisch isoliert. Und was schlimmer war: Sie durchlebte die Versuchung, sich selbst gekränkt zu isolieren. Ihr damaliger Präses sah diese Gefahr. Er hatte vier Vikare, die im fernen Pietermaritzburg ausgebildet waren. Wo könnten sie in Deutschland als Gastvikare ihren theologischen Horizont erweitern? Die Hannoversche Landeskirche winkte kirchenpolitisch korrekt auf oberster Ebene ab. Allenfalls könnten zwei Gemeinden für eine Art Ausnahmepraktikum gefunden werden. Irgendwie kam ein Kontakt zwischen dem südafrikanischen weißen Präses und Bischof Heubach zustande. Er sah nicht nur in den zwei, die nach Schaumburg-Lippe kamen, sondern in allen vier südafrikanischen Vikaren sofort eine gemobbte Minderheit. Sie hatten ja die Apartheid nicht erfunden, aber auf ihren schmalen Schultern sollte dennoch das ganze jahrhundertalte Übel lasten. Ich war keine drei Tage in Schaumburg-Lippischem Dienst, da hatte ich vier Vikare der eigenen Landeskirche samt vier bleichen Südafrikanern zu einem gemeinsamen Ausbildungskurs im Arbeitszimmer. Was wir lasen und lernten, war sicher ordentlich.

Aber unvergesslich und nachhaltig waren die Pausen und Abende bei einem Glas Rotwein. In den Gesprächen ging es um Fragen, die 26-jährige Vikare jenseits aller ideologischen Schranken halt bewegen. Dazu Gespräche über die Zukunftsängste vor einem blutigen Umbruch in Südafrika. Ein Wandel in Deutschland, obwohl er vier Jahre eher kommen sollte, war hingegen noch nicht im Blick. Ein Blutvergießen blieb in Deutschland ebenso wie in Südafrika wie durch ein Wunder aus.

Bischof Heubach ließ es sich nicht nehmen, bei jedem Ausbildungskurs präsent zu sein und mitzuwirken. Ihm lag am Herzen, dass die weißen Südafrikaner sich verstanden fühlten und auf diese Weise behutsam auf Veränderungen vorbereitet würden. Noch mehrere Jahrgänge kleiner Gruppen von Südafrikanischen Gastvikaren nahmen an der Schaumburg-Lippischen Vikarsausbildung teil.

Das Schönste von Bischof Heubachs Missionsengagement waren aber seine Einladungen an Missionare auf „Heimaturlaub": Die damals noch zahlreichen Hermannsburger Missionare erschienen alle drei Jahre zu ausgedehnten Deutschlandaufenthalten. Das Missionswerk kümmerte sich um sie, doch nicht selten hörte man von Enttäuschungen über die knappe Zeit, die der Missionsdirektor oder der Gebietsreferent für die Ausführlichkeit der Missionarsberichte übrig hatten.

Es war wohl eine Begegnung mit einem dieser Missionare, die für Heubach eine Idee zündete: Es fand sich ein Termin, zu dem gleich vier Missionare mit ihren Ehefrauen eingeladen werden konnten: Zwei volle Tage verbrachte der Bischof in der kircheneigenen Tagungsstätte Bergkirchen mit ihnen, die doch nicht zu seiner Landeskirche gehörten, die aber als Missionare des gemeinsamen Missionswerkes in seinem Blick waren. Das Staunen war groß und steigerte sich oft zu Begeisterung: ein Bischof, der Zeit hat, der nicht Berichte abheftet, sondern der einen unbeschwert erzählen lässt, der bei einer Flasche Wein selber ins Erzählen kommt – und seien es Dönekens aus Altona –, der nicht mit Ausgewogenheit langweilt, sondern beherzt gedankliche Schneisen durch die kirchliche Landschaft schlägt. Vor allem: Es passierte Seelsorge für Missionare ohne professionelle Pedanterie.

In diesen Zusammenhang gehörte eine besondere Reise Heubachs: Ein Schaumburg-Lippischer Vikar wurde Hermannsburger Missionar in Äthiopien. Er begann mit seiner jungen Familie in einer einsamen Station, die er sich obendrein selber erst bauen musste. Der Bischof las die Berichte und handelte: Wenig später saß er nach Flug und Geländewagenreise bei Sabine und Burkhard Peter in Gimbidschu und hörte ihnen eine knappe Woche aufmerksam zu.

Wenn es um Weltmission ging, war Bischof Heubach wie ausgewechselt. Sein Bild von Mission war graswurzelmäßig geerdet. Zudem liebte er Missionsgottesdienste hier und Gottesdienste in der Mission drüben. Sitzungen von Missionsfunktionären, lange Protokolle und Konferenzerklärungen ärgerten ihn. Das Engagement der kleinen Landeskirche in der weiten Welt war überproportional, wenn man nur die Zahl der Gemeinden und das Kirchensteueraufkommen zum Maßstab nimmt. Dieses Engagement half entscheidend gegen die Gefahr des Provinzialismus. Es war die Frucht der Selbstständigkeit. Missionsengagement unter Bischof Heubach bewirkte nicht nur in Nischen der Ökumene Originelles. Es verhalf auch einer ganzen Generation angehender Pastoren zu einer Horizonterweiterung: Zum Schaumburg-Lippischen Ausbildungsprogramm gehörte seit 1982 ein mehrmonatiges Gastvikariat in einer überseeischen Minderheitskirche. Schaumburg-Lippische Vikare sammelten Erfahrungen in Südafrika, Äthiopien, Mexiko, Papua-Neuguinea, USA, Namibia, Ungarn, dazu auch Griechenland, London und Paris. Ja, einige Theologiestudierende verbrachten ihr einjähriges Vorpraktikum statt in einem Industrie- oder landwirtschaftlichen Betrieb in fremdsprachiger Umgebung in Südafrika oder Brasilien.

Bischof Heubach hat auf kleinstem Raum mit geringen Mitteln Erstaunliches für die Weltmission in Bewegung gesetzt. Sein Nachfolger Heinrich Herrmanns setzte dieses Engagement fort, indem er sogleich 1992 mit einer Informationsreise zur Partner-Diözese in Südafrika ein Zeichen setzte.

Präsident des Martin-Luther-Bundes von 1985 bis 1995

von Gerhard Müller

Am 12. Oktober 1985 wurde Joachim Heubach in Rothenburg ob der Tauber zum Bundesleiter des Diasporawerkes der Vereinigten Evangelisch-Lutherischen Kirche Deutschlands (VELKD) gewählt, des Martin-Luther-Bundes.[1] Damit hatte er die oberste und verantwortlichste Position in diesem Verein inne, der sich um die Unterstützung von Minderheitskirchen in Europa, aber auch in Südamerika mühte und müht.
Joachim Heubach löste den bisherigen Bundesleiter Kirchenrat Dr. Ernst Eberhard (Stuttgart) ab, der diese Funktion seit 1971 wahrgenommen hatte. Aufgrund einer neuen Satzung, die ebenfalls in Rothenburg beschlossen wurde und die ab 1. Januar 1986 gültig war, trat an die Stelle der Bezeichnung eines Bundesleiters die des Präsidenten. Durch die neue Bezeichnung hatten sich die Aufgaben nicht wesentlich geändert, aber man hielt wohl den Titel „Präsident" jetzt für angemessener. Es müssen die Zuständigkeiten und die Aufgaben des Präsidenten skizziert werden, bevor die Verdienste Joachim Heubachs herausgearbeitet werden können.

Zuständigkeiten

Es gibt im Martin-Luther-Bund eine „Bundesversammlung". Sie ist das Beschlussorgan. Sie wird in der Regel durch den Präsidenten einberufen, und zwar normalerweise einmal jährlich. Sie wählt ihren ersten und ihren zweiten Vorsitzenden, nämlich den Präsidenten und seinen Stellvertreter. Auch der Schatzmeister, der Generalsekretär und die meisten Mitglieder des – noch

---

[1] Vgl. das Protokoll der Bundesversammlung vom 12. Oktober 1985. Am 22. Juni 1984 hatte Generalsekretär Pfarrer Peter Schellenberg der Kirchenleitung der Vereinigten Evangelisch-Lutherischen Kirche Deutschlands mitgeteilt, dass Landesbischof Heubach zur Wahl des neuen Bundesleiters vorgeschlagen werden solle. Wie von einer Verordnung der VELKD vorgeschrieben, nehme er „Fühlung" auf und teile dies mit, vgl. Akte Präsident Heubach in der Zentralstelle des Martin-Luther-Bundes in Erlangen (zit.: APH). Die Kirchenleitung hat nicht widersprochen – was angesichts der Tatsache, dass Joachim Heubach eines ihrer Mitglieder war, auch mehr als unwahrscheinlich gewesen wäre. Die Wahl konnte dann ohne Schwierigkeiten durchgeführt werden.

zu beschreibenden – Bundesrates werden von ihr bestimmt. Sie nimmt die Jahresrechnung entgegen, erteilt Entlastung und beschließt den Wirtschaftsplan, also die vorgesehenen Ausgaben des nächsten Jahres. Sie wählt die Prüfer für die jährliche Kassen- und Rechnungsprüfung, entscheidet „endgültig über Einsprüche gegen Ausschlussentscheidungen des Bundesrates", über Satzungsänderungen und „die Auflösung des Vereins".[2] Diese Versammlung setzt sich aus den von den „Gliedvereinen" gewählten Delegierten zusammen. 1985 gab es Mitgliedsvereine in Baden, Bayern, Braunschweig, Hamburg, Hannover, Hessen, Lauenburg, Lippe, Oldenburg, Schleswig-Holstein, Württemberg, Nordelbien, Österreich sowie Schweiz und Liechtenstein. Weitere Institutionen kamen hinzu wie die Gesellschaft für Innere und Äußere Mission im Sinne der lutherischen Kirche in Neuendettelsau (gegr. 1849 von Wilhelm Löhe) oder die Lutherstichting der Niederlande.[3] Der Präsident hat die Bundesversammlung zu leiten und die Ausführung ihrer Beschlüsse zu kontrollieren. An seinem Geschick liegt es, Anregungen aufzunehmen oder auch solche zu vermitteln.

Außerdem gibt es den „Bundesrat". Dessen Mitglieder werden im Wesentlichen von der Versammlung gewählt, einige weitere werden vom Geschäftsführenden Vorstand berufen. Mitgliedschaften aufgrund von Dienstfunktionen kommen hinzu. Hier verhält es sich also ähnlich wie bei den Synoden der evangelischen Kirchen in Deutschland: Die meisten Mitglieder werden gewählt, einige berufen, um bestimmte Kompetenzen zu erhalten, die sonst fehlten. Der Bundesrat kommt normalerweise zweimal im Jahr zusammen, berät den – noch zu beschreibenden – Geschäftsführenden Vorstand und bereitet die Bundesversammlungen vor. Er „berät alle Angelegenheiten von grundsätzlicher Bedeutung" „entscheidet über die Aufnahme" in und „den Ausschluss aus dem Verein".[4] Er begleitet also direkter als die Versammlung die gesamte Arbeit des Bundes. Auch in diesem Organ hat der Präsident den Vorsitz inne und muss sich bemühen, dass qualitätsvolle Arbeit geleistet wird.

Der Geschäftsführende Vorstand[5] besteht aus dem Präsidenten, dem Stellvertretenden Präsidenten, dem Schatzmeister und dem Generalsekretär. Letzterer führt die laufenden Geschäfte mit Hilfe einer Zentralstelle, die sich in Erlangen befindet. Dort sind zwei Studentenwohnheime zu verwalten sowie ein Sendschriftenhilfswerk, das in Diasporakirchen und -gemeinden benötigte Li-

---

2 Vgl. Satzung des Vereins Martin-Luther-Bund vom 1. Januar 1986.
3 Vgl. Lutherische Kirche in der Welt. Jahrbuch des Martin Luther-Bundes (zit.: LKW) 32 (1985), 238-245.
4 Vgl. die Satzung § 7 (2).
5 Vgl. ebd. § 8.

teratur vermittelt.⁶ Den Vorsitz in diesem Vorstand hat ebenfalls der Präsident inne. An ihm liegt es, ob der Generalsekretär recht begleitet und kontrolliert wird. Dabei geht es natürlich auch um Finanzen, worauf der Schatzmeister besonders zu achten hat. Aber die letzte Verantwortung liegt beim Präsidenten. Landesbischof Heubach leitete die Sitzungen aller dieser Gremien erfreulich zügig. Wer nicht aufpasste, dem konnte es passieren, dass ein Beschluss so schnell gefasst worden war, dass er es kaum gemerkt hatte. Joachim Heubach vermied langes Palaver. Er leitete nicht autoritär, aber geschickt und mit Schwung: „Gegenstimmen? Keine! Enthaltungen: Keine! Dann so beschlossen!" Die Teilnehmer an den Sitzungen waren ihm dankbar, dass nicht alle alles noch einmal sagen mussten, weil sie sich von einer zu laschen Diskussionsleitung dazu herausgefordert fühlten.
Die präsidiale Zuständigkeit ist also groß. Die Leitungsverantwortung verteilt sich nicht auf mehrere Schultern, sondern obliegt allein dem Präsidenten und verlangt deshalb viel von ihm. Versagt er oder bringt er sich nicht genug ein, dann leidet das gesamte Werk darunter. Joachim Heubach hatte mit Pastor Dr. h. c. Peter Schellenberg einen bestens eingearbeiteten Generalsekretär, der selbstständig zu arbeiten verstand. Peter Schellenberg hatte bereits 1974 dieses Amt übernommen, leitete die Zentralstelle kompetent und hatte beste Kontakte zu den Minderheitskirchen entwickelt. Gleichwohl wurde er von den übrigen Mitgliedern des Geschäftsführenden Vorstandes und besonders vom Präsidenten begleitet, die er natürlich auch um Rat fragen konnte. Mir sind keine Konflikte zwischen Peter Schellenberg und den Organen des Bundes bekannt geworden, im Gegenteil. Landesbischof Heubach sah, wie in der Zentralstelle selbstständig gearbeitet wurde, kümmerte sich aber gelegentlich doch auch um Einzelheiten.

Aufgaben

Ein solches Werk wie der Martin-Luther-Bund muss sich entwickeln. Es muss sich informieren über die Notwendigkeiten in den Minderheitskirchen. Die theologischen Strömungen wollen beachtet sein, die eine solche Arbeit gefährden können, wenn etwa die Bedeutung der Bekenntnisse ignoriert wird oder man nur nach Sozialverhalten fragt und nicht mehr nach dem Wort des Apostels Paulus handelt: „Lasst uns Gutes tun an jedermann, allermeist aber an des Glaubens Genossen" (Gal 6,10).
Es liegt auf der Hand, dass die laufende Arbeit vom Generalsekretär geleistet werden muss. Aber er benötigt die Mitarbeit und die Aufmerksamkeit anderer,

---
6 Vgl. LKW 33 (1986), 196-198.

die seine Arbeit für wichtig und unaufgebbar halten. Das ist von seinem Amt her zunächst der Präsident, aber dann auch alle anderen Mitglieder der Organe des Bundes.
Der Präsident gibt das „Jahrbuch des Martin-Luther-Bundes" heraus, das den Haupttitel trägt „Lutherische Kirche in der Welt". Joachim Heubach übernahm diese Verantwortung ab dem Jahrbuch 1987.[7] Die Präsidenten verfassen die Vorworte für die Jahrbücher. Auch hier hat Joachim Heubach nicht viele Worte gemacht. Während sein Vorgänger ausführlich über das berichtete, was er für wichtig hielt, vertraute Joachim Heubach darauf, dass die Leser sich selbst informieren würden. Er wollte sie offenbar nicht durch ein zu langes Vorwort auf- und von der Lektüre der Aufsätze abhalten.
In den Jahrbüchern erscheinen Aufsätze über theologische Themen. Der Rahmen ist dabei weit gespannt. Allerdings ist der Bezug zum Luthertum immer gegeben – und sei es durch Verteidigung! Auch wurden und werden hier häufig Vorträge gedruckt, die auf Tagungen, die der Bund durchgeführt hatte, gehalten worden waren. Schließlich geht und ging es hier natürlich vor allem um die Diaspora. Es informieren Vertreter von Minderheitskirchen über das Geschehen in ihren Gemeinden. Besonders die Berichte über das Leben in lutherischen Kirchen „hinter dem eisernen Vorhang", also im sowjetischen Machtbereich, fanden gespannte Aufmerksamkeit.
Aber es wurden auch grundsätzliche Fragen zur Diaspora behandelt. So wird ja immer wieder gesagt, die evangelischen Gemeindeglieder wüssten kaum etwas über Unterschiede zum Katholizismus und natürlich noch weniger, nämlich nichts, vom Luthertum. Daraus wird dann häufig gefolgert, man brauche darauf nicht einzugehen, weil sich die Unterschiede gemäß der Devise „Wir sind doch alle Christen!" längst überholt hätten. Die umgekehrte Bemühung vertrat Joachim Heubach, indem er forderte, die reformatorische Theologie auch heute kundzutun. So setzte er sich zum Beispiel für die Kenntnis des „Kleinen Katechismus" Martin Luthers ein, mit dessen Hilfe für die notwendige theologische Bildung gesorgt werden sollte. Dazu leistet das „Jahrbuch" kontinuierlich Beiträge und macht auch neugierig auf das Leben in anderen Kirchen, das sich vom eigenen unterscheidet. Dazu hat Joachim Heubach beigetragen durch seine kontinuierliche Herausgabe einer Publikation, die auch nicht aufgegeben wurde, als die finanziellen Mittel knapp wurden. Zwar lag die redaktionelle Arbeit in der Zentralstelle, aber die grundsätzliche Verantwortung trug er als Herausgeber.
Joachim Heubach hat sich auch selber als Autor im Jahrbuch betätigt. Ich verweise auf seinen Vortrag, der aus Anlass des fünfzigjährigen Bestehens des

---

7 Vgl. LKW 34 (1987), 7.

Auslands- und Diasporatheologenheims 1985 in Erlangen von ihm gehalten wurde: „Das Theologiestudium als Vorbereitung auf das Amt der Kirche"[8]. Er brachte darin die Zusammengehörigkeit von akademischer Theologie und Kirche zum Ausdruck. Zwei Jahre später schaltete er sich in das ökumenische Gespräch kritisch ein: „Amt und Volk Gottes nach Luther. Ein Beitrag zum ökumenischen Dialog".[9] Die Besinnung auf die Theologie des Reformators sollte nach seiner Auffassung zu einer angemessenen Verständigung zwischen den Kirchen beitragen. Im Jahrbuch 1989 publizierte er den Aufsatz: „Luther über Schöpfung, Gerechtigkeit und Frieden".[10] Joachim Heubach nahm hier die Thematik des „Konziliaren Prozesses" auf, der sich um Frieden, Gerechtigkeit und Bewahrung der Schöpfung Gedanken machte und Veränderungen forderte. Der Präsident des Martin-Luther-Bundes suchte zu diesen Fragen Antworten für eine rechte Klärung der Problematik beim Wittenberger Reformator. Auch eine Predigt hat er in dem von ihm herausgegebenen Jahrbuch publiziert, und zwar diejenige, die er bei der Einführung von Harald Kalnins als Bischof der Deutschen Evangelisch-Lutherischen Kirche in der Sowjetunion in Riga am 13. November 1988 gehalten hatte.[11] Kalnins hatte sich um die Sammlung der Lutheraner im Sowjetimperium sehr verdient gemacht und die Gemeinden, die es schon gab, gestärkt oder neue gesammelt und wurde nun zum Bischof dieser weit verstreuten Gemeinden eingeführt – also eine klare Diasporasituation, so dass Joachim Heubach hier sinnvollerweise um diesen Dienst gebeten worden war. Insgesamt hat er aber dieses Publikationsorgan nicht mit eigenen Beiträgen im Übermaß versorgt, sondern sich als Herausgeber zurückgehalten.

Neben das Jahrbuch tritt der „Lutherische Dienst", in dem über die aktuelle Arbeit sowie über geplante Hilfsmaßnahmen berichtet wird. Er erscheint mehrmals im Jahr und wird von der Zentralstelle herausgegeben. Auch hier hat Joachim Heubach mitgearbeitet, etwa mit einem „Vorwort für die Siebenbürgen-Sondernummer".[12]

Der Bund betreibt auch einen Verlag, den Martin-Luther-Verlag. Das erlaubt es ihm, durch Bücher und Broschüren an die Öffentlichkeit zu treten. Die Arbeiten dafür werden in der Zentralstelle ausgeführt. Es müssen erwünschte

---

8 Siehe Seite 26ff. In LKW: 33 (1986), 85-92.
9 Gedruckt LKW 35 (1988), 53-63.
10 Gedruckt LKW 36 (1989), 16-30.
11 Gedruckt LKW 37 (1990), 9-12. Die Benennung „Deutsche Evangelisch-Lutherische Kirche in der Sowjetunion" (abgekürzt: DELKSU) wurde selbstverständlich nur gebraucht, bis die Sowjetunion aufgelöst wurde.
12 Heubach übersandte es an Generalsekretär Schellenberg am 21. Februar 1986; vgl. APH (wie Anm. 1).

Texte erbeten und angebotene Manuskripte auf ihre Tauglichkeit hin geprüft werden. Auch gilt es, ein klares Profil zu entwickeln und dieses dann wegen der Erkennbarkeit beizubehalten. Dieses Profil ergibt sich einerseits aus dem Namen des Verlages und andererseits aus der Diasporaarbeit, über die nachgedacht und informiert werden muss. Der Verlag soll dazu beitragen, dass die Diasporakirchen im deutschen Sprachraum Gehör finden und ihre Arbeit in Geschichte und Gegenwart darstellen können. Das kann ein ehrenamtlich tätiger Präsident nicht im Einzelnen begleiten. Aber aufgrund seiner Gesamtverantwortung muss er doch auch auf diesen Zweig seines Werkes sein Augenmerk richten. Denn des Bücher-Machens ist nicht nur kein Ende, sondern es kostet auch Geld. Verleger, die nicht gut kalkulieren oder die sich verspekulieren, geraten genauso leicht in finanzielle Schwierigkeiten wie andere Wirtschaftsunternehmen. Für ein Diasporawerk ist es darum nicht nur wichtig, sich zu präsentieren und für seine Arbeit zu werben, sondern auch darauf zu achten, dass keine finanzielle Schieflage entsteht, die die ganze Institution in Gefahr bringt. Joachim Heubach hat solche Probleme nicht erleben müssen, aber wären sie eingetreten, dann wäre er nach der Wahrnehmung seiner Aufsichtspflicht gefragt worden. Es gab und gibt also viele Aufgaben, die ein Präsident wahrnehmen muss.

Tätigkeiten

Als Lauenburgischer Landessuperintendent lernte Joachim Heubach die überaus aktive Arbeit des Martin-Luther-Bundes Lauenburg (Lauenburger Gotteskasten) kennen und schätzen, die vor allem den Menschen in Siebenbürgen zugute kam. Nach seiner Wahl zum Landesbischof der Evangelisch-Lutherischen Landeskirche Schaumburg-Lippe ließ er die Diasporaarbeit nicht mehr aus seinen Augen. Früh knüpfte er Kontakte zu den ungarischen Lutheranern. Er scheute sich auch nicht, den aus politischen Gründen abgesetzten und ausgegrenzten Bischof Lajos Ordass aufzusuchen, und freundete sich mit ihm an.[13] Sobald dies möglich war, reiste er auch nach Rumänien und besuchte besonders die Siebenbürger Sachsen, aber auch die dortigen ungarischen Lutheraner.[14] Schon vor seiner Wahl zum Bundesleiter machte er sich auch zu den Lutheranern in Polen auf. Am 2. Mai 1985 schrieb er an Generalsekretär Schellenberg: „Soeben bin ich aus Polen wohlbehalten zurückgekehrt." Auch

---

13 Vgl. Schellenberg in dem Begleittext zu seinem Brief nach Bückeburg vom 22. April 1991; vgl. APH (wie Anm. 1). Später hat Heubach auch in der damals bestehenden Ordass-Gesellschaft prägend mitgearbeitet.
14 Vgl. Heubach an Schellenberg am 26. Mai 1986; vgl. APH (wie Anm. 1).

eine Bitte hatte er auszurichten, die er gleichzeitig weiterleitete.[15]
Als er gewählt worden war, gratulierte ihm D. Dr. Heinz Joachim Held, Präsident im Kirchenamt der Evangelischen Kirche in Deutschland, dort zuständig für Ökumene und Auslandsarbeit. Heubach antwortete ihm am 7. November 1985 und teilte ihm mit, dass er mit Zusammenarbeit rechnen könne: „Für mich wird es eine Selbstverständlichkeit sein, mit allen Einrichtungen und Werken, die sich mit Diasporaarbeit befassen, in engem vertrauensvollen Zusammenwirken tätig zu sein."[16]
In seiner neuen Funktion verstetigte er die bereits geknüpften Kontakte. Er reiste mehrfach für einige Wochen nach Rumänien und Ungarn.[17] Befürchtungen, der Bund könne seine Unterstützung in Rumänien vermindern, trat er mit den für ihn typischen Worten entgegen: „Der Martin-Luther-Bund wird weiterhin offene Ohren, herzliches Gebet, engagiertes Mitdenken und hilfsbereite Hände für das Leben aller Siebenbürger und der dortigen Kirche habe[n] und behalten."[18] Auch für das Theologische Institut in Sibiu (Hermannstadt) setzte er sich ein.[19]
Nicht alle Einladungen beispielsweise nach Polen oder Lettland konnte er annehmen.[20] Aber das betraf auch seine Kontakte mit Erlangen, das von Bückeburg, wo er wohnte, nicht in ganz kurzer Zeit erreichbar war. Am 5. Dezember 1988 schrieb er, er bedaure es, dass er „verhältnismäßig wenig Gelegenheit habe, an der Arbeit und dem Leben des [Auslands- und Diaporatheologen-] Heimes teilnehmen zu können"[21] – einer wichtigen Tätigkeit des Bundes, haben hier doch recht viele Theologiestudenten etwa aus Ungarn oder der Slowakei ihre in der Heimat begonnene Arbeit ergänzen können.
Am 22. Oktober 1988 wurde Joachim Heubach für weitere fünf Jahre zum Präsidenten gewählt. Seine zweite Wahlperiode begann 1990. Das Protokoll hält fest: „43 Stimmen" für Landesbischof Heubach, „eine Enthaltung". Da man davon ausgehen darf, dass der Gewählte sich selber enthalten hat, zeigt

---

15 Vorhanden in APH.
16 Vorhanden ebd.
17 Vgl. Schreiben Heubachs an Schellenberg vom 26. Mai 1986 und vom 12. März 1987 ebd.; vgl. auch Briefe und Berichte zu den Kontakten mit Siebenbürgen im Nachlass Heubach in der Zentralstelle des Martin-Luther-Bundes (zit.: NHZ), Akte Kommission Siebenbürgen, ebd. Akte Exodus (gemeint ist der Exodus der Siebenbürger Sachsen), ebd. Akte Siebenbürgen (hier u. a. ein Bericht über seine Reise nach Siebenbürgen und Ungarn vom 17. bis zum 27. Juni 1990), ebd. Akte MLB I und MLB II sowie ebd. Akte MLB Schriftwechsel.
18 Heubach an Hans Philippi am 19. März 1987, vgl. ebd. APH.
19 Heubach an Schellenberg am 10. April 1987, ebd.
20 Vgl. Heubach an Bischof Janusz Narzynski am 29. Mai 1987 beziehungsweise an Schellenberg am 8. Februar 1989, ebd.
21 An Schellenberg, vgl. ebd.

das Ergebnis die große Zustimmung, die Joachim Heubach in der Bundesversammlung genoss – keine einzige Gegenstimme. Und dies, obwohl er bereits am 20. November 1990 fünfundsechzig Jahre alt wurde. Er trat zu diesem Zeitpunkt von seinem Bischofsamt zurück und wurde am 22. Mai 1991 in einem Gottesdienst verabschiedet.[22] Er blieb aber Präsident des Bundes, wo er weiter lebhaft tätig war. So gibt es ein Schreiben an die „Freunde und Mitarbeiter im Martin Luther-Bund" vom Dezember 1990.[23] Am 13. Mai 1991 lud er zu einer „Koordinationssitzung" mit Bischof Kalnins ein[24], im Juni befasste er sich mit der lutherischen Gemeinde in Omsk in Sibirien.[25] Im September des gleichen Jahres war er wieder in Siebenbürgen[26] – die Fragen der dortigen Kirche ließen ihn wohl nicht zuletzt wegen der Auswanderung der Siebenbürger Sachsen nach Deutschland nicht los.

Aber mehr und mehr traten die Kirchen in Russland und den anderen Staaten, die aus der zerfallenen Sowjetunion hervorgegangen waren, zu seinen bisherigen Diasporabemühungen hinzu. Joachim Heubach nahm die neuen Aufgaben sehr ernst, weil er die Erfordernisse und die neuen Möglichkeiten klar erkannte, die sich durch die politischen Veränderungen ergeben hatten. Landesbischof Heubach war Mitglied „der DELKSU-Koordinierungsgruppe der EKD" (Evangelischen Kirche in Deutschland).[27] Im Januar 1992 reiste er „im Auftrag der EKD" nach Riga zu Bischof Kalnins wegen der Koordinierung der Hilfen für die DELKRO[28], wie sie inzwischen angesichts der Auflösung der Sowjetunion hieß, nämlich „Deutsche Evangelisch-Lutherische Kirche in den Republiken des Ostens". Das Adjektiv „Deutsch" kann Überraschung hervorrufen. Aber die Bezeichnung geht wohl auf die Geschichte dieser Kirche zurück, die als eine „deutsche" entstanden war, und berücksichtigte auch, dass die meisten Glieder dieser Kirche noch Deutsch sprachen oder es jedenfalls verstanden. Außerdem erstarkte in jenen Jahren die Russisch-Orthodoxe Kirche, in der die Meinung vertreten wird, alle Russen gehörten zu ihr, so dass eine Beschränkung auf ein anderes Volk durch die Bezeichnung „deutsch" Barrieren abbauen oder verhindern konnte. Heubach schrieb am 16. April

---

22 Vgl. ebd., siehe Predigt Seite 128.
23 Ebd.
24 Hier sollten alle „mit der DELKSU zusammenhängenden Fragen" (vgl. oben Anm. 11) besprochen werden, vgl. APH.
25 Heubach an Schellenberg am 19. Juni 1991, ebd.
26 Vgl. seine Predigt vom 22. September 1991 in Hunedoara ebd.
27 Vgl. NHZ Akte FThK.
28 Vgl. APH. Heubachs Bericht über diese Reise findet sich in NHZ Akte FThK. Bei dieser Gelegenheit übergab er Bischof Kalnins eine Spende des Martin-Luther-Bundes für seine Arbeit, vgl. ebd.

1992 an Kalnins, es sei gut, wenn ihm, dem alternden und kränklichen Bischof mit Professor Dr. Georg Kretschmar eine Stütze an die Seite gegeben werden könne.[29] Georg Kretschmar wurde dann nicht nur Kalnins Helfer, sondern nach dessen Tod auch dessen Nachfolger. Kretschmar schrieb an Heubach, der dessen Brief zur Bearbeitung an den Generalsekretär am 4. Juni 1993 weiterschickte. Auch andere Anfragen, etwa von Propst Nikolaus Schneider aus Omsk in Sibirien oder zu der neuen theologischen Ausbildungsstätte in NovoSaratovka bei Sankt Petersburg, richtete der Ruheständler an Peter Schellenberg in Erlangen.[30] So bildete die „Evangelische-Lutherische Kirche in Russland und anderen Staaten", wie sie inzwischen hieß – was ja auch einen erforderlichen Sprachwechsel angesichts des Verschwindens des Deutschen in diesem Gebiet andeutet –, einen Schwerpunkt der Bemühungen Joachim Heubachs während der zweiten Hälfte seiner Arbeit als Präsident des Martin-Luther-Bundes.[31]

Kairos

Die Zeit ist flüchtig. Wer sie nicht beim Schopfe fasst, wenn sie auf ihn zukommt, an dem rast sie vorüber. Den rechten Zeitpunkt zu erwischen, das bedeutet, den Kairos zu begreifen und die erforderlichen Handlungen vorzunehmen. Ein solcher Kairos ereignete sich ab 1988 und kulminierte im Herbst des Jahres 1989. In der Sowjetunion hatte sich die politische Situation verändert. Man redete dort von „Glasnost" und „Perestroika" – Worte, die sich im deutschen Wortschatz rasch durchsetzten, weil man begriff, dass sich hier ein starker Wandel anbahnte. Die zur Sowjetunion gehörenden Republiken und die unter ihrem Einfluss stehenden Staaten Osteuropas erhielten neue Freiheiten – angefangen bekanntlich in Polen. Die Deutsche Demokratische Republik bereitete sich im Herbst 1989 auf ein Staatsjubiläum vor, während gleichzeitig viele ihrer Bürger versuchten, von Tschechien oder von Ungarn aus ihre Ausreise in die Bundesrepublik Deutschland zu erzwingen.
Vom 15. bis zum 19. Oktober 1989 tagte die Generalsynode der VELKD in Hameln. Das war noch vor dem „Fall der Mauer", der am 9. November 1989 folgte. Aber schon ahnte man, dass im Osten Europas neue Herausforderungen

---

29 Vgl. APH.
30 Vgl. seine Briefe vom 4. Juni 1993, vom 24. Januar 1994, vom 15. Juli 1994 oder vom 11. Oktober 1994 ebd.
31 Joachim Heubach korrespondierte unter anderem auch mit Landesbischof i. R. Dr. Heinrich Rathke, der sich ebenfalls um die Sammlung der Lutheraner in Osteuropa und Asien mühte, vgl. NHZ Akte FThk und Akte MLB.

und Möglichkeiten auf die evangelischen Kirchen zukommen könnten. Der Synode, die neben vielem anderem über Ein- und Ausgaben zu entscheiden hatte, war vorgeschlagen worden, die Zentralstelle des Martin-Luther-Bundes personell zu verstärken.[32] Durch Synodale, die Kontakte vor allem mit den Kirchen im Baltikum besaßen, wurde dies positiv aufgegriffen. So wurde etwa formuliert: „Die großen Erwartungen, die sich im Osten Europas an die Kirche richten, kommen in der jetzigen Situation im Baltikum ganz besonders stark zum Durchbruch. Religion ist eine Notwendigkeit, so hört man es aus dem Munde staatlicher Vertreter in der Sowjetunion bei vielen Gelegenheiten. So kommen die Menschen in Scharen. ... Es ist so, als ob ein ganzes Volk seine Beziehungen zu Gott und zu der Kirche auch äußerlich neu ordnen möchte."[33]
Dabei wurde besonders auf die Möglichkeiten der lutherischen Kirche hingewiesen. Es wurde die Meinung referiert: „Die Zeit nach dem großen nordischen Krieg, so etwa die zweite Hälfte des 18. Jahrhunderts, war die große Zeit der Brüdergemeinde, die Zeit nach dem Ersten Weltkrieg war die Zeit der Freikirchen – besonders der Baptisten –, heute ist die große Zeit der lutherischen Kirche im Baltikum!"[34] Auch ein Antrag auf Bewilligung zusätzlicher weiterer Mittel für den Martin-Luther-Bund wurde aus der Synode heraus gestellt.[35]

Joachim Heubach schaltete sich in die Diskussion ein und bedankte sich für die Bewilligung einer Theologen- und einer halben Sekretärinnenstelle für den Martin-Luther-Bund. Zugleich verwies er aber auch darauf, „dass in zahlreichen Ländern Osteuropas, einschließlich der Sowjetunion, plötzlich die Möglichkeit besteht, in wirklich großem Umfang zu helfen". Er meinte, der Martin-Luther-Bund könne „in diesem und im nächsten Jahr zusammen diesen Kirchen ohne Mühe 3 Millionen DM zusätzlich für dringend erbetene Hilfe zur Verfügung stellen, Mittel, die Druckarbeiten, kirchliche Bauunterstützung usw. möglich machten."[36]
Aber es gab da bereits direkte Kontakte lutherischer Landeskirchen in der Bundesrepublik Deutschland zu Kirchen in Osteuropa. Darauf wurde durch ein Votum aus der Nordelbischen Kirche hingewiesen, die bereits besonders

---
32 Vgl. Lutherische Generalsynode 1989 (Protokollband), Hannover 1990, 247 (Votum Schmale).
33 Ebd., 160, Votum Baumann.
34 Ebd.
35 Ebd., 247.
36 Ebd., 248.

in Estland, aber auch in Lettland und Litauen die lutherischen Kirchen unterstützten. Die begonnenen Partnerschaften sollten und mussten natürlich bestehen bleiben.[37] Es wurde dann der Antrag einstimmig angenommen: „Die Kirchenleitung der VELKD wird gebeten, in Verbindung mit den Gliedkirchen dem Martin-Luther-Bund zusätzliche Mittel in größerem Umfang zur Verfügung zu stellen, um den lutherischen Kirchen im Osten Europas zu helfen."[38] Das war angesichts der Möglichkeiten, die sich im Oktober 1989 erst andeuteten, eine wichtige Entscheidung, die den Lutheranern im Osten Europas und in Asien erheblich helfen würde.

Natürlich erwies sich die Verwirklichung des genannten Beschlusses als nicht so einfach, wie man das in Hameln erhofft haben mag. Bei der nächsten Generalsynode in Malente im Oktober 1990 dankte Joachim Heubach für die dem Martin-Luther-Bund gewährten Mitarbeiterstellen, mahnte aber weitere finanzielle Mittel an.[39] Es wurde auch erwogen, neben der Unterstützung des Martin-Luther-Bundes durch einen „bei der VELKD zu bildenden Fonds wirksame Hilfe zu leisten"[40]. Von Landesbischof Heubach wurde die Notwendigkeit bejaht, dass sich alle kirchlichen Stellen gegenseitig über ihre Hilfsmaßnahmen informieren sollten. Auch lag ihm daran, dass sich gerade die Nordelbische Kirche, die auf diesem Gebiet so aktiv war, an den Planungen der Aktionen beteilige.[41]

Der Martin-Luther-Bund und andere kirchliche Institutionen haben also früh die Chancen für Hilfsmaßnahmen für Kirchen in Osteuropa gesehen und sie wahrgenommen. Dass die Vereinigte Kirche ihr Diasporawerk nicht nur durch die Mitarbeiterstellen, sondern auch mit Geldmitteln förderte[42], zeigt, wie wichtig den Landeskirchen, die diese Vereinigte Kirche bildeten, diese besondere Arbeit war[43], die häufig neben direkte Hilfsmaßnahmen trat, die sie selbst

---

37 Vgl. ebd., 250-252, Votum Dräger.
38 Ebd., 251.
39 Vgl. Lutherische Generalsynode 1990 (Protokollband), Hannover 1991, 149.
40 Ebd., 252.
41 Vgl. ebd., 253f.
42 Allerdings waren nicht alle Kirchen sehr aktiv, wie die Bitte von Oberkirchenrat Karlheinz Schmale an die Ökumenereferenten der Kirchen der VELKD vom 15. Januar 1992 zeigt, worin er mitteilte, dass noch nicht alle Gliedkirchen die vorgesehenen Gelder für 1991 bezahlt hätten und dass nun an die Überweisung der Gelder für das laufende Jahr zu denken sei, die ja für „zusätzliche personelle Hilfe im Martin-Luther-Bund" für die Jahre 1991 bis 1993 beschlossen worden seien, vgl NHZ Akte FThK.
43 Joachim Heubach meinte sogar, die Zentralstelle benötige noch eine „zweite A13/14 Stelle", also für einen weiteren akademischen Theologen, vgl. seinen Brief an Schellenberg vom 13. April 1993 in VPH. Aber diese ist, soweit ich sehe, nie beantragt worden.

unternahmen.[44] Man hat also im Bereich der Evangelisch-Lutherischen Kirche Deutschlands frühzeitig die Chancen eines möglichen Neubeginns angesichts der Entwicklung in der Sowjetunion gesehen und sie zu nutzen versucht. Sie kam dem Martin-Luther-Bund zugute, dessen Präsident diese Entwicklung nach Kräften zu fördern versuchte.
Die wichtigen Jahre bis 1995[45], in denen Joachim Heubach sein Präsident war, wurden auch deswegen gut genutzt, weil er langjährige und gute Kontakte zu lutherischen Kirchen in Osteuropa besaß. Auch in der Zeit seines Ruhestandes vermochte er auf diesem Gebiet eine gute und hilfreiche Arbeit mit und durch den Martin-Luther-Bund zu leisten.

Als Joachim Heubach Präsident des Diasporawerkes der Vereinigten Kirche wurde, schien dies die Fortführung gewohnter Arbeit zu bedeuten. Dies ist auch geschehen. Und man sollte es nicht unterschätzen, wenn ein Werk problemlos und erfolgreich weitergeführt wird. Aber durch seine persönlichen Kontakte zu Lutheranern in Rumänien und Ungarn war er bestens vorbereitet für das Amt, das ihm angetragen worden war und in das man ihn hineingewählt hatte. Dies wurde dann besonders wichtig, als Unterstützungen in den Republiken der Sowjetunion möglich waren.
Joachim Heubach hat schnell neue Akzente gesetzt für die Unterstützung der Lutheraner im Ostblock. Der Martin-Luther-Bund hat es ihm gedankt mit einer Festschrift, die zu seinem 70. Geburtstag erschien, die von ihm und der Luther-Akademie Ratzeburg herausgegeben wurde, dem anderen Werk[46], für das Heubach sich umsichtig und erfolgreich eingesetzt hat.[47]
1995 stellte sich der Siebzigjährige nicht mehr zur Wahl für das Amt, das er zehn Jahre lang innegehabt hatte. Sein Nachfolger wurde Oberkirchenrat Dr. h. c. Claus-Jürgen Roepke, Präsident von 1995 bis 2008. Seit diesem Jahr ist Präsident der Regionalbischof des Kirchenkreises Regensburg, Dr. Hans-Martin Weiss. An seinen Nachfolger Roepke hatte Joachim Heubach ein Werk übergeben, das sich in seinen Strukturen während der vergangenen Jahre

---

44 So hat sich z. B. die Evangelisch-Lutherische Landeskirche Hannovers damals zu einem langfristigen Engagement in Sibirien entschlossen oder ist die Evangelisch-Lutherische Kirche in Bayern eine Partnerschaft mit den ungarischen Lutheranern eingegangen.
45 Die Mittel für die Personal- und Sachkosten wurden von der Vereinigten Evangelisch-Lutherischen Kirche Deuschlands im Laufe der Jahre reduziert. Seit 1995 betragen sie Euro 38500 (beziehungsweise den entsprechenden Betrag in Deutsche Mark), vgl. Jahresrechung der Zentralstelle 2006, Seite 2 mit seinen Erläuterungen.
46 Vgl. dazu den Beitrag von Friedrich-Otto Scharbau in diesem Band, Seite 148ff.
47 Der Titel der Festschrift lautet: Kirche in der Schule Luthers. Festschrift für D. Joachim Heubach, Erlangen 1995, 462 Seiten.

kaum verändert hatte.[48] Aber diese sagen wenig über das Leben dieses Werkes aus. Die Aktivitäten während der Präsidentschaft Joachim Heubachs waren besonders durch die Herausforderungen bestimmt, die die politischen Veränderungen und schließlich der Wegfall des „Eisernen Vorhangs" zwischen Ost und West geschaffen hatte. Die Aufgaben wurden in Zusammenarbeit mit der Zentralstelle gewissenhaft, zügig und in bester Zusammenarbeit mit den Partnerkirchen[49] wahrgenommen.

---

48 Als neuer Gliedverein war allerdings der 1987 gegründete Martin-Luther-Bund in Schaumburg-Lippe hinzugekommen, aus der Kirche, deren Bischof damals Joachim Heubach gewesen ist. Unter den angeschlossenen Werken erscheint die Luther-Akademie Ratzeburg, aber auch der Luther-Bund in Ungarn, vgl. LKW 42 (1995), 209-214.
49 So gehören auch üblicherweise Vertreter von Minderheitskirchen zum Bundesrat. 1995 beispielsweise waren dies Architekt Otto Diener aus dem Martin-Luther-Bund in der Schweiz und im Fürstentum Liechtenstein sowie Oberkirchenrat Pfarrer i. R. Mag. Hans Grössing vom Martin-Luther-Bund in Österreich.

Abschied: „Unser keiner lebt sich selber ..."
Predigt anlässlich der Beerdigung

von Hans Christian Knuth[1]

Unser keiner lebt sich selber, und keiner stirbt sich selber. Leben wir, so leben wir dem Herrn; sterben wir, so sterben wir dem Herrn.
Darum: wir leben oder sterben, so sind wir des Herrn, Denn dazu ist Christus gestorben und wieder lebendig geworden, dass er über Tote und Lebende Herr sei.

Liebe Frau Heubach, liebe Familie, liebe trauernde Gemeinde!

Schon vor vielen Jahren hat sich unser lieber Verstorbener mit dem Gottesdienst beschäftigt, der der Abschied ist von dieser Welt und der Eingang in die Ewigkeit. Die Lieder, die Bibeltexte, auch der Predigttext entsprechen seinem Wunsch. Und Sie, liebe Familie Heubach, haben natürlich alles daran gesetzt, ihm diesen letzten Wunsch zu erfüllen. Im Gottesdienst suchte und fand er Erfüllung, im Gebet und im Lobpreis, in der Verkündigung und am Tisch des Herrn war er seinem Gott, unserem Gott nahe. Es war sein Wunsch, dass die Herrlichkeit Gottes das letzte Wort haben sollte auch in dieser Abschiedsstunde.

In dem wunderbaren Wort aus dem Römerbrief geht es um diese Gemeinschaft mit Gott. Es geht um die Einheit von Leben und Sterben in der Liebe. Dem Herrn leben, dem Herrn sterben – in ihm sind Tod und Leben umschlossen. In ihm sind aber auch wir Lebenden mit den Toten verbunden. Und so bitter die Realität des Todes ist, so sehr Sie, liebe Familie Heubach, um Ihren Ehemann, Bruder, Vater und Großvater trauern, so gewiss dürfen wir alle sein, dass wir mit ihm verbunden sind und bleiben – im Herrn. Wir sind des Herrn und wir sind Herren, mit ihm, in ihm, durch ihn – Domini sumus. Im Lateinischen

---

[1] „Unser keiner lebt sich selber ..." Ansprache über Römer 14,7-9 anlässlich der Beerdigung von Bischof Heubach am Montag, dem 6. November 2000, in der St. Michaelis-Kirche zu Eutin. Zuerst gedruckt in: LKW 48, 2001, 17-20.

kann man es gar nicht mehr unterscheiden, ob wir „des Herrn" oder „Herren" sind. Und weil wir so untrennbar verbunden sind und aufgehoben sind in der Herrlichkeit des Herrn, widerspricht es auch dem Wunsch Eures Vaters nicht, wenn wir nun doch auch von ihm selbst reden. Schimmert doch auch in seinem Leben der Glanz und die Herrlichkeit Gottes durch alle Menschlichkeit hindurch.

a) Er hat den Gottesdienst nicht nur genossen und gefeiert, er hat auch gearbeitet dafür – hart gearbeitet als Liturg und als jahrelanger Vorsitzender der Lutherischen Liturgischen Konferenz. Wer das reiche Agendenwerk der Vereinigten Kirche und nun auch das neue Gottesdienstbuch von VELKD und EKU zur Hand nimmt, stößt dabei immer wieder auf Spuren von Joachim Heubachs Arbeit. Ein schöner Gedanke, dass mit seiner Arbeit Gott gelobt und gedankt wird, weit über die Grenzen seiner unmittelbaren Verantwortungsbereiche hinaus.

b) Mit dem Gottesdienst ist verbunden das Amt, das den Gottesdienst leitet, das predigt und die Sakramente darreicht. So lag ihm besonders die Klärung des evangelischen Amtsverständnisses am Herzen. In seiner Habilitationsschrift über „Die Ordination zum Amt der Kirche" hat er gerungen um ein Amtsverständnis, das das ungeheure Geschenk Gottes nicht verachtet, mit dem er seine Kirche beschenkt, ohne dass dabei eine Amtsanmaßung die Folge ist, die ebenso wenig dem Geist des Evangeliums entspricht wie die Herabsetzung des Amtes.
Der letzte Satz seines umfangreichen Buches über die Ordination lautet: „Darin besteht letztlich die wahre Ordination, dass Christus der eigentliche ordinator ministerii ist und dass die ganze Kirche hieran beteiligt ist. Denn sie hat den Befehl Jesu: „Bittet nun den Herrn der Ernte, dass er Arbeiter in seine Ernte sende!" (Mt 9,38)
Dass die Kirche im Auftrag ihres Herrn handelt und zu handeln hat, das hat Achim Heubach immer mit sehr tiefem Ernst vertreten. Das gab ihm oft seine Radikalität des Denkens und Urteilens, in bestimmter Beziehung auch seine Kompromisslosigkeit. So wie Christus der Herr ist über Tote und Lebendige, so ist er es über Ordinierte und Nichtordinierte, über die Konfessionen hinweg, über Länder, Sprachen und Kulturen hinweg: ein Herr, der Gehorsam fordert.

c) Und das Dritte, was für ihn im Vordergrund stand, das ist, dass dieser Herr über Tote und Lebendige ein barmherziger Gott ist. Er war nicht zuletzt des-

halb überzeugter Lutheraner, weil er das Gesetz vom Evangelium unterschied und weil das Evangelium, die Botschaft von der Gnade Gottes, das letzte Wort haben und behalten sollte.
Darum lag ihm so an der Feier des Gottesdienstes. Das ist ja etwas anderes als eine moralische Aufrüstung, darum lag ihm so am Amt, das ist ja das Instrument, das Gott selbst der Kirche eingestiftet hat. Und die Botschaft von der Gnade, die Lehre von der Rechtfertigung allein aus Gnaden – das hat er immer und immer wieder bei Luther studiert – dafür hat er sich engagiert in der Lutherakademie und im Martin-Luther-Bund.
Gottesdienst, Amt der Kirche und Verkündigung der Frohen Botschaft – das waren die zentralen Themen, um die es ihm in allen Aktivitäten seines Lebens ging.

Natürlich haben Sie ihn auch noch ganz anders erlebt: als Bruder, als Ehemann, als Vater, als Großvater. Und auch in seiner Biographie gibt es ja Spuren der Gnade und der Herrlichkeit Gottes, die bewegend sind und für die wir danken dürfen, ohne die Herrlichkeit Gottes durch Menschliches zu verdunkeln.
Seine Kindheit war nicht leicht. Umso mehr wusste er es zu schätzen, dass ihm als Ehemann und Vater Geborgenheit, Treue, Familiensinn geschenkt wurden. Als der Zweite Weltkrieg ausbrach, war er vierzehn. Wegen einer Verletzung kam er nicht – wie seine Kameraden – mit 16 Jahren an die Front. Das hat ihm sein Leben gerettet, so schmerzlich es ihm zunächst war; die meisten der Kameraden kehrten aus dem Krieg nicht zurück. Als Mitglied des Schülerbibelkreises wurde er von Otto von Stockhausen für das Theologiestudium gewonnen, wie so viele in Nordelbien. Und er ging zielstrebig ins Theologiestudium und ins Pfarramt. Am Koppelsberg in der Jugendarbeit, kurz in Flensburg, in Kiel, St. Nikolai noch ganz im Aufbau aus den Trümmern: überall hat er Menschen aufgesucht, gesammelt um Wort und Sakrament. Und immer war da auch ein wissenschaftliches Interesse. In der Hinsicht am glücklichsten waren die Jahre als Privatdozent an der Universität Kiel, gleichzeitig verbunden mit der Gemeindearbeit in Krusendorf. Äußerlich noch sehr nachkriegsmäßig und karg in materieller Hinsicht, haben Sie aber doch diese Jahre als Familie und Pastorenfamilie in besonders glücklicher Erinnerung.
Dann kam der Ruf nach Preetz. Die hohe Verantwortung für die nachwachsenden Pastoren in Schleswig-Holstein. Das war eine Aufgabe, die er mit Leidenschaft wahrgenommen hat, nicht immer unumstritten. Wie sollte es auch anders gewesen sein – Predigerseminare sind immer Pulverfässer – und nun in den 68-er Jahren. Ich selbst war einer seiner letzten Vikare in Preetz, nein, wir haben ihm das Leben oft nicht leicht gemacht – später, als ich dann

selbst in Preetz Verantwortung übernahm, habe ich ihm oft innerlich Abbitte geleistet. Aber er hatte dafür auch Verständnis, dass man nicht gleich angepasst von der Uni ins Pfarramt kommt. Er hatte ja einen sehr fröhlichen Humor. Ich glaube, so habt Ihr ihn als Familie auch immer wieder erlebt. Er konnte seine Meinung glasklar äußern, ließ aber anderen auch ihre Meinung gelten. Nach Lauenburg ging er noch als Landessuperintendent; er war eigentlich alles: Pastor, Propst und Bischof in einer Person – und musste nun hier wieder selbst einlösen, was er den Vikaren beigebracht hatte.

Nicht nur, aber häufig vertrat er auch hier konservative Standpunkte, das machte sein Profil aus in der ganzen Landeskirche, das war wichtig für die konservativen Teile der Kirchenmitglieder. Sie fanden in ihm einen Anwalt ihrer Anliegen, und er war oft die letzte Brücke zur Volkskirche für sie.

Diese Bedeutung hatte er auch und insbesondere als Bischof von Schaumburg-Lippe. Hier blieb er Brückenbauer im ganzen Bereich der EKD – und das nicht nur in diesem Bereich: Als Beauftragter der EKD für die Grenzschutzseelsorge hatte er viele Außenkontakte; in der Lutherakademie baute er konsequent die Vernetzung nach Skandinavien aus und erfasste auch die jüngere Generation.

Ich traf ihn einmal auf dem Frankfurter Flughafen – es war die Zeit der gewaltigen Demonstrationen gegen den Ausbau der Startbahn-West. Wie an Schützengräben trafen Demonstranten und Grenzschutz aufeinander. Achim Heubach versuchte zu vermitteln, hörte zu, tröstete und war einfach präsent. Da war nichts von klerikaler Weltabgewandtheit, er war da, am Brennpunkt gesellschaftlicher Konflikte, und versuchte – ganz unkonventionell –, zwischen Stacheldrahtverhau und schlummernder Gewaltbereitschaft ein Stück Menschlichkeit zu realisieren.

Nun ist er selbst über jene Grenze gegangen, von der er so oft bezeugt hat, dass sie nicht das Ende, sondern der Anfang des Lebens ist. Immer wieder hat er die Botschaft der Auferstehungshoffnung gepredigt.

Denn dass Christus lebt, hatte er selbst erfahren. Das dürfen wir in dieser Stunde gemeinsam glauben und bekennen. Das ist das wichtigste Erbe, das er uns hinterlässt.

Amen.

Bibliographie Joachim Heubach

erstellt von Ralph Meier

1952
Die christliche Unterweisung bei Joh. Amos Comenius (Mikrokopie), Göttingen 1952

1953
Der Heilige Geist und das Amt (Gedanken zum „geistlichen" Amt), MPTh 42, 1953, 152-159

1954
- Theodor Kliefoths Lehre von der Ordination, ELKZ 8, 1954, 374-378
- Zur Katechetik in der Schweiz, MPTh 43, 1954, 184-191
- Luther im Geschichts- und Deutschunterricht, Luthertum 25, 1954, 85-87

1955
- Die Vokation zur Erteilung der Evang. Unterweisung, Beil. z. Arbeit und Besinnung 8, 1955, 15-17
- Die Bedeutung des Gebets für die christliche Unterweisung bei Joh. Amos Comenius, MPTh 44, 1955, 35-42
- Die Auffassung von der Ordination bei Claus Harms, MPTh 44, 1955, 111-117

1956
- Kritische Bemerkungen zur Terminologie des evangelischen Pfarrerrechtes, ThLZ 81, 1956, 381-384
- Zur theologischen Bedeutung der Ordination, LN 5, 1956, 2-7
- Umfang und Aufgaben des Katechumenats der Kirche, ELKZ 10, 1956, 121-126
- Die Ordination zum Amt der Kirche, AGTL 2, 1956
- Art. Comenius, EKL 1, 1956, 807-808

- Das Problem der apostolischen Sukzession in der alten Kirche, ELKZ 10, 1956, 191-193

1957
- Die Bedeutung des geistlichen Liedes für die christliche Jugendunterweisung nach Joh. Amos Comenius, ThZ 13, 1957, 285-297
- Art. Figuren I. Rhetorisch (homiletisch), RGG³ 1, 1957, 938-939

1958
- Art. Kleidung, geistliche, EKL 2, 1958, 844-847
- Prof. D. Heinrich Rendtorff zum 70. Geburtstag, in: Konvent der kirchlichen Mitarbeiter 4, 1958, 93-95
- Pastoralethik. Eine Aufgabe der Praktischen Theologie, in: Sammlung und Sendung. Festgabe für Heinrich Rendtorff zum 70. Geburtstag, hg.v. Joachim Heubach, Berlin 1958, 40-46
- Die Aufgabe der christlichen Unterweisung bei den Böhmischen Brüdern, ThZ 14, 1958, 327-349

1959
- Zur Neuen Konfirmationsordnung der VELKD, in: Kurt Frör (Hg.), Confirmatio. Forschungen zur Geschichte und Praxis der Konfirmation, München 1959, 164-181

1960
- Art. Ordination III. Rechtsgeschichtlich und rechtlich, RGG³ 4, 1960, 1673-1675
- Art. Ordination V. Liturgiegeschichtlich und liturgisch, RGG³ 4, 1960, 1677-1679
- „Gedenket an eure Lehrer, die euch das Wort Gottes gesagt haben." Zur 100. Wiederkehr des Geburtstages von D. Franz Rendtorff, EvDia 31, 1960, 69-72
- Das Verständnis des Schlüsselamtes bei Löhe, Kliefoth und Vilmar, in: Bekenntnis zur Kirche. Festgabe für Ernst Sommerlath zum 70. Geburtstag, hg. v. Ernst-Heinz Amberg u. Ulrich Kühn, Berlin 1960, 313-324

1961
Art. Schlüsselgewalt II. Kirchenrechtlich, RGG³ 5, 1961, 1451-1453

1962

Hg.: Joh. Amos Comenius, Informatorium der Mutterschul, Lissa 1633, Heidelberg 1962

1966

• Art. Bestattung, religionsgeschichtlich und christlich, EStL 1966, 165-166
• Art. Friedhof, EStL 1966, 584-585; Art. Sonn- und Feiertage, theologisch, EStL 1966, 1975-1976

1968

• Zur Frage des rechten Bibelverständnisses, in: Das Kreuz Christi im Widerstreit der Meinungen, hg. von W. Bader, Kiel 1968, 49-55
• Geschichtlichkeit und Geistgewirktheit der Heiligen Schrift, in: Offenbarung – Schrift – Kirche. Deutsch-skandinavische Theologentagung Sittensen 1968, Wuppertal-Barmen 1968, 94-108

1969

Jesus von Nazareth – Wahrer Gott und wahrer Mensch, in: Streit um Jesus. Vorträge und Bibelarbeiten in der Arbeitsgruppe Streit um Jesus des 14. Dt. Ev. Kirchentags Stuttgart 1969, hrsg. im Auftrag der Leitung des Dt. Ev. Kirchentags v. Friedebert Lorenz, Stuttgart u.a. 1969

1972

Das Priestertum der Gläubigen und das Amt der Kirche, LKW 19, 1972, 36-49

1980

• Taufe und Bekehrung in der evangelistischen Predigt, in: Gerhard Maier u. Gerhard Rost (Hg.), Taufe – Wiedergeburt – Bekehrung in evangelistischer Perspektive, Bielefeld/Lahr-Dinglingen 1980, 71-86
• Was die Kirche zur Kirche macht, in: Die Kirche und ihr Auftrag, Festgabe für Geheimrat Dr. Wolrad Schwertfeger zum 75. Geburtstag am 11. Juli 1980, hg. v. J. Heubach u. Michael Winckler, Bückeburg 1980, 18-31.
• Hg.: Veröffentlichungen der Luther-Akademie Ratzeburg, Erlangen, 1980ff.

Bibliographie

1981
Die Bedeutung des Bekenntnisses im Umbruch der heutigen Zeit, in: Wulf Metz (Hg.), Bekennen in der Zeit. Elf Beiträge. Walter Künneth zum 80. Geburtstag in Dankbarkeit gewidmet, München 1981

1986
- Christus hat uns vom Gesetz erlöst, in: Freiheit aus der Wahrheit. Erbe und Auftrag der Lutherischen Reformation, VLAR 8, 1986
- Das Theologiestudium als Vorbereitung auf das Amt der Kirche, LKW 33, 1986, 85-92

1988
Amt und Volk Gottes nach Luther. Ein Beitrag zum ökumenischen Dialog, LKW 35, 1988, 53-63

1989
Luther über Schöpfung, Gerechtigkeit und Frieden, LKW 36, 1989, 16-30

1990
- Gott sammelt seine Zerstreuten. Predigt zur Einführung von Bischof Harald Kalnins, LKW 37, 1990, 9-12
- Art. Jablonski, Daniel Ernst, BBKL 2, 1990, 1395-1396

1992
- Art. Jensen, Christian, BBKL 3, 1992, 28-29.
- Das Geistliche Leben des Pfarrers, in: Kirchenleitung der Selbständigen Evangelisch-Lutherischen Kirche (Hg.), Protokollband zum 7. Allgemeinen Pfarrkonvent der Selbständigen Evangelisch-Lutherischen Kirche vom 07. bis zum 11. Juni 1993 in Uelzen, Hannover 1993, 90-99.

1997
Joachim Heubach und Klaus-Dieter Stephan (Hg.): Berufsethik – Glaube – Seelsorge: Evangelische Seelsorge im Bundesgrenzschutz / Polizei des Bundes; Festschrift für Rolf Sauerzapf, Leipzig 1997.

Sekundärliteratur

- Kirche in der Schule Luthers, FS für D. Joachim Heubach, hg. v. Bengt Hägglund u. Gerhard Müller, Erlangen 1995
- In memoriam Joachim Heubach, Diakrisis H. 4/2000, 244-251
- Austad, Torleiv, Minneord, TTK 71, 2000, 293-294
- Knuth, Hans Christian, „Unser keiner lebt sich selber ...", LKW 48, 2001, 17-20.

Die Autoren und Herausgeber

Hans Christian Knuth

Dr. theol., geb 1940, Studium der Theologie und Philosophie in Tübingen und Zürich. Ab 1970 Gemeindepastor an der Michaeliskirche in Kiel-Hassee. 1975 wurde er Referent der Kirchenleitung in Kiel und wechselte 1979 als Studienleiter an das Predigerseminar in Preetz. Ab 1981 war er als Oberkirchenrat Referent für Theologische Grundsatzfragen der VELKD. 1985 bis 1991 Pastor und Propst im Kirchenkreis Eckernförde. 1991 wurde er zum Bischof des Sprengels Schleswig gewählt. Von 1999 bis Oktober 2005 war er Leitender Bischof der VELKD und ab 2004 Vorsitzender der Kirchenleitung der Nordelbischen Evangelisch-Lutherischen Kirche. Ruhestand seit Oktober 2008. Im Juli 2010 verlieh ihm die Theologische Fakultät der Universität Kiel die Ehrendoktorwürde.

Wolfgang Kubik

Dr. theol., geb. 1943, ist Mitbegründer der Evangelischen Communität Koinonia mit ihren Konventen in Hermannsburg, Göttingen, Germerode, Heidelberg und Mmabatho/Südafrika. Er war Dozent am Missionsseminar Hermannsburg, Gemeindepfarrer und Landeskirchenrat in Bückeburg. Lange Jahre war er freigestellt zur Leitung der Communität. Seine Schwerpunkte sind die Einkehrarbeit, die geistliche Begleitung sowie Seminare mit Studierenden und jungen Berufstätigen.

Ralph Meier

Dr. theol., geb. 1961, aufgewachsen in Bückeburg, Schaumburg-Lippe. Studium der Theologie in Krelingen, Tübingen, Basel, Oslo (Gemeindefakultät). Von 1991-1994 Bibliothekar im Albrecht-Bengel-Haus Tübingen, danach von 1994-2000 Pastor in Stadthagen. 1995 Promotion in Erlangen. Seit 2000 Dozent für Systematische Theologie an der Hochschule in Volda, Norwegen.

Die Autoren und Herausgeber

Gerhard Müller

Prof., Dr. theol., geb. 1929 in Marburg, ist ehemaliger Landesbischof der Evang.-Luth. Landeskirche in Braunschweig. Studium der evang. Theologie in Marburg, Göttingen und Tübingen. 1956/57 war er Pfarrer in Hanau und anschließend bei der Deutschen Forschungsgemeinschaft in Rom tätig. 1959 Assistent am Ökumenischen Seminar in Marburg. 1960 erfolgte die Habilitation in Kirchen- und Dogmengeschichte. Ab 1967 Professor für Historische Theologie an der Universität Erlangen-Nürnberg, an der er 15 Jahre lehrte. Von 1982 bis 1994 Landesbischof der Evang.-Luth. Landeskirche in Braunschweig. Von 1975 bis 1983 Präsident der Luther-Gesellschaft. Ferner war er Mitglied und zeitweilig Vorsitzender der Historischen Kommission des deutschen Nationalkomitees des LWB und ist Mitglied der Akademie der Wissenschaften und der Literatur in Mainz.
Müller ist seit 1957 mit Ursula geb. Herboth verheiratet und hat zwei Söhne.

Burkhard Peter

Dr. theol., geb. 1958.
Orte, die in seinem Leben wichtig sind:
Schaumburg-Lippe: hier Kindheit, Schule und Vikariat. Hermannsburg: Studium am Missionsseminar. Äthiopien: Missionsdienst in der Äthiopischen Evangelisch-Lutherischen Mekane Yesus Kirche. Bad Salzuflen: Leitung des MBK- Evangelisches Jugend- und Missionswerk. Seggebruch: Pfarramt seit 2006.
Burkhard Peter ist seit 1984 verheiratet und hat drei Kinder.

Rolf Sauerzapf

Dr. theol., Kirchenrat, war von 1968-1972 Pfarrer an der Kreuzkirche in Stuttgart. Ab 1972 war er Grenzschutzpfarrer im Raum Bonn und ab 1976 Oberpfarrer für das Grenzschutzkommando West. Von 1979 bis 2000 leitete er als Dekan die Bundesgrenzschutz-Seelsorge im gesamten Bundesgebiet. Seither „kann er für Kirche und Reich Gottes all das tun, wofür er vorher keine Zeit hatte", so schreibt er selbst.

Die Autoren und Herausgeber

Friedrich-Otto Scharbau

geb. 1935 in Kiel. Nach dem Studium der Evangelischen Theologie in Kiel und Göttingen war Scharbau als Gemeindepastor in Kiel, dann als Studieninspektor am Predigerseminar in Preetz und schließlich als Oberkirchenrat im Dienst der Schleswig-Holsteinischen, später Nordelbischen Evangelisch-Lutherischen Kirche tätig. Von 1983 bis zu seinem Ruhestand im Jahre 2000 war er Präsident des Lutherischen Kirchenamtes der VELKD in Hannover. Im Jahr 2005 erhielt er die Ehrendoktorwürde der Theologischen Fakultät der Christian-Albrechts-Universität zu Kiel.

Werner Führer

Dr. theol., geb. 1949, Studium der Theologie und Philosophie in Berlin, Bethel, Erlangen, Tübingen und Göttingen. Assistenzreferent im Kirchenamt der EKD in Hannover zur Mitarbeit an der Revision des Neuen Testaments der Lutherbibel. Dozent an der University of Natal in Südafrika. Studien zur Rechtsgeschichte und zum Völkerrecht in Marburg/Lahn und Regensburg. Kirchlicher Dienst in der Evang.-Luth. Landeskirche Schaumburg-Lippe; seit 1992 Theologischer Referent; ab 1996-2007 als Oberkirchenrat. Von 1997-2008 Mitglied der Synode der EKD.

Albrecht Immanuel Herzog

Pfarrer, geb. 1956, studierte Jus und Theologie in München, Köln und Erlangen. Seit 1985 im kirchlichen Dienst in der Evang.-Luth. Kirche in Bayern. Nach 14 Jahren Gemeindedienst heute Geschäftsführer der 1849 von Wilhelm Löhe gegründeten „Gesellschaft für Innere und Äußere Mission i.S. der lutherischen Kirche" sowie Leiter des Freimund-Verlags.

AUS DEM FREIMUND-VERLAG

Hans Mikosch

Trotz Hakenkreuz und Ährenkranz

Der Weg der Lutherakademie Sondershausen in den Jahren 1932–1962

204 Seiten kartoniert, mit zahlreichen Bildern
ISBN 978 3 86540 009 3, € 18,00

Auf dem Hintergrund der Lutherrenaissance gelang Carl Stange mit internationalen Tagungen in Sondershausen die „Pflege der Wissenschaft und des geistigen Lebens im Rahmen lutherischer Ökumenizität". Bald nach Ende des Zweiten Weltkrieges teilte sich die Arbeit in einen West- und Ostzweig.
Nach der Fusion der beiden Luther-Akademien Sondershausen und Ratzeburg, steht dieses Ziel wieder vor Augen.

FREIMUND *Verlag*
Missionsstr. 3 ■ 91564 Neuendettelsau
Tel.: 09874 68933-0 ■ Fax 68933-99
E-Mail: kontakt@freimund-verlag.de

www.freimund-verlag.de

AUS DEM FREIMUND-VERLAG

Eduard Haller

Staunen über Gott

Biblische Anstöße
zum ewigen Leben

263 Seiten kartoniert, ISBN 978 3 86540 233 2, € 14,80

Die Texte Eduard Hallers sind Anstöße, über die Fragen unseres Lebens aus biblischer Sicht nachzudenken und das Ziel des ewigen Lebens nicht aus den Augen zu verlieren. In seinen Texten strahlt das Staunen über Gottes unbegreifliche Liebe auf, die den Menschen immer wieder neu sucht. Seine Kurzandachten von je zwei Seiten legen jeweils ein biblisches Wort aus und sind zum persönlichen Gebrauch, aber auch zum Vorlesen im Gemeindekreis oder am Krankenbett geeignet.

FREIMUND *Verlag* Missionsstr. 3 ■ 91564 Neuendettelsau
Tel.: 09874 68933-0 ■ Fax 68933-99
E-Mail: kontakt@freimund-verlag.de

www.freimund-verlag.de